AF252980

UNIVERSITÉ DE PARIS — FACULTÉ DE DROIT

LA CRISE DE L'APPRENTISSAGE

ET LES PROGRÈS

De l'Enseignement Professionnel

THÈSE POUR LE DOCTORAT

Présentée et soutenue le Lundi 21 Mai 1900, à 2 heures 1/2

PAR

Julien FOUQUÉ

Président : M. MASSIGLI.

Assesseurs : { MM. JAY. SOUCHON. } *professeurs.*

PARIS

LIBRAIRIE NOUVELLE DE DROIT ET DE JURISPRUDENCE

ARTHUR ROUSSEAU, ÉDITEUR

14, RUE SOUFFLOT ET RUE TOULLIER, 13

1900

THÈSE

POUR LE DOCTORAT

LA CRISE DE L'APPRENTISSAGE

ET LES PROGRÈS

De l'Enseignement Professionnel

THÈSE POUR LE DOCTORAT

L'ACTE PUBLIC SUR LES MATIÈRES CI-APRÈS

Sera soutenu le lundi 21 mai 1900, à 2 heures 1/2

PAR

Julien FOUQUÉ

Président : M. MASSIGLI.

Assesseurs : { MM. JAY. / SOUCHON. } *professeurs.*

PARIS

LIBRAIRIE NOUVELLE DE DROIT ET DE JURISPRUDENCE

ARTHUR ROUSSEAU, ÉDITEUR

14, RUE SOUFFLOT ET RUE TOULLIER, 13

1900

BIBLIOGRAPHIE

I

Ouvrages, Enquêtes et Rapports présentant un intérêt documentaire.

FRANCE

Villermé. — Tableau de l'état physique et moral des ouvriers employés dans les manufactures de coton, de laine et de soie. Paris, 1840, 2 vol.

Enquête sur la situation des ouvriers, ordonnée par l'Assemblée Constituante de 1848. (Archives de la Chambre des députés).

Lefèvre-Duruflé. — Rapport sur l'enquête précédente, déposé le 18 décembre 1850 à l'Assemblée Constituante. (Moniteur, 1850, p. 3738 et suiv.).

J.-A. Blanqui. — Rapport sur la situation des classes ouvrières en 1848. (Journal des économistes ; décembre 1848 et mars 1849).

Statistique de l'industrie à Paris, résultant de l'enquête faite par la Chambre de commerce, pour les années 1847 et 1848. Paris, 1851, in-f°.

— pour l'année 1860. Paris, 1864.

Commission de l'enseignement technique. — Enquête sur
l'enseignement professionnel ou recueil des dépositions
faites en 1863 et 1864 devant la Commission présidée
par M. Béhic, ministre de l'Agriculture et du Commerce.
Paris. imp. Imp., 1865.

— Rapport du général Morin sur cette enquête, Paris, imp.
Imp., 1865.

Enquête sur les conditions du travail en France, faite par la
Commission parlementaire. nommée à cet effet, le 8 mai
1872. (Archives de la Ch. des députés).

Procès-verbaux de la Commission chargée en 1884 de faire
une enquête sur la situation des ouvriers de l'industrie
et de l'agriculture, et de présenter un premier rapport
sur la crise industrielle. Publiés à part dans le Journal
Officiel de 1884. (Nous les citerons ainsi : Enquête des
Quarante-Quatre.).

Tresca. — Rapport sur l'organisation de l'enseignement technique. Paris, imp. Nat., 1885. in-4°.

Leroux, — Rapport à M. le Ministre du Commerce et de l'In-
dustrie sur l'enseignement technique et professionnel.
(Société des anciens élèves des Écoles nationales d'Arts et
Métiers). Paris. 1886.

Siegfried et Rombaut —Rapports sur le Congrès international
de l'enseignement technique industriel et commercial.
tenu à Bordeaux, 20 au 25 septembre 1886.

Congrès des Chambres syndicale. tenu à Paris. du 17 au
20 novembre 1886.

Jacquemart. — Rapport du jury international, Exposition
Universelle de 1889, classes 6-7-8, Enseignement technique.

Lucas. — Rapport du jury international, Exposition Universelle de 1889, section IV. Apprentissage.

**Congrès international de l'enseignement technique indus-
triel et commercial,** tenu à Paris, 8-13 juillet 1889.

Congrès international de l'enseignement primaire, tenu à Paris, 12-16 août 1889.

Congrès international du commerce et de l'industrie, tenu à Paris, 18-25 septembre 1889.

Monographies municipales. (Ville de Paris). L'enseignement professionnel à Paris. Recueil annoté par L. Lambeau. 1er volume, 1871 à 1886 ; 2e vol., 1887 à 1891. Paris, imp. Municipale, 1898.

Favette. – Rapport sur l'enseignement commercial et industriel à l'exposition de Chicago. Paris, imp. Nat., 1894, in-4º.

Vachon. - Les industries d'art, les écoles et les musées d'art industriel en France. Nancy, 1897, in-4º.

Groussier. — Chambre des députés. Proposition de loi sur le Code de travail. (Annexe au procès-verbal de la séance du 13 juin 1898.).

H. Monod. — Les enfants assistés. Conseil supérieur de l'assistance publique. Rapport au Ministre et rapports des Inspecteurs généraux et départementaux. Melun, imp. adm., 1898.

Dr Napias. — Rapport sur le service des enfants assistés et moralement abandonnés du département de la Seine pendant l'année 1898. — Montevrain, imp. de l'école d'Alembert, 1899.

Rapports sur l'application, pendant l'année 1898, des lois réglementant le travail. Paris, imp Nat., 1899.

Annuaire des syndicats professionnels, 10e année, 1898-1899. Paris, imp. Nat., 1899.

Bulletin de la Société de protection des apprentis et des enfants employés dans les manufactures Années 1867 à 1900, 33 volumes.

II

Ouvrages, articles et brochures contenant des données ou des appréciations sur l'apprentissage et l'enseignement professionnel en France.

Catalogue de la bibliothèque du Musée social, au mot : « Apprentissage », et au mot : « Enseignement professionnel ».

Catalogue de la bibliothèque du Musée pédagogique, au mot : « Travaux manuels », et au mot : « Enseignement professionnel ».

J Périn et Hayem. — Du contrat d'apprentissage. Paris. Marchal et Billard, 1869.

André et Guibourg. — Le Code ouvrier

Duval-Arnould — Apprentis et jeunes ouvriers. Essai sur la législation française du travail des enfants.

Tallon. — La vie morale et intellectuelle des ouvriers.

H. Leneveux. — Le travail manuel en France. Bibliothèque utile. Paris, 1874.

Salicis. — Enseignement primaire et apprentissage. Paris, Bibliothèque Franklin, 1875.

Schmitt. — La pédagogie du travail manuel. Choix d'une méthode. Principes d'éducation. Principes particuliers à l'enseignement du travail manuel. Paris, Picard et Kahn, brochure in-12.

G. Lassez. — L'enseignement professionnel. Ce qu'il est. Ce qu'il doit être. Paris. Réforme économique, 1877.

Moujeol. — Quelques mots sur les écoles d'apprentis. Châteaudun. H. Lescure, 1880. brochure in-12.

A. Corbon. — De l'enseignement professionnel. Paris, Bibliothèque utile.

Ch. Constant. — Petit code manuel de l'apprenti et du patron. Paris, Chérié, 1885, in-16.

Letellier. — Enseignement industriel et commercial. Tours, Mazereau, 1887, in-8°,

Goffinon. — L'enseignement professionnel à Paris. Paris, 1887, brochure in-8°.

G Salomon. — L'enseignement professionnel industriel et commercial. (Conférence faite à Forney en 1887). Paris, 1887.

F. Buisson. — L'enseignement primaire supérieure et professionnel en France. (Conférence faite à l'Assemblée générale de la Société protestante de travail, le 13 juin 1887). Paris, Fischbacher, 1887.

Ch. Lucas. — L'enseignement professionnel en France depuis 1789. (Conférence faite au Cercle populaire du Groupe de l'économie sociale à l'Exposition Universelle, le 20 juillet 1889). Paris, Guillaumin et Cie, 1889.

F. Martel L'enseignement technique primaire. Où nous en sommes. Paris, Delaplane, 1889, brochure in-8°.

Cacheux. — État actuel en France du patronage et de l'enseignement des apprentis. Exposition Universelle de 1889. Monographies pédagogiques, imp. Nat., 1889.

Rotival. — Étude sur l'enseignement professionnel. Organisation, développement, méthode. Amiens, 1890, brochure in-8°.

Hubert-Valleroux. — Nouveau dictionnaire d'économie politique, au mot : Apprentissage.

Cohendy et **Bonnet**. Nouveau dictionnaire d'économie politique, au mot : Enseignement professionnel.

Delivet. Étude sur l'enseignement professionnel. Le Havre, imp. Alphée Brindeau et Cie, 1891, brochure in-8°.

Denis Poulot — Réflexions sur les écoles d'apprentissage industrielles, commerciales, agricoles et le travail manuel éducatif en France. Paris, 1891.

Bonzon. La Législation de l'enfance, 1789-1894. Paris, Guillaumin et Cie, 1894, in-8°.

H. Brice. — Les institutions patronales. Paris. Rousseau, 1894.

Copland-Perry. — L'enseignement technique français jugé par un anglais. Grenoble. Allier frères. 1899, brochure in-8°.

III

Ouvrages divers et rapports contenant soit des renseignements documentaires, soit des appréciations sur l'apprentissage et l'enseignement professionnel à l'étranger.

ALLEMAGNE

Jost et **Salicis**. — De l'enseignement manuel et professionnel en Allemagne et dans les pays du Nord. (Mémoires et documents scolaires publiés par le Musée pédagogique.) Paris, 1887.

Gustave Portig.— Die nationale Bedeutung des Kunstgewerbes. Hambourg, 1894.

Robert Rissmann. — Gechichte des Arbeits-Untewichtes in Deutchland. Gotha. 1882.

O. Pyfferœn — Rapport sur l'enseignement professionnel en Allemagne. Bruxelles. Lebègue et Cie. 1897. (Cet ouvrage contient une bibliographie très complète).

Robert Seidel. - Das Arbeitsunterricht. eine pedagogische und soziale Nothwendigkeit, zugleich eine Kritik dergegen ihn erhobenen Einwœnden. Tubingen. Laupp, 1885. in-8.

Brants. — Le régime de la petite industrie et l'apprentissage en Allemagne, suivant la loi du 26 juillet 1897. (Réforme sociale, livraisons des 16 avril et 16 mai 1898).

Dr W. Goetz. — Congrès de Leipzig, 3 juin 1882. Verhandlün-gen des Congresses für Handfertigkeits Untewicht und Haussfleiss. Leipzig, 1882.

D^r K Buecher. — Die gewerfliche Bildnngsfrage und der in-dustrielle Rückgang Eisenach. Bacmeister, 1877, in-8º.

Arbeiterwohl. — Organ des Verbandes Katholischer indus-trieller und Arbeiterfreunde, redigirt von Dr F. Hitze, Köln. 15e Jahrgang, heft 8. « Bedeutung und Ausgestaltung der Fortbildungsschule in unserer zeit. »

Gust. Schonberg. — Handbuch der politischer Oekonomie, vol. II, 3e édit. Die gewerblichen Fortbildungsschulen, pp. 579 et suiv.

Conrad. — Handwörterbuch der Staatswissenchaften III, p. 1098 et suiv. Iéna, 1892. (Article du Dr Roscher, direc-teur au Ministère de l'Intérieur. Dresde).

AUTRICHE

J. Russel Endean. — The public education of Austria : pri-mary, secundary, technical, commercial. London, 1888.

Eduard Wilda. — Gewerbe und Schule. Vortrag gehalten in k. k. Museum für Kunst und Industrie in Wien. Brünn, 1882.

Brants. — L'état du régime corporatif en Autriche. (Réforme sociale, livraison du 16 juillet 1897).

Josef Arban. — Der Handarbeits-Unterricht für die männliche Jugend, und der sojdunterricht in der Shule. Vienne, B. Grasser, 1885.

ANGLETERRE

Philip Magnus — Industrial education. London. Kyan Paul et Cie, 1888, in-8º.

O. Pyfferoen. — Rapport sur l'enseignement professionnel en Angleterre. Bruxelles, Lebègue et Cie, 1896. (Cet ouvrage contient une bibliographie).

Reports of the Royal commission on technical instruction. 1882-1884, London, 42 th. Report of the charity commissionners for England and Wales, 1895,

BELGIQUE

Rapport sur la situation de l'enseignement industriel et professionnel en Belgique, présenté aux Chambres législatives le 7 mai 1886 par M. le Ministre de l'Agriculture, de l'Industrie et des Travaux publics, 1880-1884. Bruxelles, Gobbaerts, 1885-1886.

Carl Genanc G, — Die kewerbliche Erziebung durch Schulen. Lehrwerkstatten, Museen und Vereine im Konigreiche Belgien. 1° Kunstgewerblicher Theil ; 2° Gewerblichtechnischer Theil. Reichenberg, J. Fritsche, 1886.

Trigaut. — Études sur l'enseignement professionnel. Binche, 1897, brochure in-8°.

Eug. Rombant. — Rapport sur la situation de l'enseignement industriel et professionnel en Belgique, de 1884 à 1896. Bruxelles, Lebègue et Cie, 1897, in-32.

F. Merlant. — Rapport sur l'organisation de l'enseignement technique en Belgique. Paris. imp. Nat., 1898.

SUISSE

Berney. — Canton de Vaud. Étude d'un avant-projet de loi sur la protection des apprentis. Lausanne, 1895.

Berthuin. — Rapport sur l'enseignement technique suisse. Voiron, 1896.

Delmas. — Rapport sommaire sur l'enseignement technique et professionnel en Suisse. Paris, imp. Nat., 1897.

A. Kohly — Canton de Neufchâtel. Rapports sur l'application générale de la loi sur la protection des apprentis et les examens professionnels, année 1896, année 1897, année 1898 et année 1899. La Chaux-de-Fonds.

Publications du Schweizerischer Gewerbeverein.

Hug et **Boos**. — Das gewerbliche Lehringswesen (Zwei Preis-chiften auf Veranlassung des Schweizerischen Gewerbe-vereins, 1881.

Werner Krebs. — Die Fürsorge für unsere gewerbliche Jugend. Zurich, 1891.

Gewerbliche Zeitfragen. — *Heft IV*. — Organisation und Ergebnisse der Lerhlings-Prüfungen. (Par W. Krebs, secrétaire de l'Union suisse.), 1888.

Heft XI. — Die Forderung des Bernfslehre beim Meister, Bericht des Centralvorstandes, des schweizerischen Gewer-bevereins uber seine diesbezüglichen Untersuchungen, Verhandlungen und Bechlüsse. Zurich, Michel, 1895.

Heft XVI. — Winke und Anregungen für das gewerbliche und industrielle Bildungswesen der Schweïz. Berne, 1899.

Bericht. — Betfend die schweizerischen Lehr ingsprüfungen, 1897-1898.

LA CRISE DE L'APPRENTISSAGE

ET LES PROGRÈS

DE L'ENSEIGNEMENT PROFESSIONNEL

INTRODUCTION

I

Si, voulant se faire une idée des plaintes et des
doléances de l'industrie et connaître les desiderata qu'elle
formule le plus volontiers, on lit les dépositions de patrons
consultés lors des enquêtes faites par les soins des divers
Ministères et des Chambres de commerce; si l'on étudie à
ce point de vue les rapports des jurys des nombreuses
expositions internationales qui ont eu lieu depuis quarante ans; si l'on se reporte aux comptes rendus des
nombreux congrès qui se sont réunis pour discuter des
questions, soit d'enseignement technique, soit d'économie
sociale; on ne saurait manquer d'être frappé par une
affirmation que l'on trouve énoncée par tout et par tous,
sans jamais soulever la moindre contradiction.

1 — F.

Tout le monde est d'accord pour déclarer que l'apprentissage est en train de disparaître.

On ne se borne pas en général à cette simple constatation, et l'on conclut toujours que le fait de ne plus former d'apprentis, constitue un germe de mort, qui, si on le laisse se développer, amènera dans un bref délai, la ruine de nos industries nationales.

Est-il exact de dire que nos industries doivent forcément péricliter, si l'on ne veille pas au recrutement rationnel des ouvriers, et si chaque génération ne prend pas soin de préparer à la remplacer celle qui doit lui succéder, et ne lui transmet pas. en même temps qu'un outillage plus complet, et des procédés de travail perfectionnés, une habileté au moins égale ?

Est-il exact, d'autre part, d'affirmer que l'on ne fait plus d'apprentis ?

La première de ces propositions nous paraîtrait évidente et indiscutable si l'on ne pouvait s'appuyer pour la réfuter sur l'exemple des États-Unis et sur l'opinion d'un homme dont la compétence en cette matière ne peut guère être mise en doute.

Voici, en effet, ce que dit de l'apprentissage, M. Carrol D. Wright, colonel directeur du Bureau of statistics of labor, cité par M. H. Brice dans son livre sur les institutions patronales (1) : « Le système de l'apprentissage est « en fait abandonné, et *il est bon qu'il en soit ainsi.* « Dans ce système, le jeune homme était privé d'une « partie du gain que représentait son travail, car il ne « pouvait y avoir d'avancement pour lui, quelle que fût

______

(1) H. Brice. *Les institutions patronales. Leur état actuel. Leur avenir.* Paris, Rousseau, 1894, p. 132.

« son habileté, jusqu'à ce qu'il devînt à son tour ouvrier.
« Actuellement, le jeune homme avance à mesure que son
« adresse se développe, et devient ouvrier dès que le per-
« mettent son expérience et ses connaissances. C'est de
« lui qu'il dépend en un mot de hâter ce moment que le
« contrat d'apprentissage fixait d'avance en imposant des
« années de stage préparatoire. »

Mais cette absence complète d'apprentissage en Amérique tient à des causes économiques toutes locales :
L'industrie y est encore dans une période de formation et
d'essor ; toute production a un caractère de hâte et de provisoire ; les préoccupations du présent l'emportent sur
celles de l'avenir ; on cherche à produire beaucoup, et non
à produire bien. La rareté et la cherté de la main-d'œuvre
sont telles que l'on développe les machines autant que
possible, pour réduire au strict minimum la part de
l'homme dans la production. Jamais le travail industriel ne
revêt ce caractère artistique qui n'est dû qu'à l'habileté et
au goût de l'artisan. Dans bien des villes, faute d'ouvriers capables et sachant se passer du secours des
machines, on ne trouverait pas, par exemple, à faire faire
des chaussures sur mesure, ni même à en faire réparer ;
depuis le plus modeste ustensile de ménage jusqu'au
meuble le plus coûteux, tout a un caractère de *confection,*
et le suprème luxe, réservé aux millionnaires, consiste à
avoir des objets faits pour une personne déterminée, en
vue d'un usage spécial, et sur un modèle inédit.

Mais en Europe, où l'on apprécie et où l'on recherche
le fini et la perfection dans la fabrication, où chacun tient
à conserver une individualité propre et aime à en assurer
la manifestation jusque dans les objets dont il s'entoure,
la plupart des industries ont un caractère de recherche et

de souci artistique et nos ouvriers doivent être assez habiles pour suivre et deviner nos goûts et exécuter nos conceptions, puisqu'ils ne peuvent, comme ceux des États-Unis, nous imposer les leurs.

L'habileté de nos ouvriers est donc sans contredit pour beaucoup dans la supériorité des produits de notre industrie. Il est donc pour nous d'un intérêt vital, de ne pas laisser décroître la valeur professionnelle de nos artisans, et le meilleur moyen, pour atteindre ce but, celui qui jusqu'à présent est reconnu comme étant le plus efficace, consiste à leur apprendre leur métier d'une manière ration nelle et complète.

II

La seconde affirmation est-elle aussi exacte, et est-il vrai que l'on ne fasse plus d'apprentis en France ?

D'abord, que faut-il entendre par apprentissage, et dans quelles professions un apprentissage est-il nécessaire ?

L'article 1er de la loi des 22 février-4 mars 1851, dé-finit le contrat d'apprentissage « celui par lequel un fabri-« cant, un chef d'atelier ou un ouvrier s'oblige à ensei-« gner la pratique de sa profession à une autre personne, « qui s'oblige, en retour, à travailler pour lui, le tout à « des conditions, et pendant un temps convenu ».

Cette définition, trop restrictive à un double point de vue, puisque, d'une part, l'engagement d'enseigner le métier peut être valablement contracté par un fabricant, chef d'atelier ou ouvrier ayant cessé l'exercice de la profession, et que, d'autre part, le maître n'est pas tou-

jours rémunéré en travail presté (1), a surtout le mérite
d'être d'accord avec le langage courant; l'usage a en
effet donné au mot apprentissage un sens restreint : celui
d'*enseignement d'un métier manuel* (2), et c'est dans ce
sens que nous l'envisagerons.

Nous laisserons donc en dehors de notre étude, ce que
l'on a quelquefois appelé l'apprentissage des patrons, et
ne nous occuperons pas davantage de l'apprentissage dans
les professions commerciales.

Il n'y a en effet, selon nous, de véritable apprentissage
que dans les professions qui exigent une étude spéciale et
ne peuvent être exercées que dans des ateliers ou sur
des chantiers fermés et par des ouvriers ayant acquis la
dextérité manuelle due à une longue pratique.

Il n'y a pas apprentissage, au contraire, lorsqu'un métier manuel ne nécessite aucune habileté spéciale, mais
simplement de la force et de l'attention, comme c'est
généralement le cas dans la grande industrie, où l'homme
n'est bien souvent que le simple auxiliaire de la machine.

Nous laisserons aussi de côté, parce qu'elles ne donnent
pas lieu à un apprentissage proprement dit, les industries
où la diversité des tàches permet d'employer les hommes
en concurrence avec les enfants. Il en est ainsi par exemple
dans les professions agricoles, où l'enfant est employé
comme auxiliaire à des besognes faciles, et acquérant peu
à peu la pratique du métier, devient ouvrier quand il est
suffisamment robuste et sans avoir reçu aucun enseignement spécial.

(1) P. Pic. *Traité élémentaire de Législation industrielle.*
Paris, 1894, p. 469.

(2) Hubert-Valleroux. *Nouveau dictionnaire d'économie politique,*
au mot « Apprentissage ».

De même dans le travail des mines qui exige seulement de la vigueur physique et une longue habitude du milieu où il se pratique, les jeunes gens au fur et à mesure du développement de leurs forces corporelles sont employés à des travaux de plus en plus difficiles et dangereux.

Malgré les progrès de la grande industrie, les apprentis n'ont pas encore disparu des ateliers, mais nous reconnaissons volontiers que leur nombre diminue, et nous admettons qu'il y a pénurie d'ouvriers capables dans certaines industries ; mais surtout il est indéniable que l'apprentissage tel qu'il était compris autrefois, imposant au patron un devoir de tutelle et un devoir d'instruction professionnelle envers ses apprentis, tend à se modifier et à disparaître sous l'influence de causes diverses, les unes d'ordre économique, les autres d'ordre social.

III

On fait volontiers grief à la loi du 15 février 1791, de l'anarchie industrielle dont a souffert le monde du travail pendant la plus grande partie de ce siècle, et l'on a voulu voir dans le régime corporatif tel qu'il existait autrefois, une sorte d'état idéal qui garantissait aux membres des communautés d'artisans, d'abord l'enseignement d'une profession et ensuite l'exercice de cette profession.

Pour certains auteurs, les maîtrises avaient même résolu le problème de l'équilibre constant de la production de la consommation et de la population ouvrière (1). Sans être invariable, le nombre des maîtres restait à peu près

(1) Tartaret. *Enseignement professionnel*. Paris, Levébvre, 1869, p. 29.

stationnaire, et n'augmentait qu'au cas d'un développement inattendu d'une branche d'industrie. Le nombre des apprentis était également limité ; chaque maître ne pouvait en avoir qu'un seul ; et cette limitation qui était une méconnaissance de la liberté des vocations, avait pour objet d'obliger en quelque sorte le maître à veiller avec soin à l'éducation professionnelle de son apprenti ; mais en fait elle était surtout établie, parce que l'industriel voyait dans son élève un futur concurrent et que l'accroissement du nombre des maîtres aurait diminué le profit de chacun d'eux.

On élevait et on abaissait arbitrairement la durée de l'apprentissage suivant l'intérêt des maîtres à accroître ou à diminuer le nombre des ouvriers de leur état. En général cette durée était fort longue ; elle n'était jamais inférieure à quatre ans, et atteignait même, d'après les statuts de certaines professions ou de certaines villes, huit ans et même douze ans. Ces durées exagérées des apprentissages résultaient souvent de la prétention qu'avaient certaines corporations d'élever leur métier au dessus des autres, et d'en vanter outre mesure la science et les difficultés.

Les apprentis devaient avoir une certaine instruction préalable.

Les règlements assujettissaient leur admission dans l'atelier à un certain nombre de formalités. Un contrat par acte public, dont les conditions devaient être consignées par écrit, était passé devant les maîtres gardes du métier, et un exemplaire en était déposé aux archives de la corporation.

Ce contrat imposait aux parties des obligations réciproques : le maître avait sur son apprenti une autorité

morale et paternelle ; il était tenu de surveiller ses mœurs
et de cultiver son intelligence, et devait, en un mot, remplir envers lui tous les devoirs de tutelle de la famille. En
outre il devait l'instruire dans toutes les notions de son
art, et ce devoir d'instruction professionnelle recevait
une consécration ; l'apprenti, pour devenir compagnon,
devait justifier de sa capacité devant les maîtres-gardes
« *en faisant œuvre de son métier* ».

L'apprenti, en retour, devait au maître obéissance et
soumission. Il ne recevait aucune rémunération pour son
travail ; bien au contraire, sa famille devait généralement
payer au maître une certaine somme d'argent pour l'in-
demniser de ses peines et soins, sans préjudice des droits
d'entrée que tout nouvel apprenti devait payer à la corporation.

On ne saurait nier que cette réglementation si étroite
n'ait rendu de grands services à l'industrie nationale en
entretenant parmi les membres des corporations d'arts et
métiers : l'attachement à la profession et le respect des
traditions ; mais le formalisme des règlements, excessif à
l'égard des personnes, était plus exagéré encore dans les
prescriptions relatives aux procédés de fabrication et
constituait une entrave permanente pour la production.

Avec les corporations disparurent les barrières innom-
brables que le moyen âge avait imposées à l'intérêt
mercantile, notamment la fixation pour chaque patron du
nombre maximum d'ouvriers et d'apprentis qu'il pût employer. Tous les efforts tendirent à vendre au plus cher et
à acheter au meilleur compte, et comme tous les moyens
étaient licites, on ne recula devant aucun. De toutes les
marchandises engagées dans cette lutte sans merci, la
principale est la marchandise-travail, la force humaine, la

fameuse Arbeitskraft de Karl Marx (1). Tous ceux qui avaient besoin de cette marchandise, si commune, si offerte, s'efforcèrent de l'acheter au plus bas prix.

L'idée de substituer, partout où cela était possible, le travail de l'enfant à celui de l'adulte, devait donc venir tout naturellement à l'esprit des patrons, et cette substitution était facilitée par le développement de la grande industrie, dont l'essor date du commencement de ce siècle, et qui tend à faire partout de l'ouvrier un auxiliaire des machines de plus en plus perfectionnées, qui exécutent automatiquement la partie la plus pénible du travail. Certaines machines, surtout celles qui exécutent sur la matière première les travaux de préparation et de dégrossissement, sont des plus simples ; leur surveillance peut, sans inconvénients et sans danger, être confiée à des enfants. D'autres sont conduites par un homme, qui emploie un gamin, soit pour approvisionner la machine, soit pour exécuter des besognes faciles. Tel est le rôle du rattacheur dans la filature, de l'ancien tireur de lacs dans le tissage, du margeur dans l'imprimerie, du tireur dans la fabrication du papier peint, etc.

Dans certaines industries les machines ont amené à un tel degré la division du travail que tout apprentissage est devenu inutile. Certaines fabriques de chaussures n'emploient pas moins de 64 machines-outils pour la confection d'une bottine, et lorsqu'une montre sort achevée des ateliers de la Elgin national watch company, 351 machines ont concouru à sa fabrication.

Dans d'autres industries ce sont les exigences de la

_____

(1) P. Leroy-Beaulieu. *L'État moderne et ses fonctions*. 2ᵉ édition. Paris, Guillaumin, 1891, p. 323.

mode qui ont amené la disparition de l'apprentissage : le produit est fabriqué par grandes quantités, automatiquement, et l'ouvrier n'a plus besoin d'imaginer par un effort de son intelligence, un modèle inédit, une création nouvelle, et de l'exécuter de ses propres mains ; la répétition identique des mêmes types nuit surtout à la petite production, où l'originalité et l'art tenaient une large place.

Enfin, dans d'autres professions, ce sont les progrès de la science qui ont rendu l'apprentissage à peu près inutile en modifiant les procédés d'industries dans lesquelles il était autrefois indispensable. Ainsi dans la teinturerie, où l'on employait les colorants végétaux, le maniement des substances tinctoriales exigeait la connaissance de combinaisons compliquées et l'emploi d'acides. La pratique complète du métier ne s'acquérait dès lors qu'à la longue et difficilement. La découverte des couleurs dérivées de la houille a complètement transformé cette industrie, et l'a surtout beaucoup simplifiée.

La petite industrie elle-même subit les effets du machinisme. Le patron trouve son avantage à acheter les pièces manufacturées pour ne s'occuper que de les monter et de les poser. Par suite il est bien obligé de spécialiser son apprenti, auquel il apprendra, par exemple, à mettre une serrure en place, et non à la faire.

D'autre part, les professions se sont subdivisées, et l'on ne saurait demander à un patron, qui ne fabrique qu'une partie du produit, d'apprendre à l'enfant qui lui est confié, la pratique complète d'un métier dont lui-même n'exerce qu'une fraction.

Un exemple frappant de cette difficulté ressort des discussions auxquelles a donné lieu, en Suisse, l'organisation des examens d'apprentis. L'Union suisse des métiers (Shweizerischer Gewerbeverein) aurait voulu que ces examens puissent fournir la preuve que le maître d'apprentissage enseignait méthodiquement à l'apprenti sa profession dans toutes ses parties et dans tous ses détails. Elle eut voulu pouvoir demander à l'apprenti horloger de prouver qu'il avait appris à faire une montre complète : mouvement, boîtier, cadran, etc. ; mais elle dut reconnaître que ce n'était pas possible : chaque patron ne faisait qu'une partie de la montre, et ne pouvait naturellement enseigner à l'apprenti que la partie du métier qu'il exerçait dans ses ateliers. On a donc été obligé de tenir compte de cette spécialisation forcée de l'apprenti, et nous voyons dans le « Rapport sur les examens professionnels du canton de Neufchâtel, pour l'année 1898 » (1), que pour examiner les apprentis de l'horlogerie, il n'a pas fallu constituer moins de 18 jurys, et les candidats ont dû être répartis de la manière suivante :

(1) *Rapport sur l'application générale de la loi cantonale sur la protection des apprentis et les examens professionnels dans le canton de Neufchâtel pendant l'année 1898.* La Chaux-de-Fonds. Haefeli et Cie, 1899, p. 40 et suiv.

Garçons	Apprentis.	Filles	Apprenties.
Faiseurs de pendants	1	Débris	1
— d'anneaux	2	Dorages	1
Assortiments à ancre	1	Pierres fines	1
Cadrans d'émail	1	Polissage et finissage de boîtes	6
Cuvettes de métal	1	Réglage	4
Démontage, remontage, rhabillage	9		
Emboitages	2		
Gravure	1		
Montage de boîtes en or	4		
Ressorts	1		
Vis et fournitures	1		
Sertissages	1		
Secrets	1		

A côté de cette spécialisation qui tient à la subdivision des professions, il en est une autre infiniment plus dangereuse pour l'enfant : c'est celle qui fait de lui un manœuvre inconscient : il ne fait plus que certaines pièces, toujours les mêmes. Dans la petite industrie, la machine est souvent remplacée par un groupe d'enfants, et chacun d'eux n'est autre chose que l'un des organes de cette machine, à qui l'on impose un travail uniforme et pour ainsi dire automatique afin de lui faire produire davantage. L'enfant réduit à une tâche parcellaire, acquiert bientôt dans son travail une adresse et une dextérité suffisantes pour que le patron y trouve un profit réel et lui accorde, dès ses débuts, une modique rémunération.

Mais après plusieurs années passées dans l'atelier à répéter toujours le même acte, le jeune homme n'en sait pas beaucoup plus au point de vue professionnel, que le jour où il y est entré. Peut-être a-t-il été seulement, au fur et à mesure de son développement physique, employé à des tâches exigeant plus de force, mais il n'a pas appris un métier, et vienne un changement dans les moyens de production, ou un progrès réalisé dans l'industrie, il sera du jour au lendemain privé de son gagne-pain et réduit au chômage. Peut-on dire que les deux jeunes filles dont l'exemple est cité par M. Cacheux (1) et qni pendant 18 mois ne firent, l'une que tourner un bouton, l'autre que le recouvrir de sa capuche, qu'elles avaient appris un métier? Certes non, car aucune des deux ne savait faire un bouton entier.

En outre, cette spécialisation à outrance peut avoir au point de vue de la santé de l'enfant les conséquences les plus funestes, puisque par la répétition constante du même acte et du même geste, ce sont toujours les mêmes muscles qui travaillent, tandis que l'intelligence s'engourdit et M. Marsoulan, délégué du Conseil municipal de Paris aux opérations du conseil de revision, faisait il y a quelques années cette déclaration : « Depuis 1884, j'ai le « triste honneur de voir défiler chaque année devant moi « une moyenne de 8 à 900 conscrits. Je constate des « déformations sensibles résultant de l'apprentissage mal « donné. »

IV

A ces causes économiques qui contribuent à amener la

_____

(1) E. Cacheux. *Mémoires et documents scolaires publiés par le Musée pédagogique. État actuel en France du patronage et de l'enseignement des apprentis.* Paris, Imp. Nat., 1889, p. 70.

disparition de l'apprentissage, viennent s'ajouter des causes sociales.

L'idée morale et tutélaire qui dominait l'ancien contrat d'apprentissage tend manifestement à s'oblitérer chez beaucoup de patrons qui voient dans leurs apprentis des *ouvriers à bon marché* plutôt que des pupilles dont ils ont la tutelle et la direction morale. Les conditions de la vie matérielle, la cherté des loyers et des vivres, empêchent de plus en plus les patrons de se charger de l'entretien et du logement des apprentis. La ménagère qui ne peut plus les employer à des travaux de domesticité et de ménage, ne trouvant plus de compensation au surcroît de peine et d'embarras, que lui cause leur présence dans son intérieur, engage le patron à ne plus en recevoir. Il n'y est d'ailleurs que trop disposé lui-même, puisqu'il n'a plus aucune action sur eux depuis la promulgation des lois qui ont pour objet la protection de l'enfance. Il évite donc autant que possible de loger et nourrir ses apprentis, ces conditions étant toujours onéreuses pour lui, surtout si l'enfant le quitte avant l'arrivée du terme stipulé.

De leur côté les parents éloignent leurs enfants de ces places, dans lesquelles ils sont moins vite rémunérés, le patron pour se couvrir de ses frais étant obligé de stipuler une plus longue prestation de travail.

Nous pouvons constater, en consultant les comptes rendus du Comité de placement de la « Société de protection des apprentis et des enfants employés dans les manufactures », que le nombre des enfants placés en apprentissage, logés et nourris, qui était encore de 26 0 /0 du nombre total il y a quelques années, diminue de jour en jour.

Ainsi en 1895 les patrons ont demandé à la Société,

91 garçons dont 13 seulement devant être couchés et nourris ; mais sur ces 13 demandes, 10 étaient faites par des pâtissiers, et une par un charcutier, et dans ces deux professions, il est pour ainsi dire impossible que le patron ne loge pas ses apprentis étant donnée l'heure tardive à laquelle doivent être faites certaines livraisons. On trouve encore des apprentis couchés dans quelques autres professions de l'alimentation, dans la boucherie, par exemple, où l'enfant doit être à son travail dès quatre ou cinq heures du matin. Dans ces divers métiers, la condition de l'entretien de l'apprenti par le patron, est acceptée par les familles, parce que la durée de l'apprentissage y est relativement courte, et que l'enfant reçoit de nombreuses gratifications sous forme de pourboires.

Les deux autres garçons avaient été placés chez des patrons, l'un cartonnier, l'autre fabricant de bronzes, qui avaient cédé à l'insistance de la Société en présence de leur situation qui était particulièrement intéressante, et avaient en quelque sorte consenti par ce moyen à s'associer à une bonne œuvre.

En 1896, les patrons ont demandé 83 garçons à la Société de protection, et pour 24 seulement ils offraient le logement et la nourriture ; mais sur ces 24 demandes, 17 émanaient de pâtissiers, et les 7 dernières d'industriels établis dans la banlieue.

Pour les filles, les places comprenant le coucher et la nourriture sont offertes dans une proportion un peu plus forte que pour les garçons dont la présence dans la famille est presque toujours intolérable, et cela tient à ce qu'elles sont en général plus dociles, leur apprentissage est moins long, et elles sont souvent une société pour la patronne.

Si les patrons cherchent à éviter les responsabilités

qu'ils assumeraient en logeant chez eux des enfants mineurs, de leur côté les apprentis subissent impatiemment l'autorité du maître, et se résignent difficilement à la situation de dépendance où les retient le contrat.

Telles sont les principales causes sous l'influence desquelles le lien de patronage, sur lequel repose l'institution de l'apprentissage, se relâche progressivement, et l'institution elle-même manquant de base solide menace de disparaître.

V

En présence d'un tel état de choses, on est surpris de ne pas voir les principaux intéressés chercher à réagir par tous les moyens possibles et tenter de remédier à la décadence de l'apprentissage qui, en dotant l'enfant d'un métier, lui assurait un gagne pain pour son existence entière.

C'est d'abord l'enfant qui ne sait pas, et qui est excusable de ne pas le savoir, quelle supériorité il acquerrait en apprenant un métier véritable, quelle indépendance en résulterait pour lui et quelle sécurité pour son avenir. Le plus souvent le choix du métier, « la chose la plus importante de toute la vie » a dit Pascal (1), est laissé à l'effet du hasard. L'enfant est incapable de prendre lui-même un parti, et ses parents sont souvent plus incapables encore d'éclairer son choix. Ce seront souvent les motifs les plus inattendus qui le décideront : l'appât d'un gain immédiat, une offre banale, des relations de voisinage,

____

(1) Pascal. *Pensées*, art. III, § 4.

l'exemple d'un camarade de classe, des goûts mal définis, superficiels (1). Quant à ses véritables aptitudes, il est bien rare qu'elles entrent en ligne de compte.

Nous relevons dans un mémoire sur l'enseignement professionnel, couronné par le Schweigerischer Gewerbe-verein, dans l'assemblée tenue à Aarau le 18 avril 1880 (2), le vœu, qui nous paraît fort rationnel, de voir consulter, avant de placer l'enfant en apprentissage, l'instituteur et le médecin. Le premier pourrait juger si l'apprenti possède une instruction primaire suffisante pour réussir dans le métier qu'il choisit, et si les aptitudes qu'il a su révéler à l'école y trouveront leur emploi. Le second verrait si l'enfant peut embrasser telle ou telle profession sans compromettre sa santé, et pourrait même donner des indications utiles sur la voie dans laquelle il conviendrait de l'engager ; il est, en effet, des natures auxquelles un métier sédentaire peut convenir, tandis que d'autres végéteront et dépériront si elles sont privées de mouvement et de grand air.

Il serait également logique de tenir compte de la situation des parents. On voit trop souvent des enfants dont la famille est dans la plus noire misère choisir une profession, comme celle de mécanicien par exemple, dans laquelle il leur faudra faire un apprentissage de quatre ans, sans rien gagner, tandis que d'autres, dont les parents seront dans une position aisée, auront choisi un métier dans lequel ils seront rémunérés dès leur début.

Voilà donc l'enfant entré au hasard dans un atelier.

(1) Gréard. *Rapport à M. le Sénateur, Préfet de la Seine. Monographies municipales, l'Enseignement professionnel à Paris,* Recueil annoté par Lambeau. Tome I, p. 34.

(2) Huz et Boos. *Das gewerbliche Lehringswesen.* Aarau, 1880.

Que va-t-il advenir de lui, même en mettant les choses au mieux et en supposant qu'il ne sera pas spécialisé, et réduit à faire un travail machinal toujours le même ? Apprendra-t-il véritablement un métier ? Nous ne pouvons mieux faire que de citer ce passage du remarquable mémoire de M. Gréard qui met admirablement en lumière les dangers auxquels l'apprenti va être exposé dans l'atelier et explique comment, au lieu de faire de lui un ouvrier, on en fait, selon le mot devenu classique de M. Denis Poulot, un « *Sublime* » (1).

« L'enfant est jeune, inexpérimenté, chétif; sous le
« prétexte qu'il ne peut faire autre chose on l'emploie
« aux courses, aux transports, aux rangements, au menu
« ménage de l'atelier ; et la seule chose qu'il apprenne
« d'abord, à travers tout cela, c'est à disperser, à dissiper
« sa journée.

« Ce n'est pas seulement l'ouvrier qui est atteint dans
« l'apprenti c'est l'homme et le citoyen. Les habitudes
« d'ordre et de travail, les principes de moralité que
« l'enfant a emportés de l'école, ne résistent pas longtemps
« à cette vie de corvées parfois au dessus de ses forces, et
« d'occupation stérile. Son intelligence s'étiole; il a perdu
« le goût de l'étude, il prend celui de la paresse. Il tombe
« rapidement plus bas encore. Ne rencontrant point d'in-
« citation sérieuse, point d'encouragement au bien, et en
« contact perpétuel avec des hommes qui le dominent par
« l'âge, la force, les passions, et qui n'ont pas toujours le
« respect de l'enfance, il se hausse pour se mettre à leur
« taille, de la seule façon dont il puisse essayer de les

(1) Denis Poulot. *Le sublime ou le travailleur*. Chap. xi. (Les apprentis).

« égaler, par l'imitation du mal. Le vice l'entraîne, un
« vice précoce, le pire de tous, celui qui est le produit
« d'une imagination pervertie, celui qui, physiquement,
« moralement, corrompt la vie dans ses sources. Tout
« contribuant dès ce moment à le perdre, les habitudes
« prises, et cette espèce d'amour-propre qui s'attache au
« mal comme au bien, l'apprenti fausse à plaisir ou laisse
« fausser en lui ce que la nature et l'éducation y avaient
« déposé de germes honnêtes, d'instincts droits, et il
« n'est plus, trop souvent, qu'une victime inconsciente de
« toutes les suggestions malsaines, de toutes les passions
« mauvaises, de tous les sophismes » (1).

Ce tableau qui semble poussé au noir, n'est malheureusement que trop exact, et l'expérience a souvent prouvé que l'on ne pouvait pas compter sur les ouvriers, qui, trouvent tout naturel de traiter l'apprenti comme eux-mêmes ont été traités, pour le surveiller, l'encourager quand sa conduite est bonne et s'efforcer de le maintenir dans la bonne voie et dans le droit chemin quand il paraît devoir s'en écarter. Bien souvent même ce sont eux qui, non contents de lui donner des mauvais exemples, le poussent à contracter des habitudes pernicieuses. M. Denis Poulot cite ce mot typique du Directeur de l'Ecole de Saint-Farjeau (Yonne) se réjouissant de pouvoir créer des ateliers dans son école, et d'éviter ainsi le placement de ses pupilles chez les industriels de la localité : « Bientôt
« nous aurons des ateliers ; les compagnons n'auront plus
« occasion de griser nos élèves » (2).

(1) Gréard. *Loc. cit.*, p. 34.
(2) Denis Poulot. *Reflexions sur les écoles d'apprentissage, industrielles, commerciales, agricoles, et le travail manuel éducatif en France*. Paris, Pigelet, 1891, p. 32.

Quant aux patrons, ils sont le plus souvent animés des meilleures intentions envers les apprentis, mais le nombre de ceux travaillant de leurs mains, au milieu de leurs ouvriers, et pouvant par conséquent veiller constamment à la bonne tenue de l'atelier et à l'éducation professionnelle des enfants qui leur sont confiés, diminue tous les jours. En outre, il en est un grand nombre, qui très capables de diriger parfaitement leur industrie et de juger le travail de leur personnel dans ses résultats, ignorent la partie manuelle de leur métier, et sont obligés de s'en remettre, pour l'instruction technique des apprentis, aux contremaîtres et aux ouvriers. Mais surtout le patron est toujours enclin à tirer profit de l'enfant au lieu de l'instruire, et il s'assure la connivence des parents en lui accordant un salaire immédiat qui a pour effet de transformer l'apprenti en ouvrier, de permettre de le traiter comme tel, et de ne prendre envers lui aucun engagement. De la sorte, si l'apprenti est de mauvaise volonté, le patron le renvoie, et si le patron est trop exigeant, l'enfant s'en va sans aucune intervention légale ou paternelle.

Les jeunes gens mal éduqués, n'ont aucun plaisir au travail, deviennent des manœuvres et non des ouvriers, et grossissent l'armée du vice et de la débauche. De leur côté, les patrons ne trouvent plus à recruter de bons ouvriers, et sont quelquefois même obligés de refuser les travaux soignés, les travaux d'art, ordinairement les mieux payés et les plus rémunérateurs, faute d'un personnel capable de les exécuter (1). Il y a donc là un véri-

____

(1) Cf. Marius Vachon. *Les industries d'art. Les écoles et les musées d'art industriel en France.* Nancy, 1897, passim.

table péril, non seulement pour l'industrie, mais pour la société tout entière.

Il semble donc naturel de recourir à l'État, et de solliciter son intervention. Puisque l'on trouve non seulement utile, mais même nécessaire, que dans un intérêt social l'État édicte des lois portant réglementation du travail des enfants et des filles mineures, qu'il leur interdise les travaux dangereux, les travaux de nuit, les travaux souterrains, pourquoi n'interviendrait-il pas également pour surveiller l'éclosion des aptitudes, suppléer au défaut d'information des parents et à l'insuffisance des notions générales industrielles de la population? N'est-ce pas lui qui doit obtenir que l'apprentissage s'accomplisse sans perversion morale, sans déchéance physique, sans étiolement de la race? N'est-ce pas lui qui doit assurer, pour l'industrie nationale, le recrutement d'ouvriers instruits et capables?

A cela les partisans de la non-intervention répondent que l'apprentissage ne saurait être soumis à des règles précises et immuables, comme cela adviendrait forcément si l'État le réglementait. Ni le choix de la profession, ni la durée de l'apprentissage, ni le degré de perfection à acquérir ne peuvent être déterminés à l'avance et d'une façon uniforme ; l'âge même des apprentis ne devrait pas être fixé d'une manière immuable : plus une maison est importante, plus l'apprenti devrait être âgé ; dans une petite maison ne recevant qu'un ou deux apprentis, le patron et la patronne peuvent les surveiller de plus près, les prendre plus jeunes, et les faire pour ainsi dire vivre en famille (1).

(1) Enquête des quarante-quatre. Déposition Roudillon.

Les lois, les règlements, les mesures protectrices, n'auraient pour résultat que de gêner tout le monde, parents, enfants et patrons, sans profit pour les industries nationales, ni pour le bien-être des apprentis. Déjà certains patrons renoncent à former des élèves, à employer des enfants à cause de la rigueur ou des entraves des lois existantes. Il faut donc se garder d'exagérer la protection, et surtout de l'exagérer en employant des mesures impraticables.

On invoque souvent aussi pour motiver l'intervention de l'État, la nécessité d'une action énergique et bien coordonnée, en face des progrès qu'accomplissent nos rivaux étrangers; mais cet argument, qu'il est aussi commode qu'habituel de présenter de chaque côté d'une frontière, ne porte pas, s'il est prouvé, que sans l'intervention demandée, on peut exercer la plus énergique action sous l'impulsion de l'initiative privée. Or des preuves nous en sont apportées de l'étranger et de notre pays même.

PREMIÈRE PARTIE

CHAPITRE PREMIER

LÉGISLATION DE L'APPRENTISSAGE

Nous ne croyons pas que l'on puisse considérer comme des garanties nouvelles, destinées à remplacer celles que la loi du 2 mars 1791 avait fait disparaître en supprimant l'apprentissage obligatoire, les deux articles inscrits dans la Constitution de 1791 et portant que : « Il sera créé des « secours publics pour les citoyens qui tomberont dans « l'indigence » ;

Et que : « Il sera créé un enseignement gratuit et com- « mun à toutes les classes de la population à l'égard de « toutes les connaissances indispensables. » Mais dès cette époque le législateur avait compris qu'il était de son devoir de protéger le premier travail de l'enfant, et de déterminer les conditions essentielles du contrat passé avec le patron en vue de son éducation professionnelle.

La loi du 22 germinal, an XI, marque le premier pas dans cette voie. Elle garantissait l'apprenti contre les abus dont le maître pouvait se rendre coupable envers lui, et le maître, contre la mauvaise foi de l'apprenti ; mais elle ne contenait aucune disposition d'un intérêt pratique quant à la forme du contrat et aux obligations qui en résultent ; elle ne visait dans l'apprentissage que ce qui a trait à l'entretien de l'enfant chez le patron, et ne s'inquiétait pas d'assurer son instruction professionnelle.

On a dit avec raison (1) que cette loi portait encore la trace de l'influence des doctrines de J.-J. Rousseau : le patron et l'apprenti sont supposés libres et égaux, et quand deux personnes libres et égales ont à traiter un intérêt commun, elles le discutent, elles le débattent jusqu'à ce qu'elles se mettent d'accord, et l'accord des deux volontés forme le contrat. Il fallut bientôt reconnaître qu'en matière d'apprentissage l'accord des deux volontés aboutissait à l'exploitation de l'enfant.

De tous côtés le danger était signalé : chaque année à l'époque du recrutement les rapports des préfets parlaient de la dégénérescence de la race et de la nécessité de baisser le niveau de la taille dans les départements industriels, si l'on voulait avoir des soldats.

Le gouvernement de Juillet proposa alors la loi qui fut votée le 22 mars 1841, la première en France qui se soit occupée d'améliorer la condition matérielle des enfants voués aux travaux de l'industrie, en fixant un âge avant lequel ils ne pouvaient être admis dans les manufactures,

____

(1) Nusse. *Conférence faite aux écoles de Vincennes, 28 janvier 1877* (Bulletin de la Société de Protection des apprentis). Année 1877, p. 51.

usines et ateliers à moteur mécanique ou à feu continu et
dans toute fabrique occupant plus de vingt ouvriers; et en
déterminant le nombre d'heures maximum pendant lequel
le travail pouvait durer.

Cette loi qui se déclarait elle-même provisoire, fort imparfaite au dire même de son rapporteur, et qui devait se
compléter par des règlements d'administration publique
toujours promis et toujours attendus en vain, ne fut jamais
observée. Toutes ses prescriptions, aussi bien celles qui
visaient à l'amélioration matérielle, que celles qui ten-
daient à réformer la situation morale des enfants de l'industrie, demeurèrent inobservées, tandis que le péril s'ag-
gravait toujours.

§ 1. — Loi du 4 mars 1851.

Les assemblées républicaines de 1848 comprirent
qu'avec l'établissement du suffrage universel, le travailleur
avait non seulement le droit, mais encore le devoir de
s'instruire, et qu'il fallait lui en assurer la possibilité; ce
fut dans ce but que fut promulguée la loi du 4 mars 1851.

Tandis que la loi de 1841 ne s'occupe que des enfants
ouvriers, c'est-à-dire de ceux qui gagnent un salaire dès
leur admission à l'atelier, et ne sont liés par aucun engagement à leur maître, la loi nouvelle règle la condition
des apprentis, et, pour la première fois, le législateur dis-
tingue deux choses dans l'apprentissage : d'une part le
contrat, c'est-à-dire le règlement de toutes les conditions
matérielles relatives à l'entretien de l'enfant chez le patron;
et d'autre part, son éducation professionnelle.

Le contrat d'apprentissage n'est point un contrat so-
lennel. Il peut se former verbalement par le seul échange
des consentements ; la rédaction d'un acte écrit n'est point
exigée pour la validité ; mais la loi a cherché à en généraliser l'usage à cause des difficultés que soulève l'administration de la preuve lorsque le contrat est verbal. S'il
est rédigé par écrit, le contrat peut être un acte sous
seings privés, ou un acte public, et, dans ce cas, non seulement les notaires, mais encore les secrétaires des
conseils de prud'hommes, et les greffiers de justice de
paix peuvent recevoir l'acte et lui donner l'authenticité.
Leurs honoraires sont fixés à 2 francs et les droits d'enregistrement sont réduits au droit fixe de 1 fr. (1), lors
même que l'acte contiendrait soit des obligations de
sommes d'argent ou de valeurs mobilières, soit des quittances. Le contrat écrit doit être signé par le patron et
par le représentant de l'apprenti.

Nous n'entrerons pas dans l'étude de la loi de 1851 au
point de vue purement juridique, et laisserons de côté
comme ne se rapportant pas directement à notre sujet les
nombreuses questions que peuvent soulever les conditions
de validité du contrat et les discussions auxquelles peuvent donner lieu la capacité au point de vue de l'apprentissage du mineur émancipé et de la femme mariée autorisée. Remarquons cependant que la capacité requise en
la personne du patron est la conséquence de son rôle
d'instituteur privé et d'éducateur : pour avoir le droit de
prendre des apprentis, il faut qu'il soit âgé de 21 ans au
moins ; il ne peut loger comme apprenties des jeunes
filles mineures s'il est célibataire ou veuf ; son indignité

____

(1) Une loi de 1873 a porté le droit d'enregistrement à 1 fr. 50.

encourue pour un fait délictueux ou déshonorant l'exclut
de cette mission éducatrice : la loi le déclare incapable
de recevoir des apprentis s'il a subi une condamnation
pour crime ou pour attentat aux mœurs, ou s'il a été condamné à plus de trois mois d'emprisonnement pour un
délit tombant sous le coup des articles 388, 401, 405, 406,
407, 408 et 423 du Code pénal, c'est-à-dire pour vol ou
tentative de vol, filouterie, larcin, usage de faux noms ou
de fausses qualités, escroqueries, abus de confiance, etc.

La loi énumère les obligations réciproques des parties :
le devoir essentiel et primordial du patron consiste à
enseigner à l'apprenti, « progressivement et complètement » (art. 12), le métier ou la profession spéciale qui
fait l'objet du contrat. Il est tenu de « conduire l'apprenti
« par gradation du travail le plus simple jusqu'au travail
« le plus difficile de la profession, dans la mesure de
« l'intelligence et des forces de l'apprenti » (1).

La loi n'a assigné au contrat aucune durée maxima ;
elle s'en réfère sur ce point aux usages locaux : « Si le
« temps convenu pour la durée de l'apprentissage dépasse
« le maximum de la durée consacrée par les usages
« locaux, ce temps peut être réduit ou le contrat résolu »
(art. 17). C'est là une exception au principe que le juge
saisi d'une demande en résiliation de contrat ne peut que
le maintenir ou le résoudre ; puisqu'il peut dans le cas où
la durée prévue pour l'apprentissage est supérieure aux
usages ordinaires, soit maintenir le contrat tel qu'il a été
stipulé s'il n'excède pas de beaucoup la durée normale, soit
le maintenir en abrégeant la durée prévue de l'apprentissage, soit enfin le résilier, mais sans dommages et inté-

____

(1) Vilain, cité par Waelbroeck. *Droit industriel,* t. II, p. 162.

rêts au profit du patron. Cet article 17 implique pour le maître l'obligation de garder l'apprenti et de l'employer dans son atelier jusqu'à l'arrivée du terme fixé par la convention ou par l'usage.

A ce moment, le maître doit, sous peine de dommages et intérêts, délivrer à l'apprenti un congé d'acquit, c'est-à-dire un certificat constatant l'exécution du contrat et ayant pour objet de donner au jeune ouvrier la facilité de se placer où bon lui semblera et d'empêcher les industriels de se faire une concurrence déloyale en attirant dans leurs ateliers des jeunes gens déjà dégrossis, mais n'ayant pas encore complètement satisfait à leurs obligations vis-à-vis de leurs maîtres.

Le patron, dit la loi (art. 8), « doit se conduire envers « l'apprenti en bon père de famille, surveiller sa conduite « et ses mœurs, soit dans la maison soit au dehors, et « avertir ses parents ou ses représentants des fautes « graves qu'il pourrait commettre ou des penchants vi-« cieux qu'il pourrait manifester. Il doit aussi les pré-« venir sans retard en cas de maladie, d'absence ou de « faits de nature à motiver leur intervention. »

L'apprenti est un élève, non un domestique, d'où prohibition de l'employer à des travaux autres que ceux de sa profession ou à des travaux dangereux, insalubres ou au dessus de ses forces (art. 8). Le maître doit se conformer aux prescriptions impératives de l'article 9 de la loi, modifié successivement par la loi de 1874 et par celle du 2 novembre 1892. Il doit enfin satisfaire à toutes les obligations auxquelles il s'est expressément soumis par le contrat et notamment payer à l'apprenti le salaire qui a pu être stipulé.

L'article 20 énumère les pénalités que peut encourir le

maître qui commettrait des infractions à la loi ; les infractions à l'article 9 qui déterminait la durée maxima du travail, tombent maintenant sous le coup des articles 26 et suivants de la loi de 1892.

De son côté, l'apprenti doit obéissance aux ordres du maître. Il est tout naturel, en effet, que le patron qui est responsable du fait de son apprenti majeur ou mineur (art. 1384 Code civil) puisse lui prescrire toutes les mesures propres à empêcher les actes délictueux susceptibles d'engager sa responsabilité. En outre, s'il est mineur, l'apprenti doit subir l'autorité tutélaire du patron.

Mais l'obligation principale de l'apprenti est de payer au maître le prix convenu. Lorsque la rémunération stipulée consiste en numéraire, le patron a une action contre l'enfant ou sa famille pour obtenir payement de la somme convenue, action qui, aux termes de l'article 2272 du Code civil, se prescrit par un an à compter de l'expiration du temps d'apprentissage. Lorsque la rémunération consiste en travail, le maître n'a pas d'action directe pour contraindre l'apprenti à fournir le travail promis ; mais il peut agir en dommages-intérêts dont le montant sera arbitré par le conseil des prud'hommes. Il a droit aux émoluments du travail de l'enfant pendant toute la durée du contrat ; c'est pourquoi l'article 11 décide que l'apprenti qui a perdu du temps par suite de maladie ou d'absence ayant duré plus de quinze jours, est tenu de le remplacer à la fin de l'apprentissage.

En principe, le contrat ne peut prendre fin par la volonté unilatérale de l'un des contractants ; mais il est à ce principe une exception : d'après la loi (art. 14), pendant les deux premiers mois de son exécution, et à moins de conventions contraires stipulées d'une façon expresse, le contrat d'apprentissage peut être résilié sans indemnité.

Lorsque cette période d'essai est terminée, un certain nombre de causes peuvent, pendant toute la durée du contrat, amener sa résolution de plein droit. Les cas énumérés par l'article 15 sont :

1° La mort du maître ;

2° L'appel au service militaire, soit du maître, soit de l'apprenti ;

3° Une condamnation encourue soit par le maître, soit par l'apprenti pour l'un des cas prévus par l'article 6 ;

4° La mort de la femme du patron ou de toute autre femme de la famille qui dirigeait la maison lors de la signature du contrat, dans le cas où l'apprentie est une fille mineure.

A ces causes il faut en ajouter deux autres que l'article 15 n'indique pas et qui sont : L'arrivée du terme fixé pour l'expiration du contrat, et l'accord soit formel, soit tacite des deux parties *(mutuus dissensus)* qui est un mode d'extinction commun à tous les contrats consensuels.

L'article 16 énumère les cas de résiliation judiciaire, et cette énumération est limitative ; le juge ne pourrait prononcer la résolution pour une autre cause ; mais le paragraphe 1er de l'article 16 étant aussi général que possible (manquement aux stipulations du contrat) et n'étant guère qu'une réédition de l'article 1184 du Code civil, la limitation de ses pouvoirs est plus apparente que réelle.

Les autres cas de résolution énoncés par l'article 16, sont :

Infraction grave ou habituelle aux prescriptions de la loi.

Inconduite habituelle de l'apprenti.

Cas où le maître transporte sa résidence dans une autre commune que celle qu'il habitait lors de la convention.

Lorsque, soit le maître, soit l'apprenti encourt une condamnation emportant un emprisonnement de plus d'un mois.

Cas où l'apprenti contracte mariage.

§ II. — Inefficacité de la loi : Ses causes : Remèdes qui ont été proposés.

Telle est dans ses grandes lignes la loi du 4 mars 1851, de laquelle on espérait la rénovation de l'apprentissage. Malheureusement s'il est aujourd'hui un fait avéré, patent, indéniable, c'est l'impuissance et par suite l'inutilité de cette loi.

Les causes de son inefficacité sont nombreuses.

Malgré les facilités accordées par la loi dans le but d'en multiplier l'usage, on ne fait plus de contrats d'apprentissage, et lorsque l'on en fait, la loi est impuissante à assurer le respect des conventions stipulées. Jusqu'à présent, au moins en France, tout en regrettant de voir la coutume du contrat tomber de plus en plus en désuétude, on paraît s'incliner devant le fait accompli et admettre qu'il y ait peu de chances de voir des conventions écrites, régler de nos jours, comme cela avait lieu autrefois dans la presque totalité des cas, les relations entre le patron, l'apprenti et les parents de ce dernier.

Le manque de documents statistiques ne nous permet pas d'établir d'une façon rigoureuse la décroissance continue du nombre des contrats ; les seuls renseignements un peu précis que nous avons pu trouver, remontent à une époque déjà lointaine. Ce sont les chiffres résultant de l'enquête entreprise en 1860 par la Chambre de Commerce (1). Dès cette époque, dans le département de la Seine, sur 25.540 enfants au dessous de 16 ans employés dans les établissements industriels, 3.674 garçons et 849 filles, soit ensemble 4.523 enfants, étaient engagés par contrat, aux termes de la loi de 1851.

15.219 enfants dont 10.487 garçons et 4.732 filles étaient placés en apprentissage sans engagement, c'est-à-dire par l'effet d'une simple convention et en dehors de toute stipulation légale.

Enfin 5.798 enfants, parmi lesquels 4.898 garçons et 900 filles étaient employés à titre d'auxiliaires salariés.

En 1875 on voit déjà que la proportion des enfants travaillant sans contrat a augmenté, car il ressort des chiffres d'une enquête faite à cette époque dans le département de la Seine, que sur 27.029 enfants, 4.500 seulement avaient un contrat régulier.

Nous espérions trouver dans les rapports des inspecteurs du travail quelques renseignements à ce sujet. La loi du 2 novembre 1892 leur a, en effet, confié le soin d'établir la statistique des conditions du travail industriel dans la région qu'ils sont chargés de surveiller. Mais tous les inspecteurs divisionnaires considèrent l'article 21 de la loi comme virtuellement abrogé, depuis la création de l'Office du travail, bien mieux placé qu'eux-mêmes pour faire cette statistique. Lorsqu'en effet un industriel avait refusé de répondre aux questions qui lui étaient posées par le service de l'inspection, il ne manquait pas de pré-

____

(1) Statistique de l'industrie à Paris, 1860. Enquête de la Chambre de Commerce. Introduction, p. 23 et suiv.

tendre, en cas de contravention ultérieure, qu'il était victime d'une vengeance.

Or, l'Office du travail n'a pas encore orienté ses recherches dans ce sens, et vient seulement d'entreprendre une enquête sur les conditions de l'apprentissage, mais cela dans les seules industries du livre : imprimerie, typographie, gravure, reliure, brochage, etc... Sans doute les résultats de cette enquête seront intéressants à connaître, mais étant donné le caractère tout spécial des industries sur lesquelles elle porte, on ne pourra sans courir le risque de commettre des erreurs peut-être grossières, conclure du particulier au général.

Nous avons été d'autant plus déçu de ne rien trouver sur ce sujet dans les rapports de l'inspection pour 1898, que le cadre qui avait été remis à chaque inspecteur pour établir son travail mentionnait que « l'article 31 de la loi « de 1892, portant qu'elle est applicable aux enfants placés « en apprentissage, les inspecteurs peuvent indiquer dans « le rapport annuel, les renseignements intéressants qu'ils « peuvent avoir recueilli sur le contrat d'apprentissage et « exprimer leur desiderata ».

Mais tous se basant sur ce que les prescriptions de la loi de 1892 sont applicables à tous les enfants occupés dans les établissements industriels, qu'ils soient ou non munis d'un contrat d'apprentissage, et sur ce que les dispositions de la loi du 4 mars 1851 ont été abrogées dans ce qu'elles avaient de contraire à la loi actuellement en vigueur, déclarent que l'apprenti n'est plus, à leurs yeux, *qu'un travailleur comme les autres*. Ils se bornent à constater que le contrat, quand il existe, est presque toujours verbal, et que la grande majorité des enfants sont employés comme auxiliaires payés.

3. — F.

Il est vrai que les visites des inspecteurs ont surtout porté sur les établissements de la grande industrie, ainsi que cela résulte des chiffres de leurs rapports, et si leurs recherches avaient porté uniquement sur la petite industrie, leurs conclusions, en ce qui concerne le contrat d'apprentissage, auraient peut-être été un peu différentes.

Il existe en France 299.468 établissements soumis à l'inspection et occupant 2.633.570 personnes dont :

Mineurs de 18 ans :

Garçons, 224.231, ce qui représente 8,5 0/0 du total ; Filles, 209.406, soit 8 0/0 du total.

Or, les inspecteurs n'ont visité, en 1898, que 122.607 établissements, soit 40,9 0/0 du nombre total ; mais ils occupaient 1.872.977 ouvriers, ce qui représente 71.1 0/0 du total et une moyenne de 15 ouvriers par atelier. Ces chiffres qui peuvent paraître, au premier abord, ne pas concorder, s'expliquent quand on sait que la proportion d'établissements occupant plus de 10 ouvriers, n'est que de 12,5 0/0 du total.

Les enfants et jeunes filles ou jeunes gens dont le service de l'inspection a constaté la présence dans les 122.607 établissements visités, se répartissent, au point de vue de l'âge, de la manière suivante :

Enfants de 12 à 13 ans munis du certificat :

Garçons.......	1.087	
Filles..........	861	1.948

Enfants de 13 à 16 ans :

Garçons.......	86.899	
Filles..........	80.580	167.479

Enfants de 16 à 18 :

Garçons.......	66.945	
Filles..........	67.160	134.105

Total............... 303.532

Rien ne nous permet d'établir, même approximativement, combien d'enfants, sur ce nombre, faisaient un apprentissage véritable.

Si nous admettons que tous les enfants, soit environ 125.000 qui ont échappé à la surveillance des inspecteurs, sont employés dans la petite industrie, nous ne pouvons pas davantage déterminer la proportion entre ceux qui travaillent comme petits ouvriers, aides ou manœuvres, et ceux qui reçoivent une véritable instruction professionnelle.

On arriverait forcément à des résultats erronés en agissant par voie de comparaison et en appliquant à la France les pourcentages que des statistiques récentes ont fait ressortir, soit pour l'Autriche, soit pour un territoire déterminé de l'empire d'Allemagne.

En Autriche, dans les corporations, le nombre des auxiliaires (Angehörige), est de 692.753, dont 518.348 ouvriers, et 174.405 apprentis, soit à peu près 1 apprenti par 3 ouvriers.

En Allemagne, dans la région sur laquelle a porté l'enquête, on a constaté qu'à côté de 42.043 compagnons, il y avait dans les ateliers de la petite industrie 21.725 apprentis (1) (Handwerker enquête de 1895).

*
* *

Une des causes qui contribuent à amener la décroissance

---

(1) Handwerker, enquête de 1895. *Monographie du Verein für Sozial politik.*

graduelle du nombre des contrats d'apprentissage, vient de la constatation, que les intéressés ont pu faire souvent, de leur impuissance à en faire respecter les clauses :

L'apprenti ne peut imposer, à un maître qui ne sait pas son métier et emploie un outillage et des procédés défectueux, de lui apprendre la profession qui fait l'objet du contrat. Il manquera de moyens pour empêcher le patron de le faire produire en le spécialisant ; pas un Conseil de prud'hommes ne prononcerait aujourd'hui de dommages et intérêts contre l'industriel qui agirait ainsi; tout ce que l'apprenti peut obtenir d'eux dans cet ordre d'idées, lorsque le vice d'un enseignement incomplet leur est déféré, c'est la résiliation du contrat avant sa complète exécution. D'ailleurs les parents évitent autant que possible d'avoir dans un cas pareil recours aux Prud'hommes, par crainte du renvoi de leurs enfants, et ne se décident à agir que lorsqu'ils sont poussés et soutenus par des Sociétés de patronage prenant en mains les intérêts des apprentis.

Rarement d'ailleurs les plaintes des parents, surtout celles relatives à de mauvais traitements ou à une nourriture insuffisante, ont été justifiées devant les Conseils de prud'hommes, et ce ne sont, en général, que des prétextes pour permettre à l'apprenti dégrossi de quitter l'atelier du maître et d'aller se faire embaucher ailleurs.

Mais ce sont surtout les patrons qui sont ennemis du contrat, car s'ils n'en respectent pas les conditions, ils peuvent être condamnés à payer des dommages et intérêts à leurs apprentis, et comme ils sont solvables et saisissables, cette sanction n'est pas illusoire. Mais s'ils sont liés envers l'enfant, celui-ci en revanche ne l'est pas envers eux, et il ne leur est pas possible de l'obliger à respecter

le contrat : En effet, le texte de l'article 8 de la loi
de 1851 n'emporte pas délégation du droit de correction
au profit du maître; c'est au père que ce droit continue à
appartenir; et tandis que la loi anglaise (1) permet la
répression corporelle modérée; tandis que la loi suédoise
(20 décembre 1846) érige même en délits les manquements
les plus saillants de l'enfant et le rend justiciable des tribunaux répressifs pour « désobéissance, irrévérence, des-
« truction d'outils ou de matière première, absence, fré-
« quentation du cabaret »; la loi française ne permet au
maître que d'infliger à l'apprenti quelques punitions
légères : Il ne peut ni le battre (2), ni le priver de nourriture, ni lui faire faire des heures supplémentaires, ni le
garder à l'atelier le dimanche ; il ne lui reste donc guère
que la possibilité de supprimer les pourboires, et alors les
parents ne manquent pas de crier à l'exploitation; reste
aussi la persuasion, mais elle n'a d'effet que sur les enfants
qui n'ont pas de parti-pris, qui n'agissent que par légèreté,
ceux-là peuvent être ramenés au travail, lorsque les parents
veulent bien venir en aide au patron.

Mais pour ceux à l'égard desquels la persuasion
demeure sans effet, le patron ne peut agir que selon le
droit commun, par la poursuite civile devant les Prud'-
hommes. Le cas, plus fréquent de rupture de contrat est
celui où l'apprenti quitte l'atelier pour aller travailler

____

(1) *Master and servant act. 30 and 31 Victoria*, cap. 141. —
An act to amend the statute law as betwen master and servant.
20 th August 1867.

(2) Lyon. *Conseil des Prud'hommes, 17 avril 1855*. Bien qu'une
apprentie se montre insoumise et insolente envers ses maîtres, ceux-
ci n'ont pas le droit d'exercer de voies de fait contre elle.

ailleurs : Si les Prud'hommes condamnent l'enfant à réintégrer l'atelier, ou bien il rentre plein de mauvaise volonté et ne travaille pas, et alors de guerre lasse le patron ne tarde pas à abandonner ses droits, ou bien, au contraire, il ne revient pas, malgré la sentence prononcée contre lui, et le patron ne fait rien pour l'y contraindre. Il n'entre pas, en effet, dans nos mœurs, de faire intervenir la police, comme cela a lieu à l'étranger, notamment en Allemagne où la loi du 17 juillet 1878 (article 130) autorise le maître porteur d'un contrat écrit à faire ramener manu militari l'apprenti déserteur, à son engagement en souffrance.

Si, au contraire, les Prud'hommes condamnent les parents de l'apprenti à payer au patron une somme d'argent à titre de dommages et intérêts, il est bien rare que celui-ci parvienne à se faire rembourser les frais de l'instance judiciaire et à récupérer le montant des condamnations prononcées à son profit ; il en est réduit à faire saisir les gages du père, qui s'empresse alors de changer d'atelier pour se soustraire à de nouvelles saisies.

Le plus souvent d'ailleurs l'apprenti qui sait fort bien qu'en cas de résiliation par sa faute il peut être condamné à une indemnité dont le recouvrement peut être poursuivi pendant 30 ans, évite soigneusement de rompre le contrat et d'encourir des poursuites civiles, et cherche par tous les moyens possibles à se faire renvoyer : il devient paresseux, insolent, insubordonné, jusqu'à ce que le patron le mette à la porte. Il a obtenu ce qu'il désirait et va travailler ailleurs. Souvent même, avec un peu d'habileté, il parvient à faire rompre le contrat à son profit. On en a vu, qui sachant que des sévices graves de la part du patron, pouvaient devenir un cas de résolution, se mettaient devant une fenêtre ouverte en criant et demandant grâce comme si on les battait, et créaient ainsi des témoins convaincus en cas de procès donnant lieu à une enquête (1). D'autres prenant en l'absence du patron, un fardeau énorme sur leurs épaules, venaient, comme par hasard, s'effondrer sous leur charge, devant la porte d'un commissariat. Il en résultait inévitablement un procès-verbal contre le patron, coupable d'avoir surchargé son apprenti, et ce procès-verbal servait ensuite de base à une action en résiliation de contrat pour mauvais traitements.

De toutes ces causes il résulte que les conventions d'apprentissage sont rarement respectées jusqu'à l'arrivée du terme stipulé.

Si nous nous reportons à la statistique des travaux du comité de placement de la Société de protection des apprentis, statistique qui cependant peut être considérée comme exceptionnelle puisque la Société tient compte en plaçant les enfants de leurs aptitudes et de la situation de leur famille, choisit scrupuleusement les industriels auxquels elle les confie, tant au point de vue de la capacité professionnelle qu'à celui de la moralité, et veille à ce qu'ils apprennent effectivement le métier, nous constatons que malgré toutes ces circonstances favorables, qui doivent contribuer à faire respecter les conventions, le nombre des apprentissages arrivant à leur terme régulier et normal est relativement très faible.

Sur 1.544 enfants placés avec ou sans contrat pendant une période de 21 ans, 409 seulement ont terminé leur apprentissage, conformément aux stipulations orales ou écrites de leur contrat, ainsi que cela résulte du tableau ci-après.

(1) *Bul. Société de Protection*, année 1883, p. 31.

ANNÉES	ENFANTS placés avec contrat	ENFANTS placés sans contrat	Apprentissages terminés régulièrement
1877......	46	14	»
1878......	76	28	»
1879......	78	10	3
1880......	79	19	22
1881......	47	15	20
1882	52	12	35
1883......	66	5	27
1884.....	50	2	25
1885......	49	14	28
1886......	43	11	26
1887......	62	21	21
1888......	59	20	15
1889......	53	8	12
1890.	61	11	18
1891......	58	12	19
1892......	69	24	20
1893......	56	19	21
1894......	52	20	23
1895	35	21	15
1896.....	31	34	30
1897	25	19	14
1898.. ...	36	22	15
Totaux....	1183	361	409

Ce sont là des chiffres exceptionnels, et en règle générale on peut poser en fait que 40 0/0 des contrats sont
annulés dès la première année, et 30 0/0 dans le cours de
la seconde. Il est bien rare que plus de 15 à 20 0/0

des contrats soient scrupuleusement respectés jusqu'à
la fin.

On a proposé comme moyen propre à remédier à cet
état de choses, et pour sauvegarder les intérêts les plus
graves du mineur, le protéger dans sa faiblesse et son
incapacité, et assurer son avenir professionnel, d'exiger
que le contrat d'apprentissage soit toujours stipulé en la
forme écrite, par acte authentique ou sous seings privés, à
peine de nullité, et d'appliquer également cette condition
à toutes les modifications qui pourraient être apportées
aux conventions primitives. Ce seraient le moyen, disent
les partisans de ce système, d'empêcher que le contrat
puisse être conclu à la légère, basé sur de simples pour-
parlers, sur un accord verbal.

Dans bien des législations étrangères cette formalité
est de règle : elle est prescrite par toutes les lois cantonales suisses, (Genève, loi du 15 octobre 1892, art. 3.
Neufchâtel, 21 novembre 1890, art. 8. Glaris, 8 mai 1892,
art. 5, etc).

En Allemagne, avant même le rétablissement des corporations, la loi du 17 juillet 1878 stipulait « que le patron
« ne peut prendre un apprenti qu'en contractant avec le
« père ou le tuteur un contrat d'apprentissage nettement
« défini et qui ne peut être rompu des deux côtés que dans
« des conditions déterminées » (articles 126 et 130). La nouvelle loi du 26 juillet 1897 (1) a reproduit dans son article
126 une disposition analogue : « le contrat d'apprentissage,
« y est-il dit, doit être constaté *par écrit*, dans un délai
« de quatre semaines à dater du commencement de l'ap-
« prentissage ; il doit contenir l'indication du métier ou

____

(1) Voir annexe III.

« de la branche du métier pour lequel l'enseignement
« doit être donné, la durée de l'apprentissage, la mention
« des prestations réciproques, les conditions prévues
« légalement ou autrement d'après lesquelles pourra se
« produire la rupture du contrat d'apprentissage par un
« des deux.

« Le contrat d'apprentissage, qui est fait sans frais,
« devra être signé par celui qui exerce l'industrie ou son
« représentant, l'apprenti et son père ou son tuteur........
« La maître devra produire ce contrat à toute réquisition
« de la police » (art. 126).

Lorsque le maître appartient à une corporation, il doit
dans les 15 jours qui suivent la signature du contrat d'apprentissage, en envoyer une copie à la corporation qui
peut exiger que le contrat soit passé devant elle. Des
peines sont prévues contre les contrevenants (art. 129 B).

On voit que la loi allemande non seulement exige le
contrat écrit, mais entre dans le détail et énumère les
stipulations qu'il doit contenir. Chez nous au contraire
d'après un préjugé fort répandu dans la classe ouvrière,
les contrats les plus courts sont réputés les meilleurs.

En Suisse, le contrat doit être rédigé en trois exemplaires dont l'un est déposé au greffe du Conseil des
Prud'hommes, ou lorsqu'il n'en existe pas dans la localité,
au greffe municipal. Ce dépôt a pour but de permettre
aux autorités chargées de la surveillance des apprentissages, de veiller à l'observation des clauses du contrat.

La sanction de l'inobservation de la formalité du contrat
écrit est double ; d'abord une pénalité consistant en une
amende peut frapper les contrevenants ; ensuite, en cas
de rupture du contrat, aucune indemnité ne peut être
réclamée, soit par le patron, soit par l'apprenti, aucune

action judiciaire ne peut être entamée sans la production d'un acte régulier.

En Autriche le contrat peut être fait verbalement, mais il est alors entouré de garanties spéciales ; il doit être passé devant la corporation, ou s'il n'existe pas de corporation pour l'industrie, devant l'autorité commmunale, et sa teneur doit être consignée dans un registre de procès-verbaux établi à cet effet, et qui fait foi en cas de contestations (loi du 8 mars 1885, article 99).

Souvent on a proposé en France de rendre obligatoire la rédaction écrite du contrat, et des vœux multiples ont été émis en ce sens, notamment par le Syndicat général des Chambres syndicales de Paris dans l'assemblée du 26 mars 1884 ; par le Congrès tenu les 17, 18, 19, 20 novembre 1886 par ces mêmes Chambres syndicales qui résumaient ainsi leurs desiderata : « Tout apprentissage à « temps déterminé, devra être l'objet d'un contrat en « double expédition qui pourra être fait sur papier libre, « et dont l'enregistrement sera gratuit. Aucune juridic- « tion ne devra accueillir les réclamations relatives aux « apprentissages sans la présentation de ce contrat. » Enfin le Congrès de l'enseignement technique (8-13 juillet 1889) émettait un vœu analogue.

Certes le contrat écrit présente sur le contrat verbal de grands avantages, et la proportion de ceux qui sont respectés est beaucoup plus forte lorsqu'un acte a été passé, que lorsqu'il n'a été fait que des conventions orales ; mais le contrat écrit est surtout utile et produit tous ses effets, lorsqu'il est imposé aux parties par une association corporative puissante qui adopte pour sa rédaction un texte uniforme prévoyant et résolvant judicieusement les difficultés les plus fréquentes dans le métier, veille à sa bonne exécution, visite l'apprenti, s'enquiert de ses progrès et de son instruction professionnelle, et impose, en cas de contestations, l'arbitrage de personnes désignées d'avance.

C'est en agissant de la sorte que la Société de protection des apprentis parvient à amener, à leur terme régulier, près de 50 0/0 des apprentissages pour lesquels est intervenu un contrat écrit rédigé sur le modèle, par elle adopté.

Celles des Chambres syndicales qui sont assez bien organisées pour pouvoir imposer à leurs membres adhérents cette obligation du contrat écrit, arrivent à des résultats encore plus remarquables. C'est ainsi que la Société pour l'assistance paternelle aux enfants employées dans les fabriques de fleurs et plumes, œuvre qui est une création de la Chambre syndicale, réussit à amener 96 0/0 des enfants qu'elle patronne à l'achèvement régulier de leur apprentissage. Il est vrai qu'il s'agit de filles, toujours plus dociles et moins désireuses que les garçons d'échapper à la tutelle ; mais ces beaux résultats tiennent surtout à ce que les apprenties savent bien que si elles soulevaient des difficultés, ou quittaient indûment leur patron, elles ne trouveraient plus à se placer chez aucun autre patron faisant partie de la Chambre syndicale, puisque tous font partie en même temps de la Société d'assistance paternelle.

Beaucoup de Chambres syndicales paraissent décidées à imposer à leurs membres l'obligation du contrat écrit. L'Union syndicale des maîtres-imprimeurs de France, réunis en congrès à Bordeaux (17-18-19 juillet 1899), a adopté un texte de contrat uniforme pour toute la France, en tant que contrat d'engagement. Ce texte prévoit le payement d'un dédit par celle des parties qui rompt ses engagements, mais c'est là une clause facultative et le chiffre en reste subordonné aux usages locaux ou d'atelier et à une entente préalable entre les contractants.

Un des moyens qui réussissent le mieux pour empêcher la rupture intempestive du contrat, et à notre avis l'un des meilleurs, est celui de l'intérêt.

Il donne d'excellents résultats dans toutes les maisons qui ont organisé la participation de leur personnel aux bénéfices de l'entreprise; la stabilité des apprentis est obtenue par la promesse de versement d'un capital sérieux à la fin de l'apprentissage.

Bien des patrons ont adopté un système analogue; ils donnent toutes les semaines, en dehors du salaire qui a pu être convenu, une gratification spéciale à l'apprenti dont ils sont satisfaits, et en versent le montant à un livret spécial d'épargne dont l'enfant n'a la libre disposition qu'une fois son apprentissage terminé, et auquel il perd tout droit en cas de rupture de contrat. Tel est le procédé employé dans les ateliers d'apprentissage de la Chambre syndicale des marchands-tailleurs de Paris; le conseil d'administration a dû créer, pour obtenir la stabilité nécessaire à l'apprentissage complet, des carnets d'épargne, dont le montant n'est remis à l'apprenti qu'à la fin de sa troisième année.

Derrière le patron outragé, il y a l'industrie nationale lésée et la morale offensée, et comme la rupture du contrat est malheureusement très fréquente, cela revient à dire qu'elle constitue une cause générale d'infériorité technique, de décadence industrielle et d'improbité publique.

Notre loi française rend, il est vrai, passible de tout ou

partie de l'amende prononcée au profit du maître abandonné, tout fabricant, chef d'atelier ou ouvrier, convaincu
d'avoir débauché un apprenti (art. 13) ; mais elle ne punit
pas le cas, où l'apprenti quitte de son plein gré et sans
obéir à des sollicitations étrangères, son patron, pour aller
se faire embaucher ailleurs, et elle ne rend pas responsables des indemnités qui peuvent être dues au maître
quitté irrégulièrement, tous ceux qui reçoivent et emploient
sans avoir exigé un congé d'acquit, l'apprenti en rupture
de contrat.

En adoptant une disposition de ce genre, la loi de 1851,
n'aurait cependant que fait revivre le texte de la loi du
22 germinal an XI, qui portait que : « Nul individu em-
« ployant des ouvriers, ne pourra recevoir un apprenti
« sans congé d'acquit, sous peine de dommages et intérêts
« envers son maître. »

Il est vrai que lorsque l'enfant a quitté l'atelier pour se
faire embaucher par un nouveau maître, lui donnant un
plus fort salaire, le patron qui a obtenu contre lui une
condamnation à des dommages-intérêts, peut mettre le patron nouveau en demeure, soit de renvoyer l'enfant, soit
de lui payer l'indemnité accordée par le jugement. Certains
Conseils de Prud'hommes accordent souvent cette satisfaction au plaignant, quand il s'agit de deux patrons exerçant la même profession. Mais cette jurisprudence des
Prud'hommes ne nous paraît pas légale et serait évidemment réformée en appel (1). Puis le patron, fatigué des
demandes et du temps perdu pour obtenir le premier jugement contre l'apprenti, hésite à entamer une seconde action

______

(1) Sur ces jurisprudences locales, Périn et Hayem, Paris. Marchal
et Billard. p. 200, nᵒˢ 283 et 284.

judiciaire, à assigner un confrère, dont il peut avoir besoin un jour ou l'autre, pour le contraindre à renvoyer un petit ouvrier, qui lui donne peut-être toute satisfaction, et cela quelquefois très longtemps après que s'est produite la rupture du contrat primitif.

La sanction qui existait dans notre loi du 22 germinal an XI, et que certaines législations étrangères n'ont pas craint d'adopter (loi allemande du 17 juillet 1878, art. 133. loi autrichienne du 8 mars 1885), a été repoussée lors de la discussion de la loi de 1851, comme n'étant pas en harmonie avec le grand principe de la liberté du travail ; on n'a pas voulu risquer de créer une sorte d'ostracisme ou d'interdit industriel contre le coupable éconduit de tous les ateliers, et amené peut-être par cette exclusion au vol et au vagabondage.

Cette manière de voir l'a également emporté, après de longues controverses et des discussions passionnées lors du vote des lois suisses les plus récentes sur l'apprentissage.

Les lois allemande et autrichienne interdisent, au contraire, l'emploi de l'apprenti « *dans la même profession* », la première pendant les neuf mois qui suivent son départ irrégulier de chez l'ancien patron (1), la seconde pendant un an à compter de la même date (2).

---

(1) Loi allemande, 26 juillet 1897, article 127 b, § 6 : « Lorsque le père, le tuteur ou même l'apprenti majeur déclare par écrit que l'apprenti est entré dans un autre métier, le contrat d'apprentissage peut être rompu au bout de quatre semaines... L'apprenti ne peut, sans l'autorisation du premier maître, être occupé dans le même métier, avant neuf mois depuis la rupture du contrat. » (Voir annexes).

(2) Loi autrichienne, 8 mars 1885, article 102 : « Le contrat

Nous nous rangerions assez volontiers à ce système, car, pour nous, fermer une profession à l'enfant pendant un certain temps, ce n'est pas l'empêcher de travailler, mais c'est lui faire comprendre qu'il ne peut pas tirer parti de l'état qu'il a entrepris et de ce qu'il sait, ailleurs que chez son patron d'apprentissage. Par contre, nous ne partageons pas la manière de voir des Chambres syndicales qui, lors de leur Congrès tenu à Paris, du 17 au 20 novembre 1886, ont émis un vœu ainsi conçu : « Toute « personne qui occupera un apprenti ne présentant pas « le congé d'acquit de son apprentissage, ou le certificat « le déclarant libre de tout engagement, pourra être « rendue légalement responsable des dommages et inté- « rêts accordés par le tribunal au patron abandonné *quel* « *que soit le nouvel état adopté par l'apprenti.* »

On a proposé, pour éviter les rigueurs des lois allemande et autrichienne, et assurer la justice, de tenir un juste milieu entre les sévérités de la loi de germinal an XI, et la faiblesse de la loi de 1851 : M. Nusse (1) voudrait

d'apprentissage peut être rompu par l'apprenti après une dénonciation à 14 jours, s'il est établi par une déclaration émanant de l'apprenti ou de son représentant légal, qu'il change de vocation ou passe à un métier essentiellement différent, ou si ses parents ont besoin de lui par suite de changements survenus dans leurs conditions d'existence, pour les soigner, conduire leur maison ou exercer leur métier.

« Le motif de la dénonciation de l'engagement doit être indiqué explicitement dans le livret de l'apprenti.

« Pendant le délai d'une année, après la rupture de l'engagement, l'apprenti ne peut être admis dans le même métier ou dans une fabrique analogue, sans le consentement du précédent patron. »

(1) Nusse. *Rapport sur la réglementation de la condition des apprentis* (Bulletin de la Société de protection. Année 1879, p. 430).

voir restreindre la responsabilité du patron négligent au 1/5° des sommes chez lui gagnées par l'apprenti. On arriverait ainsi aux effets d'une opposition régulière opérant de plein droit par la volonté de la loi, sans la procédure de saisie-arrêt, et sans provoquer des découragements dangereux. De son côté, le maître victime de l'abandon serait graduellement remboursé par les patrons successifs.

On a encore proposé un autre système auquel nous nous rallierions de préférence : Aux termes de la loi de 1892, l'enfant est tenu de déposer entre les mains de son patron, un livret d'apprenti, constatant son état civil, et qui a pour objet d'établir exactement son âge au point de vue de la loi. On pourrait croire que ce dépôt donne une certaine puissance au maître, qui en conservant le livret, doit forcément empêcher l'apprenti d'aller travailler chez un autre patron, sérieux observateur de la loi. Mais, en fait, il n'en est jamais ainsi ; car l'enfant peut obtenir autant de livrets qu'il en veut, puisqu'il n'a qu'à présenter son acte de naissance à la mairie de son domicile, ou même à une mairie quelconque, étant donné que la déclaration de résidence est verbale et sans contrôle, pour qu'il lui en soit remis un.

Plus de difficultés si, au contraire, l'enfant ne pouvait avoir qu'un seul livret délivré par sa mairie d'origine, et si sur ce livret il était fait mention du contrat d'apprentissage, de l'état entrepris, de la durée du contrat, et le cas échéant du jugement prononcé par les Prud'hommes, accordant au patron abandonné une indemnité, dont le nouveau maître occupant un enfant non libéré serait responsable de la même façon que le patron visé par l'article 13 de la loi de 1851.

4 — F.

Il semble se produire depuis quelques années, entre patrons d'une même profession, unis par des liens corporatifs assez étroits, un désir d'entente, pour arriver à n'accepter dans leurs ateliers que des jeunes gens ayant terminé entièrement leur temps d'apprentissage. C'est ainsi que les membres du Syndicat des pâtissiers de Paris, réunis en assemblée générale, ont décidé (séance du 30 octobre 1894) de ne prendre comme ouvriers que d'anciens apprentis, porteurs d'un certificat, conforme au modèle du règlement, où la date de l'entrée et celle de la sortie, correspondent à la durée de l'apprentissage (1). Tout syndiqué convaincu d'avoir volontairement contrevenu à ce règlement se trouve visé par l'article 25 lequel est ainsi conçu : « Le Comité a le droit après enquête, de « prendre telle mesure qu'il jugera convenable contre tout « adhérent qui volontairement ou involontairement, par « fausse manœuvre ou incrimination, aura porté ou tenté « de porter préjudice aux intérêts du syndicat. »

Un assez grand nombre de syndicats patronaux, ont adopté des dispositions de ce genre, mais presque toujours elles sont demeurées lettre morte, et cela tient surtout à ce que le nombre des patrons non-adhérents est quelquefois considérable, et que n'étant liés par aucun engagement vis-à-vis du syndicat, ils ne se considèrent pas comme tenus d'observer les règles qu'il impose à ses membres.

---

(1) La formule suivante de la teneur du certificat délivré aux apprentis est obligatoire pour tous les membres du syndicat :

« Je, soussigné, certifie que..... est entré chez moi le..... pour une durée d'apprentissage de..... et en est sorti le..... libre de tout engagement. »

Quant à étendre la responsabilité entre patrons exerçant
des industries différentes, ou à interdire à l'enfant de travailler dans un atelier sans distinction d'état, s'il n'a pas
obtenu un certificat constatant qu'il a entièrement terminé
son apprentissage, nous croyons que ce serait porter
atteinte à la liberté du travail et s'exposer au reproche
déjà formulé de contraindre indirectement l'enfant au
vagabondage.

*
* *

Une autre cause de l'inefficacité de la loi de 1851, vient
de ce qu'elle n'exige des maîtres que quelques garanties
de moralité, assez peu sévères d'ailleurs, et aucune capacité technique. Il est loisible à tout individu de prendre
autant d'apprentis que bon lui semble pour leur apprendre
un métier quelconque. C'est aux parents des enfants ou à
ceux qui les représentent, de s'enquérir de la capacité du
maître et des garanties qu'il offre pour enseigner le métier
et former le caractère de l'apprenti. Aucune disposition légale
ne limite le nombre des apprentis que chaque maître peut
recevoir et pourtant, il est bien évident que pour profiter
avec fruit des conseils du maître, et recevoir de lui une
instruction professionnelle sérieuse, le nombre de ses
élèves doit être restreint.

Si aux termes de la loi, le maître est tenu de délivrer à
l'apprenti qui a terminé régulièrement son apprentissage,
un certificat constatant ce fait, ce brevet n'apporte que la
présomption, et non la preuve de la capacité de l'apprenti.
La complaisance des patrons a jeté le discrédit sur la
valeur de pareils documents qui ne présenteront une uti-

lité réelle pour le jeune homme qui en sera porteur, que le jour où des collectivités les délivreront directement, ou garantiront l'exactitude des affirmations du patron.

Enfin la loi, si imparfaite qu'elle soit, est difficile à mettre à exécution, car il n'a pas été créé d'agents spéciaux pour la faire respecter. On a bien tenté de confier soit à la police, soit aux autorités administratives, une surveillance sur les apprentis. C'est surtout dans les grandes villes que des essais ont été faits dans ce sens : Dans le département de la Seine, le Préfet de police a envoyé à diverses reprises des circulaires aux maires des communes rurales et aux commissaires de police, pour leur exposer comment il comprenait leur rôle en ce qui concerne la surveillance des apprentissages. Une circulaire du 12 novembre 1852 leur recommandait, non seulement de signaler aux Sociétés de patronage ou aux institutions charitables auxquelles les juges de paix confèrent la tutelle des apprentis, les enfants abandonnés, mais même de veiller à ce que l'apprenti trouve dans l'atelier une deuxième famille.

Dans une autre circulaire du 6 novembre 1860, le Préfet de police recommande aux commissaires de police, de visiter souvent les ateliers et d'empêcher que les plaisanteries consacrées par l'usage, et constituant un attentat à la pudeur ne s'y produisent ; ils devront déférer au parquet les faits immoraux qu'ils auront constatés, et rappeler aux patrons qu'ils sont dans l'atelier des chefs de famille, et qu'à ce titre, ils ne sauraient veiller avec trop de sollicitude sur la moralité des enfants qui leur sont confiés.

L'administration comptait donc sur ses agents pour poursuivre les moindres infractions au contrat d'apprentissage ; mais, en fait, jamais la police n'intervient d'office, et même les habitudes et les préjugés de la classe ouvrière empêchent les apprentis ou leurs protecteurs de solliciter son intervention et d'avoir recours à elle.

Il n'est pas non plus dans nos usages de faire intervenir les maires dans les questions relatives à la police entre leurs administrés.

Les seules autorités ayant une certaine influence sur le sort des apprentis sont donc les Conseils de Prud'hommes, ou à leur défaut les Juges de paix. Mais la loi qui les charge de trancher les contestations et de juger les différends qui peuvent s'élever entre maîtres et apprentis, ne leur accorde aucun droit d'inspection, et ils ne peuvent que prononcer des peines de simple police contre les patrons qui contreviennent à certaines prescriptions légales, ou contre les apprentis qui troubleraient l'ordre de l'atelier.

Aussi faut-il considérer comme illégaux les moyens employé par les Conseils de Prud'hommes de Lyon, pour entourer d'un contrôle efficace la formation et l'exécution des contrats d'apprentissage. Ils se sont arrogé le droit d'inspection que la loi, à tort selon nous, leur a refusé. Ils exigent le cas échéant, des parties contrevenantes, la promesse de mieux exécuter le contrat à l'avenir ; ils ordonnent même parfois des mesures en vue d'assurer le respect de leurs décisions, et délèguent certains de leurs membres à l'effet d'inspecter les ateliers (1).

Nous verrons dans une autre partie de cette étude, comment à leur tour les Prud'hommes de Nîmes ont com-

____

(1) O. Pic, *loc. cit.*, p. 469.

Cf. Vachez, Recueil des usages locaux de la ville de Lyon. p. 63 et suiv.

pris leur rôle en matière d'apprentissage, et les excellents effets de la tutelle qu'ils ont assumée sur les apprentis.

Lorsque la loi du 19 mai 1874 eut été votée, on se demanda s'il n'y aurait pas lieu d'étendre à l'exécution des contrats d'apprentissage, la surveillance que les Commissions locales, créées par cette loi, devaient exercer sur le travail des enfants et des filles mineures employés dans l'industrie. Il est bien probable que l'on en fût arrivé là. Dans les premières années qui suivirent le vote de la loi, ces Commissions songèrent surtout à s'organiser et à aider le service de l'inspection ; mais bientôt, dès 1879, quelques-unes d'entre elles, bien qu'elle ne fussent encore que très peu nombreuses, étendirent leur cercle d'action, et firent preuve d'une grande activité, grâce peut-être à l'introduction dans leur sein, de l'élément féminin qui y apportait « avec un esprit d'abnégation tout maternel, cette vivacité « de sentiments et cette indépendance dans le bien qui « donnent à la collaboration des femmes un caractère « tout spécial » (1).

Ces Commissions devinrent donc, dans les grandes villes tout au moins, des organes importants étudiant les améliorations à apporter au fonctionnement de la loi, les relations des autorités entre elles, les institutions scolaires et industrielles, et indiquant à l'Inspection leurs desiderata. Mais leur rôle principal consistait à veiller sur la santé, la moralité, le développement physique et intellectuel de l'enfance ouvrière.

Peu à peu un certain nombre d'entre elles, se conformant aux vœux émis par plusieurs congrès, notamment par celui de l'enseignement technique (8-13 juillet 1889) qui avait

____

(1) Nusse. *Bulletin de la Société de protection.* Année 1883, p. 53.

demandé que leurs pouvoirs fussent étendus et qu'elles fussent chargées de la surveillance des conventions d'apprentissage arrêtées par écrit, étaient devenues de véritables Comités de patronage des apprentis.

Ce mouvement se généralisa si bien, que dans sa séance du 20 décembre 1890, le Conseil général de la Seine, chargeait le Préfet de police, d'inviter toutes les Commissions locales du département à se constituer en Comités de patronage des apprentis. Le vœu du Conseil général fut transmis par une circulaire du 4 février 1891 aux présidents, présidentes et secrétaires des Commissions locales.

Nous ne doutons pas qu'ainsi orientées, ces Commissions n'aient été peu à peu amenées à remplir un rôle des plus utiles et qui aurait eu les plus heureux effets.

Malheureusement le vote de la loi du 2 novembre 1892 arrêta ce mouvement. Dans l'esprit du législateur il ne devait pas en être ainsi : L'article 24 de la loi nouvelle, ordonnait la création de Commissions départementales, destinées à surveiller l'exécution de la loi, et l'article 25 décidait qu'il serait institué dans chaque département des Comités de patronage pour la protection des apprentis et des enfants employés dans l'industrie, et pour le développement de leur instruction professionnelle.

Ces Comités ne paraissent pas, malgré la diligence faite par certains préfets pour les organiser, avoir exercé jusqu'à présent une action bien féconde ; l'intervention des Conseils généraux n'a pas été plus efficace. Les rapports des inspecteurs divisionnaires pour 1898 (1), attribuent cet

______

(1) *Rapports sur l'application pendant l'année 1898, des lois règlementant le travail.* Paris, Imp. Nat., 1899. « Introduction », p. 75.

état de choses à plusieurs causes : D'abord le but peu précis des Comités de patronage tel qu'il est indiqué par la
loi, empêcherait les initiatives de se manifester « dans les
« départements où les mœurs et les habitudes locales ac-
« ceptent peu volontiers l'intrusion d'autorités à allures
« semi-officielles ». Dans d'autres contrées l'autorité administrative renonce à tout effort, parce que l'action indi-
viduelle avait antérieurement échoué et n'était pas par-
venue à constituer de patronages libres. Souvent enfin,
le manque de ressources pécuniaires, indispensables au
fonctionnement d'œuvres semblables doit être ajouté aux
raisons pour lesquelles les tentatives déjà faites ont
échoué.

Il n'y a guère actuellement que le département de la
Gironde dans lequel un Comité de patronage fonctionne
régulièrement : la commission d'administration l'a divisé
en groupes, ce qui permet de négocier avec les sociétés
existantes, leur adhésion aux statuts, chacune d'elles pouvant après son adhésion être considérée comme une section
du Comité de patronage. A Paris quelques comités sont en
voie de formation, et M. Laporte, inspecteur divisionnaire,
à l'obligeance duquel nous devons ces renseignements,
espère qu'ils seront en état de fonctionner cette année.

CHAPITRE II

La loi française est donc fort inefficace, d'une application difficile, et les avantages qu'elle procure aux parties contractantes sont loin de compenser les entraves et la gêne qu'elle peut causer. C'est là un défaut qui tient à ce que nos législateurs n'ont pas su prendre parti, et ont cherché à adopter un moyen terme. Deux solutions sont, en effet, possibles : Soit ignorer, en quelque sorte, l'enfant en tant qu'apprenti ; à partir de l'âge légal il peut se placer comme un autre ouvrier, avec cette différence qu'au début son salaire est pour ainsi dire nominal ; il est libre de quitter l'atelier quand bon lui semble ; sa bonne volonté est attestée par sa régularité au travail, le contrat devient inutile et n'ajouterait rien à cet état de choses. On peut, au contraire, chercher à remédier par tous les moyens possibles à la disparition de l'apprentissage, et prendre des mesures pour le rendre en quelque sorte obligatoire.

§ I. Système de la liberté absolue.

La Hollande, la Belgique, l'Italie, l'Angleterre, ont suivi le premier de ces deux systèmes, et n'ont aucune loi spéciale sur l'apprentissage ; les conditions du contrat se règlent librement entre les parties.

On s'explique que les Belges qui ont toujours hésité à faire une législation sur le travail, et chez lesquels la première loi protégeant les enfants occupés dans les fabriques ne date que d'une dizaines d'années (13 décembre 1889) n'aient aucune disposition légale concernant l'apprentissage. En Hollande, l'entrée de l'atelier est interdite avant 12 ans aux enfants par une loi du 5 mai 1874 ; il n'y a pas d'autres dispositions, pas d'autre législation du contrat.

Le fait, au contraire, peut paraître extraordinaire pour l'Angleterre, où les enfants de l'industrie sont protégés par de nombreuses lois. Il peut sembler illogique qu'il n'y en ait aucune pour régler un contrat, où cependant l'une des parties en cause est incapable de se défendre elle-même, et est peu protégée par ceux qui devraient être ses naturels soutiens. Cela tient à la disparition progressive et rapide de la petite industrie dans ce pays, de sorte que l'apprentissage y est devenu très peu fréquent. Les corps de métiers sont depuis longtemps tombés en désuétude, et s'il existe encore, pour certaines professions, des Compagnies à livrées (livery companies) qui ont de grandes analogies avec nos anciennes corporations, elles ont perdu leur caractère ancien, et n'exercent plus leurs prérogatives ; certaines règles, celle par exemple, qui fixait la durée de l'apprentissage à sept ans, bien que subsistant encore par coutume, ont en fait disparu ; la Compagnie ne veille plus à la bonne tenue des apprentis, et ne les fait plus en cas d'inconduite, enfermer dans la prison de Bridewell, qui est encore en théorie affectée à cet usage (1). Le contrat est devenu fort rare, et les obligations qu'il impose sont assez peu respectées pour qu'il ait semblé inutile de prendre des mesures spéciales.

§ II. — Apprentissage obligatoire. Rôle des corporations en matière d'apprentissage en Allemagne et en Autriche.

D'autres nations, au contraire, cherchent à faire revivre l'ancien apprentissage et à le rendre en quelque sorte obligatoire. Pour atteindre ce but, divers moyens peuvent être employés :

1° L'État peut imposer aux industriels l'obligation de recevoir des apprentis, sous certaines conditions déterminées par la loi. Le rejet de ce système, qui a été proposé en Suisse lors de la discussion de la loi cantonale vaudoise sur la « protection des apprentis » (loi du 21 novembre 1896), fut basé sur cette considération que l'État doit avoir pour but non seulement de développer l'apprentissage, mais surtout l'industrie d'une manière générale ; or, il est certain qu'une telle obligation serait une entrave considérable pour la grande industrie où l'on n'a pas les loisirs ni même les moyens de former des apprentis, et une

(1) D. Pasquet. *L'administration de Londres*. (Revue de Paris, 1er juillet 1899).

charge accablante pour certains petits artisans qui travaillent seuls ou avec quelques aides ;

2° Une autre voie indirecte par laquelle on pourrait répandre l'apprentissage, serait d'exiger des patrons qu'ils
n'emploient pas dans leur profession, des jeunes gens au-
dessous d'un certain âge, 18 ans par exemple, autrement
qu'à titre d'apprentis, c'est-à-dire en s'astreignant à les
former ou à les faire instruire dans leur profession.

Ce moyen ne nous semble pas pratique ; car ce serait
priver de travail et jeter sur le pavé tous les jeunes gens
qui ne peuvent pas faire un apprentissage régulier, soit
par incapacité, soit par indocilité, soit parce que leur
famille a un besoin impérieux de leurs services, et les
place comme aides ou manœuvres pour se procurer des
ressources ;

3° Enfin l'État pourrait obliger les patrons à ne recevoir comme ouvriers que des jeunes gens ayant terminé
leur apprentissage. Ce serait certainement là un moyen
efficace de relever certaines industries, qui exigent chez
les ouvriers des aptitudes spéciales et une certaine habileté professionnelle ; la loi fixerait alors un minimum de
durée et déterminerait les conditions de l'apprentissage.
Ce ne serait pas plus exorbitant que la fixation de la durée
légale d'études ou des conditions de stage pour l'exercice
de diverses professions (1). Mais ce serait impraticable
pour toutes les industries, dans lesquelles l'apprentissage,
utile sans doute, n'est cependant pas indispensable.

C'est surtout dans les pays où la petite industrie tient
encore une large place que s'est manifestée cette tendance

____

(1) Cauwès. *Précis d'économie politique*. Paris, Larose et Forcel,
1893, t. III, n° 867.

à rendre l'apprentissage obligatoire. Plusieurs législations sont, depuis peu, résolument entrées dans la voie de substituer au patronage proprement dit, c'est-à-dire à la tutelle exercée par les maîtres sur les compagnons et les apprentis, le patronage supérieur de l'État, imposant sa protection à tous, et cherchant à satisfaire les aspirations de la classe ouvrière, tout en respectant et même en renforçant les prérogatives et les devoirs traditionnels des patrons.

L'Allemagne et l'Autriche qui avaient introduit dans leur législation industrielle « Gewerbe-ordnung » (loi autrichienne de 1859 ; loi allemande du 17 juillet 1878) des dispositions sur le contrat d'apprentissage, ayant beaucoup d'analogie, avec celles de notre loi de 1851, ne tardèrent pas à reconnaître l'insuffisance et l'inefficacité de ce procédé.

Cependant ces deux pays étaient convaincus que la petite industrie peut se maintenir, se reconstituer, lutter sur le terrain économique, si on lui en donne le moyen, ou si, tout au moins, on lui facilite la lutte. Ce résultat ne pouvait être obtenu qu'en la protégeant contre la concurrence, en subordonnant l'exercice de certains métiers à une garantie de capacité, et par conséquent en rendant l'apprentissage obligatoire.

Dans les lois industrielles les plus récentes de ces deux pays, l'apprentissage est considéré à la fois comme un moyen et comme un but ; il est la base même du système corporatif tel qu'il a été rétabli pour la petite industrie, et il reprend dans les pays de race germanique, ou soumis à l'influence germanique, la place qu'il tenait autrefois dans l'organisation de l'industrie.

En Autriche, la loi du 20 décembre 1859 avait proclamé

le principe de la liberté des professions, et aboli le mono-
pole corporatif, mais les corporations avaient subsisté
comme sociétés libres, et considéraient la surveillance de
l'apprentissage comme un de leurs soins principaux. Elles
continuaient à recevoir les contrats d'apprentissage et à
veiller à leur exécution, car les traditions et les mœurs
contribuaient à maintenir l'usage des conventions d'apprentissage. Aussi, lorsque les lois, du 15 mars 1883 en
Autriche, du 21 mai 1884 en Hongrie, vinrent rétablir le
régime des corporations obligatoires, n'eurent-elles, pour
ainsi dire, rien à innover en matière d'apprentissage.

Les professions sont divisées en trois catégories : con-
cédées, libres, et enfin « des métiers ». C'est en vue de
cette troisième catégorie de professions que la loi de 1883
a restauré le régime corporatif et l'a rendu obligatoire
(Zwangsinnung). La notion technique du métier (Hand-
werk), est assez difficile à préciser ; elle comprend une
notion économique et historique à la fois (1). C'est l'artisan, autonome, travaillant pour son compte (selbstän-
dig, loi allemande du 26 juillet 1897, art. 129), directement pour le client, mais en petite industrie, non sous
forme de fabrique, mettant lui-même la main à la pâte.
D'après Brants (2) il manque quelque netteté pratique à
la définition que la loi elle-même laisse à la jurisprudence.

---

(1) Cf. Schönberg. *Handbuch der politischen Oekonomie*, 3ᵉ éd.
Tubingen, t. II, p. 424 et Sombärt, *Ueber die Zukunft der kleines
Gewerbes*, Magdebourg, 1898.

(2) V. Brants, *Le régime de la petite industrie et l'apprentissage
en Allemagne*, suivant la loi du 26 juillet 1897. (*Réforme sociale*,
nᵒˢ des 16 mai et 18 avril 1898).

Ces professions « de la catégorie des métiers » ne peuvent être exercées que sur la production d'un certificat constatant un certain stage comme apprenti, et des connaissances techniques suffisantes (Befähigungs nachweiss); la durée de l'apprentissage doit avoir été de deux années au minimum, et la manière dont il doit s'accomplir est réglée par la corporation de chaque profession.

Parmi les buts que doivent se proposer ces corporations, la loi indique les suivants : « Pourvoir à l'établis-« sement d'un système d'apprentissage bien ordonné, par « un ensemble de règles, qui avant de devenir obliga-« toires doivent être soumises à l'autorité administra-« tive.

« Ces règles portent notamment : sur l'éducation pro-« fessionnelle, morale et religieuse des apprentis ; sur la « durée de l'apprentissage pour les professions ne rentrant « pas dans la catégorie des métiers (1) ; sur les examens « et épreuves à subir de ce chef, ainsi que sur les « moyens d'assurer l'exécution de semblables disposi-« tions ; elles se réfèrent en outre aux garanties à fournir « pour recevoir des apprentis ainsi qu'à la proportion nu-« mérique de ces derniers par rapport au nombre des « ouvriers proprement dits. »

La législation allemande qui a rétabli les corporations (lois du 18 juillet 1881 et 25 juin 1884) présente avec la législation autrichienne la plus grande analogie. Pendant longtemps elle en a différé en ce qu'elle n'avait pas rendu obligatoire l'entrée des patrons dans la corporation « légale

______

(1) On peut, dans ces professions, s'établir sans certificat d'apprentissage, mais la tradition est assez forte pour que l'on ne songe pas à s'en dispenser.

et privilégiée ». Mais, en fait l'obligation n'en existait pas moins, grâce justement aux dispositions sur l'apprentissage, rédigées dans un esprit tel, que les patrons restés en dehors de tout groupement professionnel, se sont bientôt trouvés dans l'impossibilité de recruter leur personnel.

La loi de 1881 (art. 130) donne, en effet à la corporation, autorité en matière d'apprentissage ; même sur les artisans qui n'ont pas jugé à propos d'y entrer : « Si quel- « que corporation a justifié de son activité en matière « d'apprentissage, l'autorité peut décider que les règlements « faits par elle seront obligatoires dans le ressort, même « pour les industriels qui ne sont pas de la corpo- « ration. »

La loi de 1884 (art. 100e) interdit aux patrons qui ne font pas partie des corporations, de recevoir des apprentis, et celle du 6 juillet 1887 donne à l'Administration une action sur les patrons libres, pour les forcer à contribuer dans les mêmes conditions que les patrons syndiqués, aux charges corporatives, telles que celles nécessitées par l'enseignement professionnel.

Enfin la loi du 26 juillet 1897 (1) a rendu la corporation obligatoire, et la législation allemande règle les conditions de l'apprentissage, d'une façon stricte et minutieuse, comme l'a fait en Autriche, la loi partielle (Kleine Gewerbe Novelle) du 23 février 1897.

Dans la pensée des législateurs de ces deux nations, l'apprentissage, est une mission sociale ; la notion patriarcale demeure prédominante ; l'apprenti est soumis à la

____

(1) Voir aux annexes, ceux des articles de cette loi relatifs à l'apprentissage.

discipline quasi-paternelle de son maître, et a droit à ses soins et à sa protection. La surveillance du patron s'étend en dehors même de l'atelier si l'apprenti est mineur ; il doit veiller à ses mœurs, et tenir la main à ce qu'il accomplisse ses devoirs religieux et fréquente régulièrement les écoles de perfectionnement. Le maître, pour remplir cette mission délicate d'éducateur, doit présenter certaines conditions d'âge et d'honorabilité : S'il manque à ses obligations, l'administration peut lui retirer le droit d'avoir des apprentis ; et cette sanction éventuelle de ses devoirs a pour effet de rendre l'exploitation des enfants plus rare et plus difficile, et le soin de l'instruction plus sérieux.

La loi autrichienne donne à chaque corporation le droit — et 90,2 0/0 d'entre elles, en ont usé — de déterminer les conditions dans lesquelles on peut prendre des apprentis, de fixer la durée normale de l'apprentissage et de limiter le nombre d'apprentis que pourront recevoir les maîtres qui n'ont pas d'ouvriers.

Pour pouvoir former des apprentis, la loi allemande exige que le patron ait subi lui-même avec succès l'examen professionnel terminant l'apprentissage, ou ait cinq ans d'exercice du métier. La corporation doit veiller à ce que l'apprentissage soit réel, et empêcher que les apprentis soient seulement des jeunes ouvriers dont on exploite les forces ; c'est là un abus qualifié de « Lehrlingszüchterei » ; elle peut, en conséquence, établir des règlements pour limiter chez chaque patron le nombre des apprentis, qui, trop nombreux, ne pourraient recevoir une éducation professionnelle sérieuse, et fixer la durée de l'apprentissage, qui ne doit jamais excéder quatre ans, maximum légal. Il n'y a pas de minimum fixé par la loi, car il y a lieu de tenir compte de la difficulté plus ou moins considérable de chaque métier, et il ne faut pas encourager l'exploitation des ouvriers, déjà formés en permettant de les retenir comme élèves.

Par le rétablissement des cadres corporatifs, on a surtout cherché à relever la capacité technique de l'artisan, à empêcher l'invasion du métier par des ignorants et des incapables, et à assurer *l'éducation technique collective* de tous les débutants dans une même profession; on a reconnu en effet, que les intérêts d'avenir ne sont bien compris que par des groupements professionnels, doués d'une certaine pérennité, et qu'il faut éviter le contrat individuel d'apprentissage, dans lequel l'égoïsme des parties ne voit que les bénéfices immédiats.

La corporation doit s'efforcer de développer l'instruction technique et industrielle des apprentis, subventionner les écoles professionnelles, en réglementer le fonctionnement et les adapter aux besoins industriels; en provoquer la création dans les localités qui en sont dépourvues. Enfin elle peut instituer des examens pour s'assurer de la bonne éducation professionnelle reçue par les apprentis, et leur délivrer des brevets de capacité.

Ces corporations sont purement patronales, mais chaque loi nouvelle étend le rôle que les ouvriers et apprentis (Hangehörige) sont appelés à remplir dans leur fonctionnement; on veut les amener à supporter cette tutelle qu'ils n'acceptent pas malgré ses allures paternelles, tandis qu'ils accordent leur confiance aux associations professionnelles libres, dans lesquelles ils sont les maîtres. Dans chaque corporation, aussi bien en Allemagne qu'en Autriche, il y a désormais un comité ouvrier (Gesellenausschuss) obligatoire; la loi allemande exige sa participation à la discussion des questions intéressant l'apprentissage; enfin à côté du bureau ou Comité de direction, uniquement composé de patrons, qui administre la corporation, en gère les biens et juge les contraventions aux règlements corporatifs, même quand le prévenu est un ouvrier, fonctionne une Commission arbitrale, composée en nombre égal de délégués patronaux et de délégués ouvriers, chargée de trancher les différends qui s'élèvent entre patrons et ouvriers ou apprentis.

Les lois allemande et autrichienne sont encore trop récentes pour que leurs résultats soient bien sensibles jusqu'à présent et pour qu'il soit possible de juger si cette surveillance rigoureuse de l'apprentissage a réellement augmenté la valeur professionnelle de l'ouvrier, et ce d'autant plus que les lois nouvelles n'ont fait que rendre à l'apprentissage l'autorité qu'il n'avait plus en droit. Là où l'on a dû établir des corporations nouvelles et de toutes pièces, il y a peu de chances pour que l'apprentissage, s'il n'existait auparavant, s'établisse avec la rigueur marquée dans la loi.

§ III. — Les récentes lois cantonales suisses.

Un mouvement en faveur de l'institution d'un régime corporatif s'est également produit en Suisse, mais avec un caractère plus démocratique. Les associations professionnelles se sont multipliées sur tous les points du territoire, puis fédérées en trois Unions puissantes, ayant chacune son caractère propre, mais qui toutes trois ont inscrit dans leur programme l'étude et la poursuite des moyens propres à améliorer l'apprentissage.

Les efforts tentés par l'Union du commerce et de l'in

dustrie, l'Union suisse des arts et métiers et enfin le Grüt-liverein, pour encourager les apprentissages et en assurer la régularité, ont amené à cette constatation que de même qu'il avait été reconnu nécessaire d'introduire dans la Constitution du 1ᵉʳ mars 1885 (art. 17) le principe de l'obligation pour l'État et les communes de pourvoir à l'enseignement professionnel, de même il était utile d'élaborer une loi fédérale sur les apprentissages.

Le code fédéral des obligations ne renferme, en effet, aucune disposition spéciale sur le contrat d'apprentissage, qui n'est réglé en droit fédéral que par les dispositions générales concernant les obligations, et celles sur le louage de services. Le Conseil fédéral croyait donc répondre à un besoin en proposant aux Chambres un projet de revision constitutionnelle donnant à la Confédération le droit de légiférer sur les métiers. Mais ce projet a été rejeté par le peuple et les cantons à une forte majorité le 4 mars 1894, et cette manifestation de la volonté nationale a arrêté pour un temps indéterminé l'évolution de la législation fédérale en matière d'apprentissage.

Cependant certains cantons, Bâle-ville et Bâle-campagne, Berne, Schaffhouse, Zurich, ont inscrit dans leurs lois industrielles, déjà anciennes pour la plupart, quelques dispositions concernant les apprentis. (1) D'autres ont édicté pour la protection des ouvrières, dans les industries

---

(1) Berne. *Gesetz über das Gewerbewesen*, 7 novembre 1849. — Bâle-ville. *Verordnuns über das Verbältnig der Gesellen und Arbeiter zu ihrer Meistern, etc.* — Bâle-campagne. *Gesetz über das gesammte Handels, Gewerbs, und Berufswesen*, 10 décembre 1855. — Schaffhouse. *Gesetz über das Gewerbewesen*, 1ᵉʳ mai 1855. — Zurich. *Gesetz betreffend das Gewerbewesen*, 14 novembre 1895.

qui ne sont pas soumises à la loi fédérale sur les fabriques, des lois qui renferment quelques dispositions relatives aux apprentis (1).

Enfin les cantons de Neufchâtel (loi du 21 novembre 1890), Genève (loi du 18 octobre 1892) et Vaud (loi du 21 novembre 1896) ont promulgué des lois spéciales sur les apprentissages et la protection des apprentis.

La législation de ces trois cantons est fort intéressante en ce qu'elle montre la tendance actuelle de la Suisse, et on peut la considérer comme le prélude d'un mouvement qui va se généralisant, et qui aboutira forcément tôt ou tard, à une loi fédérale sur la matière. Nous n'entrerons pas dans la discussion de savoir si, juridiquement, les cantons sont compétents pour légiférer sur l'apprentissage; si, ce faisant, ils ne risquent pas de faire une œuvre vaine et de prendre des décisions qui pourraient être cassées, comme inconstitutionnelles, par les autorités fédérales, et nous nous bornerons à constater que ces lois cantonales répondent à un besoin économique qui, avant leur apparition, avait été mis en lumière, par tous les organismes, groupements professionnels et individus, au courant des desiderata de l'industrie.

Les Conseils de prud'hommes de Lausanne, qui aux termes de la loi organique du 26 novembre 1888, ont pour « attribution supplémentaire » la mission de veiller à l'exécution des contrats d'apprentissage, et à l'instruction professionnelle des apprentis, avaient constaté l'impuissance dans laquelle les laissait l'absence d'une loi, et les abus qu'entraînait la liberté illimitée des conventions. Aussi, en 1892, rédigeaient-ils un rapport dont les con-

(1) Bâle-ville. Loi du 23 avril 1888. — Zurich. Loi du 12 août 1894. — Glaris. Loi du 8 mai 1892. — Saint-Gall. Loi du 26 juin 1893.

clusions sont conformes aux vœux émis par les assemblées des différentes Unions, tenues à Aarau en 1887, Zug en 1888, Altorf en 1890, Berne en 1891, Schaffhouse en 1892, et peuvent se résumer de la façon suivante :

1° Obligation du contrat écrit, rédigé sur un modèle autant que possible uniforme.

2° Dépôt obligatoire de ce contrat, ou d'un double de celui-ci, au greffe des Conseils de prud'hommes, partout où ceux-ci sont institués, et à leur défaut, au greffe municipal.

3° Obligation pour l'apprenti de suivre des cours de perfectionnement.

4° Organisation d'examens d'apprentis, distribution de diplômes, de prix, etc.

Les nouvelles lois suisses ne visent que l'apprentissage des mineurs employés dans l'industrie ; de même que la loi française et la Gewerbe-ordunng allemande, elles ne s'appliquent pas aux apprentis du commerce et de l'agriculture. En outre, en présence du code fédéral des obligations, elles ne peuvent régler tout ce qui concerne le contrat d'apprentissage ; mais elles peuvent arriver au même résultat en obligeant les parties et en sanctionnant cette obligation par des pénalités, à constater le contrat par écrit, et en les encourageant à le rédiger d'après un formulaire officiel contenant toutes les dispositions que l'on aurait voulu introduire dans la loi. Ce contrat une fois signé des parties, fait loi entre elles.

Le but poursuivi par ces lois est double : elles cherchent d'abord à assurer aux enfants employés dans l'industrie, un apprentissage régulier ; elles ne le rendent pas obligatoire, mais elles veulent qu'il ne puisse se confondre avec le louage de services ; elles imposent aux patrons qui prennent des apprentis des obligations strictes et nettement déterminées. Pour produire un effet utile, permettant de réagir contre les tendances fâcheuses de l'industrie moderne, il a fallu qu'elles donnent à l'autorité les pouvoirs nécessaires pour tenir la main d'une façon énergique à leur exécution et qu'elles instituent des organes officiels de surveillance et de contrôle, chargés de veiller à ce que leurs prescriptions ne restent pas lettre morte.

La loi genevoise (art. 17), place les apprentis sous la double surveillance du Département du commerce et de l'industrie, et de la Commission centrale des conseils de prud'hommes, aidés dans cette tâche par les commissions d'apprentissage.

Dans le canton de Neufchâtel (1), les apprentis sont placés, dans chaque localité, sous le contrôle de l'autorité communale.

« Cette surveillance, selon les besoins et l'importance
« des localités, peut être confiée par le conseil communal,
« à une commission spéciale des apprentissages, compo-
« sée d'un nombre égal de patrons, et d'ouvriers particu-
« lièrement aptes à remplir cette mission » (article pre-
mier). Quand dans une localité, il existe un Conseil de prud'hommes, il est chargé d'exercer, sous le contrôle de l'autorité communale, la surveillance des apprentis pour lesquels aucune surveillance spéciale n'aurait été organisée par les syndicats de la profession (article 2). Les syndicats professionnels, soit patronaux, soit ouvriers, peuvent, en effet, sur leur demande et par décision spéciale du Conseil d'État, être investis de cette mission, lorsqu'ils justifient qu'ils représentent la majorité des intéressés aussi bien quand il s'agit d'un syndicat de patrons que d'un syndicat d'ouvriers.

L'organisation créée par la loi vaudoise est à peu près

(1) Voir aux annexes de la loi Neufchâteloise.

identique : les Conseils de prud'hommes, et à leur défaut les municipalités, nomment des commissions qui exercent la surveillance des apprentissages sous le contrôle du Département de l'agriculture et du commerce auprès duquel fonctionne un Conseil des apprentissages. Les municipalités peuvent aussi déléguer cette surveillance, sous certaines réserves, aux syndicats professionnels.

L'expérience a prouvé que l'on ne pouvait malheureusement guère compter sur le concours efficace de ces syndicats, soit parce qu'ils ne sont pas eux-mêmes suffisamment organisés, soit parce qu'ils se désintéressent de la question ; et à Vaud, comme à Neufchâtel, il a été reconnu que l'on ne pouvait s'en rapporter uniquement aux autorités publiques pour assurer l'application de la loi, et l'on a dû créer un service spécial d'inspection et de surveillance (Neufchâtel, décret du 7 mai 1894).

La tâche de ces inspecteurs des apprentissages est délicate et complexe : Ils doivent visiter et inspecter les apprentis dans les ateliers où souvent les délégués communaux hésitaient à pénétrer, bien que la loi (article 5) leur en conférât le droit ; contrôler leur travail, s'assurer que leur instruction professionnelle n'est pas négligée, et qu'ils sont traités par leurs patrons avec égards et avec humanité ; ils doivent veiller en un mot, à ce que la loi qui a pour objet d'assurer leur protection, soit partout bien comprise et intelligemment appliquée, et dénoncer à qui de droit, les infractions qui pourraient être commises. Ils doivent enfin aider la commission centrale à organiser les examens d'apprentis, et étudier les améliorations qui peuvent être apportées à l'instruction professionnelle.

Les contestations civiles que peut soulever l'application de la loi, de même que les différends entre patrons et apprentis sont tranchés par les Commissions d'apprentissage, et là où il n'en existe pas, par les municipalités. C'est un système analogue à celui établi par la loi allemande (article 120 A).

Ces commissions d'apprentissage sont aussi chargées par la loi vaudoise, de juger, sauf recours au Département de l'agriculture et du commerce, les contestations qui peuvent s'élever sur la question de savoir si une personne est, ou non, soumise à la loi, si telle ou telle profession est une industrie. Il y a en effet dans cet ordre d'idées des questions délicates à résoudre. En fait, on admet que l'enfant, fille ou garçon, est apprenti, lorsqu'il est suffisamment prouvé que l'intention des parents ou du tuteur a été de placer le jeune homme ou la jeune fille pour apprendre un état. Le fait qu'un enfant placé pour apprendre à travailler, reçoit un salaire, ne peut rien enlever à sa qualité d'apprenti, et les fonctionnaires communaux, considèrent comme tels, et réclament la présentation d'un contrat d'apprentissage à tous les mineurs des deux sexes, travaillant dans l'industrie autre part que chez leurs parents. Si à ce moment l'employeur oppose que l'enfant n'est pas apprenti, on exige de lui une déclaration signée par lui-même, et par le père ou représentant du jeune employé, et attestant qu'il peut en tout temps prendre congé de son patron en le prévenant quinze jours d'avance.

Si d'une part les lois suisses cherchent à assurer des apprentissages réguliers, en déterminant bien les droits et les devoirs respectifs des parties et en stipulant des pénalités contre ceux qui résisteraient aux réformes, qu'elles cherchent à réaliser, d'autre part ce sont des lois d'encouragement.

Elles visent à développer l'apprentissage, et cela aussi bien en incitant les jeunes gens et leurs parents à recourir à ce mode de préparation professionnelle, qu'en favorisant et en encourageant par des subsides, les industriels qui entreprennent de former des élèves, en leur évitant toutes les obligations qui ne sont pas rigoureusement indispensables, en leur donnant des garanties contre la rupture du contrat.

Le rapport pour l'année 1898. de M. Arnold Kohly (1), inspecteur des apprentissages, sur le fonctionnement de la loi neufchâteloise, met en relief les excellents effets de cette loi :

Elle a d'abord permis d'établir un recensement exact des apprentis, puisqu'il fallait arriver à ce qu'aucun d'entre eux ne fût ignoré de l'autorité communale de la localité où s'effectue son apprentissage. (Arrêté du Conseil d'État, 6 janvier 1893). La comparaison du recensement avec le rôle d'inscription des contrats d'apprentissage dans chaque commune, permet de veiller à la régularité de ces contrats.

On est arrivé ainsi à constater que dans le canton de Neufchâtel, 1788 enfants, dont 51 0/0 de garçons et 49 0/0 de filles, faisaient un apprentissage régulier. Au point de vue des professions ces apprentis se répartissaient de la façon suivante :

34 0/0 dans l'horlogerie et la mécanique de précision.

20 0/0 ouvrages sur métaux et bois, construction.

35 0/0 consommation et vêtements.

11 0/0 industries du livre.

-----

(1) *Rapport sur l'application générale, etc., pendant l'année 1898,* p. 5 et suiv.

On se fait facilement une idée de l'intérêt que présentent ces recensements annuels, qui permettent de se rendre un compte exact des besoins et des tendances de l'industrie.

Presque toutes les communes ont nommé des délégués pour visiter les apprentis à l'atelier, les encourager, les inviter à prendre part aux examens, et surtout obtenir d'eux la fréquentation régulière des cours du soir et des écoles de perfectionnement.

Enfin, grâce au service de l'inspection dont l'intermédiaire est accepté de plus en plus facilement, le placement des enfants en apprentissage se fait dans de bien meilleures conditions que par le passé ; on arrive à empêcher les parents de placer leurs enfants, chez des maîtres incapables, ignorants ou trop peu vigilants.

Tel est l'esprit de ces lois suisses, qui sont fort intéressantes tant par leur objet même que par les résultats qu'elles ont déjà donnés. Il résulte des statistiques publiées chaque année par le service de l'inspection que le nombre des apprentis n'a diminué dans aucun des trois cantons de Neufchâtel, Vaud et Genève. On ne saurait donc prétendre que par leurs sévérités et leurs rigueurs, elles ont détourné les industriels du devoir de former des élèves, et c'est déjà là un point important. Mais surtout le nombre des apprentis qui prennent part chaque année aux examens après avoir terminé leur apprentissage, va toujours croissant, et la proportion de ceux qui obtiennent le diplôme est de plus en plus forte. C'est là une preuve incontestable que l'apprentissage devient de plus en plus sérieux et que le nombre des jeunes gens ayant conscience de leur valeur professionnelle augmente, en même temps que le nombre des patrons soucieux de montrer qu'ils ont su, de leurs apprentis, faire des ouvriers capables.

CHAPITRE III

APPRENTISSAGE DES ENFANTS TROUVÉS ET MORALEMENT
ABANDONNÉS

Il est dans tous les pays une catégorie d'enfants, auxquels il est de toute nécessité de faire faire un apprentissage régulier. Nous voulons parler de ceux, qui par suite du décès de leurs parents ou de leur indignité, sont à la charge de la société.

Néanmoins il ne semble pas qu'il y ait bien longtemps que l'utilité de pourvoir l'enfant abandonné d'un métier sérieux ait été comprise ; l'Assistance se préoccupait surtout de transformer l'enfant — objet coûteux pour la commune, le département, ou l'État — en adulte, auquel elle pouvait dire « prends ton bâton et marche », sans que la période de transition soit onéreuse pour les deniers publics.

Bien des industriels ont vécu de l'exploitation des orphelins, enfants trouvés ou abandonnés qui leur étaient confiés, sans jamais faire un seul ouvrier capable d'exercer un métier ; et ces malheureux, livrés à eux-mêmes et émancipés, sans être en état de subvenir à leur propre entretien et encore moins à celui d'une famille, retombaient bientôt à la charge de la société, et lui envoyaient une nouvelle souche de rejetons à nourrir.

Aussi maintenant toutes les nations font-elles les sacrifices nécessaires pour que les orphelins apprennent un métier qui leur permette de se suffire à eux-mêmes.

L'Angleterre qui laisse les parties libres d'arrêter comme elles l'entendent les conditions du contrat d'apprentissage, et n'a édicté aucune disposition légale sur cette matière, a pris des mesures toutes spéciales à l'égard des « apprentis des paroisses » et a rendu, pour eux, l'apprentissage obligatoire. L'indigent ayant un droit à l'assistance, les paroisses sont tenues de nourrir leurs pauvres, et les lois sur l'assistance obligatoire, enjoignent aux « administrateurs des pauvres » de mettre en apprentissage les enfants de moins de 16 ans qui sont à la charge du public; ils doivent donc chercher des patrons pour leurs pupilles, et passer avec eux le contrat qui doit engager les enfants; et faire d'eux des mousses, des valets de ferme ou des apprentis de l'industrie, suivant qu'en auront décidé les règlements émanés du Local Government Board, autorité décisive en la matière (1).

L'apprentissage de l'enfant des paroisses, étant la conséquence d'un devoir civique et l'exécution d'une obligation de droit public, les industriels peuvent être contraints à recevoir l'enfant. Les propriétaires aisés et les ecclésiastiques résidant dans la circonscription de la paroisse, encourent cette même obligation. Ce devoir avait même été étendu aux non-résidents, qui possédaient un bien dans la

____

(1) 1. Jacques 1er, C. 25. — 7. Jacques 1er, C, 3 — 8 et 9, William et Mary, C. 30 — 2 et 3, ann. C. 6. — 4 ann. C. 19 — 17. Georges II, C. 5. — 18, Georges III, C. 47.

paroisse, et aux sociétés industrielles, établies en dehors des limites de la paroisse, mais dont l'un des associés y était propriétaire (1).

En France, l'administration générale de l'Assistance publique cherche autant que possible à transformer l'enfant des villes en ouvrier de la campagne; mais le placement et l'apprentissage agricoles, excellents pour des enfants abandonnés dès leur jeune âge, ne produisent que des échecs quand ils sont appliqués aux enfants qui ne tombent à la charge de la Société que vers l'âge de 12 ou 13 ans, alors qu'ils ont pris l'habitude de la vie des grandes villes, des milieux industriels et ouvriers. Si on les réunit en colonies agricoles, on tombe dans le type des maisons de correction et de la discipline rigoureuse qui y est nécessaire. Aussi préfère-t-on les placer, dans des ateliers ou des usines, soit isolément, soit par groupes. L'administration remplace alors la famille qui a déserté ses devoirs ; elle agit comme celle-ci aurait dû agir ; elle interroge les goûts, elle constate les aptitudes de l'enfant, et dans la limite des ressources et des offres, le place en apprentissage soit chez un petit industriel, soit dans une usine.

Ce système, bien qu'en fait il soit d'une application assez récente, est législativement fort ancien chez nous, puisque déjà un arrêté du 30 ventôse an V, spécifiait que des contrats — des transactions, dit le texte — seraient passés entre le tuteur des enfants abandonnés, et les patrons qui en auraient accepté la charge, et que « les enfants âgés « de 12 ans révolus, qui ne seront pas conservés par les « nourrices et autres habitants auxquels ils auront été d'a-

(1) Cette dernière obligation a cessé de nos jours. 7 et 8, Victoria, C. 101, s. 13.

« bord confiés, seront placés chez les cultivateurs, *ar-*
« *tistes* ou *manufacturiers*, où ils resteront jusqu'à leur
« majorité, sous la surveillance du commissaire du directoire
« exécutif près l'administration principale du canton, *pour*
« *y apprendre un métier ou profession, conformément à*
« *leurs goûts et à leurs facultés.* »

Si nous consultons les statistiques du placement dans
les rapports pour 1898, nous voyons que le service des
enfants assistés et moralement abandonnés du département de la Seine, avait placé, en apprentissage, à la campagne, c'est-à-dire dans les meilleures conditions hygié-
niques possibles, et en dehors des professions agricoles,
520 garçons et 771 filles.

Si de ce chiffre de 520 garçons nous retranchons :

> 6 clercs de notaires ;
> 66 domestiques ;
> 17 employés de commerce ;
> 10 garçons de café, garçons de magasin, garçons
> pharmaciens ;
> 39 mineurs ;

au total 138, qui ne sont pas des apprentis de l'industrie,
il nous reste un total de 382 garçons de 13 à 21 ans,
placés pour faire leur apprentissage dans 43 professions
diverses, mais principalement apprentis boulangers, cordonniers, verriers, tailleurs, maréchaux-ferrants, maçons,
charrons, etc.

Quant aux filles, le nombre de celles qui font un véritable apprentissage est beaucoup plus restreint. Sur 771,
en effet, 610 étaient placées comme domestiques et 33

comme demoiselles de magasin; presque toutes les autres (99) étaient en apprentissage chez des couturières (1).

Le rapport de M. le docteur Monod, directeur de l'assistance et de l'hygiène publiques, donne pour l'ensemble des enfants assistés de la France entière, les chiffres suivants :

En 1898, 2.115 garçons pupilles de l'assistance atteignaient leur majorité. Sur ce nombre :

    1.452 étaient ouvriers agricoles ;

    215 domestiques ;

    24 jardiniers ;

    19 soldats ;

    11 détenus ou vagabonds ;

    14 mineurs ;

    13 garçons de café ;

    18 employés de commerce.

Enfin, 349 seulement avaient fait leur apprentissage dans l'industrie et étaient ouvriers, savoir :

    53 dans les industries du fer ;

    39 dans les industries du bois ;

    35 dans la boulangerie ;

    27 dans la cordonnerie ;

    15 dans la bonneterie ;

    180 dans les professions les plus diverses.

Quant aux filles, sur un total de 1.739 :

    35 étaient à l'hospice malades ou en préservation ;

    751 étaient domestiques ;

    720 étaient filles de ferme.

(1) *Rapport sur le service des enfants assistés et moralement abandonnés du département de la Seine,* pendant l'année 1898. Imprimerie de l'école d'Alembert. Montevrain, 1899, p. 226 et 227.

Enfin, 233 avaient fait un apprentissage et étaient ouvrières, savoir :

> 62 couturières ;
> 43 ouvrières de fabriques ;
> 37 lingères ;
> 22 infirmières ;
> 7 brodeuses ;
> 52 blanchisseuses, bonnetières, corsetières, modistes, tisseuses, etc. (1).

En réalité, ce n'est que depuis quelques années que l'administration se préoccupe des intérêts de l'enfant âgé de plus de 13 ans. Les hospices ont eu longtemps la haute main sur les enfants assistés ; leur administration n'a pas été bonne : le plus souvent, quand ils ne pouvaient pas tirer parti par eux-mêmes du pupille arrivé à l'âge de 13 ans, ils le plaçaient au hasard, souvent dans des conditions très fâcheuses, le laissant ensuite se tirer d'affaire comme il pouvait. Cette insuffisance, ou, pour mieux dire, cette absence de direction, portait ses fruits. Les contrats de placement étaient alors chose à peu près inconnue. Nombreux étaient les pupilles qui s'affranchissaient de toute surveillance, se plaçaient et se déplaçaient à leur gré, gaspillaient leurs salaires, et ne donnaient de leurs nouvelles que lorsque la maladie, ou un trop long chômage, les ramenaient à l'hospice dépositaire. On pouvait alors constater qu'ils avaient contracté d'irrémédiables

---

(1) Rapport de M. le docteur Monod, Directeur de l'assistance et de l'hygiène publiques, fascicules nº 48, p. 64. Melun, Imprimerie administrative, 1898.

habitudes de paresse, de vagabondage et même de dépravation précoce (1).

Aujourd'hui on a renoncé en pratique, à cette disposition de l'article 18 du décret du 19 janvier 1811, qui n'a jamais été expressément abrogée et qui garantit au patron les services gratuits de l'apprenti, jusqu'à l'âge de 25 ans, moyennant la nourriture, l'entretien et le logement du pupille. Dans la grande majorité des départements, le contrat écrit est en usage, et l'inspection veille à sa bonne exécution. Il est rédigé sur un modèle uniforme adopté par l'administration (2) et rédigé en triple expédition. Un des

(1) H. Monod. *Les Enfants assistés de France.* Rapports des inspecteurs et inspectrices, VII, t. 1, p. 83 et suiv. Melun, Imp. adm. 1898.

(2) Voici le texte de ce contrat d'apprentissage.

Aujourd'hui..... mil neuf cent.....

Nous....., administrateur de l'hospice civil de....., nommé tuteur des enfants admis dans le dit hospice, par délibération à la Commission administrative en date du..., homologuée par arrêté de M. le Préfet en date du....,, voulant procurer un établissement à. .,, né le..., inscrit sous le n° matricule... avons remis et confié l   dit à M..., domicilié à..... l... quel a justifié de ses bonnes vie et mœurs par un certificat de M. le Maire de... en date du.... et s'est chargé de ce... pupille aux conditions suivantes :

1° Garder l..... dit   , jusqu'à l'âge de..... ans accomplis ;

2° L... loger, l... nourrir, l'entretenir et l... raccommoder ;

3° Lui apprendre ou faire apprendre le métier de....., de manière qu'... puisse être en état de gagner sa vie ;

4° N'employer que des moyens doux et persuasifs envers ce... pupille, l'encourager par des récompenses, l... faire participer aux classes établies en faveur des adultes, en un mot l... diriger en bon père de famille ;

5° Représenter l... dit pupille toutes les fois qu'il en sera requis, soit par le tuteur, soit par l'inspecteur du service des enfants assistés,

exemplaires est remis à l'hospice, le second reste aux bureaux de l'inspection, le troisième est transmis au patron par le maire de la commune. Ce contrat énonce la durée de l'engagement, le prix annuel, et toutes les conditions de nature à sauvegarder les intérêts des pupilles, notamment l'obligation pour le maître d'apprendre à l'enfant, ou de lui faire enseigner un métier, de manière à le mettre en état de gagner sa vie, et de l'envoyer aux cours du soir ou aux classes établis à l'usage des apprentis et des adultes. On cherche depuis quelque temps à associer les maires des communes où les enfants sont en apprentissage, à l'exer-

soit enfin par le maire de sa commune, et en cas d'évasion, en informer la commission administrative de l'hospice et l'inspecteur dans le plus bref délai ;

6° Le tuteur soussigné fait également réserve, pour l'administration, du droit de rappeler s... pupille en cas de mauvais traitements ou autre inexécution du présent traité, comme aussi en cas de mariage, d'engagement volontaire ou d'appel à l'armée par suite de recrutement ou enfin de reconnaissance par les parents ou demande de retrait ;

7° En cas de maladie d... pupille, M..... devra l... conduire à l'hospice et le temps qui aura été nécessaire à sa guérison, sera remplacé par l'élève à la fin de son apprentissage ;

8° Le tuteur s'engage, par l'application de la délibération du Conseil général en date du 23 août 1892 et de l'arrêté préfectoral du 15 avril 1893, à payer à M..... la somme de..... par mois à partir du..... jusqu'au..... et à délivrer à ce... pupille un trousseau dont la nomenclature est indiquée dans l'arrêté susvisé ;

9° Le présent contrat après avoir reçu l'approbation de M. le Préfet sera présenté dans le délai de... par l... dit au visa de M. le Maire de... qui est prié de vouloir bien en surveiller l'exécution.

Fait en triple expédition, à.... le..., et signé après lecture.

    Le Tuteur délégué.   Le Patron,   Le Préfet,

cice de la tutelle, et à la surveillance du contrat. Les inspecteurs les voient fréquemment dans leurs tournées, s'efforcent de les intéresser à la cause de l'enfance abandonnée, sollicitent leur concours effectif et souvent l'obtiennent.

CHAPITRE IV

Poursuivant une œuvre analogue à celle de l'Assistance publique, un grand nombre d'institutions de bienfaisance et même de simples particuliers s'occupent du patronage des apprentis et se chargent de l'entretien complet de l'enfant et de son éducation professionnelle.

Le moyen le plus simple et le moins coûteux, consiste à placer les enfants chez des patrons auxquels on paye une certaine somme. Le placement peut être fait par groupes ou individuellement. Le premier de ces deux systèmes, offre cet avantage de rendre la surveillance plus facile, et de permettre à la Société de patronage d'exercer une action plus suivie, et même au besoin, une véritable pression sur le patron.

Avec le placement individuel, la surveillance est moins aisée, mais quand le patron a été bien choisi, qu'il a de quoi vivre par lui-même, et réussit dans ses affaires, il s'attache souvent à l'enfant, s'intéresse à lui, et met tous ses soins à en faire un bon ouvrier qui lui fera honneur. La longue expérience tentée par la municipalité parisienne pour surveiller et contrôler l'apprentissage d'enfants qu'elle plaçait chez des industriels, montre bien les défauts, mais aussi les avantages de ce système de patronage.

Dès le commencement de ce siècle, en 1806, le gouvernement avait fait lui-même quelques essais de ce genre, et en avait obtenu des succès incontestables. Il avait choisi quelques maîtres-horlogers, possédant les aptitudes voulues, et leur avait confié un certain nombre d'élèves : De nouveau en 1832, sous l'inspiration d'Arago, 6 bourses furent attribuées au concours, à des apprentis horlogers qui furent placés comme élèves internes chez les horlogers réputés les plus habiles à cette époque. En 1840 la tentative fut de nouveau renouvelée et réussit encore.

Ce fut un essai de patronage de ce genre, mais beaucoup plus complet, tenté sur une beaucoup plus vaste échelle, et portant sur toutes les professions en général, et non plus seulement sur l'horlogerie, que fit la ville de Paris. Elle voulait assurer l'émulation scolaire dans ses écoles communales, et propager l'enseignement professionnel, mais elle voulait surtout « contribuer à la mora-« lisation des apprentis, et à l'institution même de « l'apprentissage » (1). Ce fut dans ce but qu'elle décida (2) la création de prix d'apprentissage, qui furent donnés pour la première fois en 1847. Ces prix dont la valeur était fixée à la somme de 450 francs, étaient attribués, un à chaque école de filles ou de garçons, et décernés au concours à la fin de chaque année scolaire. Les candidats devaient être âgés de 13 ans, et avoir fréquenté l'école pendant au moins deux années, et s'y être distingués par

(1) Conseil municipal. Séance du 3 juillet 1846.
(2) Conseil municipal. Séance du 8 août 1845.

un travail soutenu, et une conduite régulière. Les enfants qui avaient remporté ces prix étaient placés en apprentissage chez des patrons choisis par des Comités locaux ou spéciaux d'instruction primaire, qui devaient, en outre, exercer par leurs membres ou par leurs délégués, une surveillance particulière sur les maîtres ou les maîtresses d'apprentissage, ainsi que sur les apprentis eux-mêmes. Tous les ans, ces Comités locaux, devaient adresser à un Comité central, un rapport détaillé sur la conduite, le travail et les progrès des apprentis de même que sur les soins, la moralité et le zèle que les patrons avaient apporté à l'accomplissement de leur mission. L'enfant devait apprendre un métier manuel proprement dit, et la durée de l'apprentissage devait être de trois ans consécutifs. Sur le montant des prix, le patron qui devait toujours coucher et nourrir l'apprenti, recevait 200 francs pour la première année, 150 francs pour la seconde, et 100 francs pour la troisième.

En soi, l'institution était donc excellente, mais son organisation laissait, sur certains points, beaucoup à désirer :

D'abord les prix étant donnés au concours, étaient souvent attribués à des enfants dont les familles auraient pu supporter facilement les frais d'apprentissage.

D'autre part les instituteurs se trouvaient presque inévitablement amenés à donner, aux élèves qu'ils se faisaient honneur de produire au concours, des soins « exceptionnels et exclusifs » (1).

Enfin, même pour les élèves, le concours avait des effets

____

(1) Lettre du Ministre de l'Instruction publique, à M. le Préfet de la Seine, 6 juillet 1854.

fâcheux : « Parmi les 91 élèves qui avaient pris part au
« concours en 1847, 77 avaient dépassé l'âge de l'école
« primaire. Ils y étaient restés, ou ils y étaient rentrés,
« pour obtenir le prix. Par leur supériorité, d'âge et de
« culture, ils écrasaient le concours et en faussaient
« la pensée. Pour obvier à cet abus le Comité central
« avait dans une délibération spéciale (7 octobre 1847)
« fixé l'âge réglementaire à 15 ans. C'était encore trop.
« Le prix d'apprentissage restait une récompense pro-
« posée à une minorité très restreinte » (1).

Ces défauts amenèrent le Conseil municipal à transformer (arrêté préfectoral du 21 juin 1855) ces prix d'apprentissage, en bourses, et à substituer l'examen au concours.
Le montant de chaque bourse était de 275 francs et il en
était accordé une à chaque école réunissant moins de
200 élèves, et deux aux écoles dont la population scolaire
dépassait ce nombre. Une liste des candidats admis à
subir l'examen était dressée dans chaque école, et en
principe, on ne portait sur cet état que les enfants appartenant à des familles pauvres.

Les conditions du contrat restaient les mêmes que par
le passé, et l'on avait maintenu cette règle que, dans le
cas où le projet de l'engagement d'apprentissage contenait une ou plusieurs dérogations à la formule officielle,
notamment en ce qui concernait soit la durée de l'apprentissage, soit l'obligation pour les maîtres ou les maîtresses
de loger et de nourrir les élèves, la subvention pécuniaire
constituant le prix normal d'apprentissage, pouvait être
réduite à telle somme que fixait le Comité central, et
toutes les remises qui étaient obtenues sur le montant de la

____

(1) Gréard. _Loc. cit._, p. 64.

bourse, étaient réservées au profit de l'apprenti, versées à son nom à la Caisse d'épargne, et elles lui étaient délivrées, sauf cas de démérite, à la fin de son apprentissage.

Cette exception n'a pas tardé à devenir la règle, et les patrons, n'étant plus rémunérés pour les soins qu'ils devaient donner à l'éducation technique de l'apprenti, se sont crus déchargés de toute obligation d'enseignement professionnel, et ont, en renonçant à recevoir le prix de leurs peines, acquis tacitement le droit d'employer l'enfant à un travail avantageux pour eux et de le spécialiser dans une besogne machinale, mais productive. D'après M. Gréard dès 1858, sur 187 contrats passés, 24 seulement stipulaient une indemnité pécuniaire pour le patron, et en 1859 sur 20 contrats signés à la mairie du 6me arrondissement, un seul mentionnait de la part des familles une concession d'argent, et l'on savait que même quand le contrat stipulait que les patrons recevraient tout ou partie de la bourse, en réalité ils rendaient de la main à la main à la famille les sommes qui leur avaient été remises, et dégageaient ainsi leur parole.

D'autre part, malgré les efforts du Comité central, les patrons ne voulaient plus accepter les charges et la responsabilité qu'ils assumaient en se substituant aux parents de l'apprenti et en l'admettant dans leur propre famille, ce qui d'ailleurs pouvait avoir de graves inconvénients. Ils cherchaient donc par tous les moyens possibles à éluder la clause du contrat qui les obligeait à loger et à nourrir les boursiers d'apprentissage. L'accord des contractants pour effacer cette clause du contrat avait pour résultat d'affranchir le patron de son devoir de tutelle sur l'apprenti, et la surveillance morale qui était une des obligations étroites de son engagement était devenue

presque nulle ; lorsqu'elle subsistait, elle était le fait de
la probité personnelle, et non l'effet de l'institution elle-
même.

Pour montrer la difficulté que l'on éprouvait à trouver
des patrons qui consentissent à assurer l'éducation professionnelle complète des apprentis, qui leur étaient confiés, et à veiller en même temps sur leur éducation
morale. M. Gréard (1) cite ce fait, que même à l'époque où
l'institution était dans son plein essor de popularité, le
nombre des contrats passés. n'était pas en rapport
exact avec le nombre des prix obtenus, « 110 prix avaient
été créés par la délibération du Conseil municipal du
8 août 1845 ; ce nombre avait été élevé à 114 au premier
concours (juillet 1847) et à la suite de ce concours, 90 contrats seulement furent passés : ce chiffre de 90 se main-
tint en 1848, mais en 1849 il tomba à 59 et en 1850 il ne
remonta qu'à 72 (2).

Nous avons insisté sur cet essai de patronage de la ville
de Paris sur ses apprentis et avons fait ressortir les défauts
et les inconvénients de ce système, parce que c'est à la
suite du discrédit notoire dans lequel était tombée cette
institution que furent créées en 1872 les premières écoles
municipales professionnelles, et c'est l'exemple que l'on
trouve le plus souvent cité par les auteurs qui veulent
prouver que même dans les conditions les plus favorables,
et entouré des garanties les plus sérieuses, l'apprentissage
à l'atelier n'est plus possible dans l'état actuel de nos
mœurs et de nos habitudes.

(1) Gréard, *Loc. cit,*. p. 68.
(2) *Statistique de l'industrie à Paris,* 1860, 1re partie, ch. VII,
p. 59 en note.

Nous croyons, quant à nous, que cette institution méritait une meilleure fortune ; sans doute, il est des courants que l'on ne remonte pas, mais la Ville aurait peut-être obtenu d'excellents résultats en n'imposant plus aux patrons la clause qui les obligeait à loger et à nourrir leurs apprentis, et en autorisant, au contraire, et en encourageant la famille à conserver l'enfant, mais en cherchant à établir entre le maître et elle, une sorte d'action en commun, pour la surveillance de sa conduite et de son éducation morale.

Un grand nombre de Sociétés de patronage, dirigent leurs efforts en ce sens, et obtiennent des résultats remarquables en servant en quelque sorte d'intermédiaires entre la famille de l'apprenti et le patron, et en veillant scrupuleusement à ce que l'un et l'autre remplissent tous leurs devoirs.

A côté de ces Sociétés de patronage qui n'ont en vue que la formation de bons ouvriers, il en existe beaucoup d'autres qui tirent parti du travail des enfants tout en leur enseignant un métier, et l'on retombe alors dans tous les inconvénients et les défauts que présente l'apprentissage fait chez un patron qui spécialise, et quelquefois exploite l'enfant. Un grand nombre d'orphelinats et d'ouvroirs peuvent encourir cette critique.

Il est vrai que la loi du 2 novembre 1892, en soumettant à la surveillance des inspecteurs du travail, les établissements publics ou privés, laïques ou religieux qui ont un caractère d'enseignement professionnel ou de bienfaisance a atténué ce danger. Malheureusement les renseignements que donnent les rapports des inspecteurs sur l'enseignement professionnel donné dans ces établissements, sont fort vagues : ils fournissent cependant des chiffres intéressants sur la population d'enfants qui sont supposés recevoir cet enseignement dans les 1.464 maisons de bienfaisance soumises à la loi de 1892 (1).

Enfants au dessous de 13 ans, non munis du certificat d'étude :

Garçons	1.172
Filles	14.182

Enfants de 12 à 13 ans, munis du certificat :

Garçons	37
Filles	413

Enfants de 13 à 16 ans, munis du certificat :

Garçons	1.356
Filles	12.489

Enfants de 16 à 18 ans, munis du certificat :

Garçons	888
Filles	4.340
TOTAL	34.977

Les inspecteurs se bornent à faire remarquer que la loi ne fixant pas l'âge du début du travail manuel, les enfants y sont soumis dans certains établissements dès l'âge de 4 ou 5 ans, pendant trois heures par jour, maximum autorisé par la loi.

Dans d'autres établissements, le véritable enseignement professionnel n'existe pas ; un travail machinal alterne avec des exercices religieux et quelques heures d'un vague enseignement primaire. Dans certains moulinages de soie, annexés à des établissements de ce genre, le service de

(1) Rapports. *Loc. cit.* Introduction, p. 68.

l'inspection a dû exiger la suppression du travail à l'atelier proprement dit, pour tout enfant âgé de moins de 13 ans, parce qu'il estime que ce travail du moulinage, accompli dans un atelier fonctionnant 11 heures par jour, ne constitue pas l'enseignement professionnel que le législateur a en vue, mais bien une véritable exploitation d'enfants.

D'autres Sociétés de patronage, fort nombreuses, se chargent de l'entretien de l'apprenti, et se bornent à surveiller son apprentissage, dans des ateliers ou plus rarement dans des écoles.

Ce genre de patronage est fort en honneur dans les institutions à caractère confessionnel qui veulent être certaines que leurs pupilles ne perdent pas les principes religieux qui leur ont été inculqués.

Le plus souvent, usant de la faculté que leur accorde la loi, ces Sociétés, dûment autorisées par les parents, se substituent à eux, placent les enfants, et contractent avec les patrons l'engagement d'apprentissage. C'est ainsi que procèdent notamment les sociétés de sauvetage des enfants moralement abandonnés, constituées en exécution de la loi du 24 juillet 1889 (article 17 de cette loi).

Il est regrettable, à notre avis, que cette autorisation de contracter en leurs lieu et place, ne puisse être donnée par les parents qu'à des sociétés de bienfaisance, ou à des associations charitables, et ne soit pas étendue à des sociétés d'enseignement : L'an dernier, les ateliers d'apprentissage qui avaient été créés à Bordeaux par la Chambre syndicale de la cordonnerie, allaient disparaître faute de ressources, lorsqu'ils furent adoptés par la Société philomathique qui dispose d'un budget de 93.000 francs qu'elle consacre au développement de l'enseignement technique

et professionnel. Mais quand cette société a voulu passer
des contrats d'apprentissage avec ses élèves en ateliers
d'apprentissage, le Conseil des prud'hommes lui a officieu-
sement fait savoir que ces contrats seraient de nulle
valeur, et par suite manqueraient de sanction, l'article
premier de la loi de 1851 ne donnant pas qualité à une
société d'enseignement, pour passer des conventions d'apprentissage.

Les Sociétés de patronage que l'on peut ranger dans ce
groupe, placent en général l'enfant chez un patron qui
n'a qu'à s'occuper de son instruction professionnelle. Tous
les soirs en quittant l'atelier, l'apprenti rentre à l'établissement charitable qui l'a recueilli, et il y trouve le vivre et
le couvert : dans la soirée, pendant une heure ou deux, il
assiste à des cours théoriques et pratiques ; puis le matin,
muni d'un déjeuner froid qu'il prendra à l'atelier, il
retourne à son travail.

Il faut donc que par tous les temps, et tous les jours, les
apprentis parcourent un chemin souvent fort long pour se
rendre à l'atelier ; leur surveillance n'est pas aisée, et malgré le choix attentif que l'on fait des patrons, et même,
pourrait-on dire, des enfants, beaucoup sont spécialisés ;
d'autres, sans motifs plausibles, quittent leur maître, et
changent de profession. Il faut tous les efforts de la Société qui s'intéresse à eux pour les ramener au patronage et
à l'atelier, et leur faire achever leur apprentissage. L'un
des administrateurs de la Société des amis de l'enfance,
nous disait que le conseil s'estimait heureux quand 1/3 des
pupilles de l'œuvre termine un apprentissage régulier, et
encore sur ce nombre, il en est qu'il a fallu replacer à
plusieurs reprises, et qui ont passé chez trois ou quatre
patrons différents.

Pour éviter les inconvénients de l'internat, et faciliter
la surveillance des apprentis, disséminés dans plusieurs
quartiers, certaines sociétés ont imaginé le système du
placement des enfants par « groupes de famille », de façon
à les loger le plus près possible du lieu de leur travail.

Nous citerons comme type de cette organisation, les
« groupes de famille » créés par l'Assistance paternelle
des fleurs et plumes, qui présentent en outre cet intérêt
d'être une œuvre corporative due à un syndicat de patrons.

C'est en 1885 que les membres de la Chambre syndicale
des fleurs et plumes formèrent cette société, qui se charge
de placer en apprentissage, chez les membres sociétaires
seulement, des jeunes filles orphelines, et celles qui ne
peuvent être ni couchées, ni nourries par leurs parents,
soit à cause de l'éloignement, soit pour toute autre raisons.

Ces enfants sont installées par groupe de 5 à 6, sous la
direction d'une dame éprouvée qui les loge et les nourrit.
Cette directrice surveille ses protégées comme le ferait
une véritable mère de famille et signe tous les jours un
livret de présence dont chaque enfant est munie et qui
constate les heures d'arrivée et de départ, soit de la maison familiale, soit de l'atelier.

Toutes les dames sociétaires sont chargées à tour de
rôle de surveiller la stricte exécution des engagements
pris par les directrices et font un rapport périodique sur
chaque groupe. La pension de chaque enfant est de
50 francs par mois, et les patrons qui reçoivent ces apprenties dans leurs ateliers, payent à la société 0 fr. 50 par
jour la première année, un franc la seconde année et deux
francs la troisième, ce qui constitue pour eux une notable
économie, et leur évite les tracas qu'ils avaient et les res-

ponsabilités qu'ils assumaient lorsqu'ils étaient obligés de les loger et nourrir eux-mêmes. La société leur donne, en outre, une garantie morale de l'exécution du contrat d'apprentissage.

Nous pouvons encore citer dans le même genre le Patronage de N.-D. de Nazareth, et la Société de patronage de Chaumont (Haute-Marne).

Enfin d'autres Sociétés de patronage ont pour objet de donner à l'apprenti l'enseignement professionnel, dans des ateliers modèles.

Nous arrivons ainsi à la question si discutée de l'apprentissage par l'école professionnelle.

DEUXIÈME PARTIE

CHAPITRE V

L'ENSEIGNEMENT PROFESSIONNEL. SA DÉFINITION.
SES DIVISIONS. RÔLE DE L'ÉTAT

En présence de l'imprévoyance des familles, de l'indifférence des patrons, et de l'impuissance de la loi, pourvoir à l'éducation technique de l'apprenti, devenait un devoir commun.

Tout travailleur, quelle que soit sa profession, libérale ou autre, doit avoir reçu deux éducations : l'une générale; l'autre particulière, technique, professionnelle. Si l'on considère l'éducation du jeune ouvrier, l'enseignement général sera celui qui, visant à la fois son corps et son intelligence, développera l'individu et préparera pour la société des hommes vigoureux, éclairés et honnêtes ; cet enseignement comprendra donc des notions de français, d'histoire, de sciences, etc., qui tiendront son intelligence en éveil, compléteront les leçons de l'école primaire, et empêcheront que les connaissances acquises ne

disparaissent au dur frottement de la vie. « Il y a, après
« la sortie de l'école, a dit M. Jacoulet, directeur de
« l'école normale supérieure de Saint-Cloud, une énorme
« et déplorable déperdition des forces intellectuelles, un
« gouffre où s'engloutit l'intelligence de la jeunesse et
« l'avenir d'une nation. »

Nous n'avons pas trouvé de chiffres précis pour la
« France, mais la commission d'enquête belge « sur la si-
« tuation morale et matérielle de l'enseignement primaire
« en Belgique » était arrivée, il y a quelques années, aux
constatations suivantes : Sur 8.919 miliciens examinés
à leur entrée au service, 207 hommes (2 0/0) méritaient
seuls d'être classés comme possédant « une instruction
« élémentaire complète ». Cependant 4.856 jeunes gens
(près de 55 0/0) avaient fréquenté les écoles primaires ou
les écoles moyennes, pendant plus de quatre années, et
sur ce nombre 1.284 n'étaient plus capables de faire l'addition de trois nombres dont l'un ne dépassait pas les
centaines. Voilà pour l'éducation générale.

Que convient-il de faire, d'autre part, pour l'instruction
technique, pour l'enseignement professionnel du jeune ouvrier ? Et d'abord quel sens exact faut-il attribuer à ces mots ?

La définition de ces deux expressions était l'une des
tâches que s'était proposées le Congrès de l'enseignement
technique qui s'est réuni à Paris du 8 au 13 juillet 1889.
Il y eut à ce sujet de longues discussions et l'on dut re-
noncer à fixer une définition philosophiquement exacte et
se contenter de conclure une simple convention n'ayant
d'autre ambition que de permettre à toutes les personnes
qui en France ou à l'étranger s'intéressent à la question,
l'emploi de termes identiques évitant toute confusion. On
a établi une différence entre le mot « technique » et le

mot « professionnel » et décidé que l'on réserverait ce dernier pour désigner tout enseignement ayant pour objet l'acquisition de connaissances particulièrement applicables à telle ou telle profession déterminée, quelle qu'elle soit, et sans écarter même les professions libérales : l'étudiant à l'école de médecine, l'élève-officier à l'école d'application, reçoivent un « enseignement professionnel ».

Au contraire, les mots « enseignement technique » auraient un sens beaucoup plus étroit et beaucoup plus précis. Lorsqu'ils ne seraient suivis d'aucune épithète, ils désigneraient l'enseignement qui prépare aux seules professions commerciales et industrielles. Si l'on voulait appliquer à un autre enseignement la dénomination de « technique » l'addition d'une épithète deviendrait nécessaire. C'est ainsi qu'il faudrait dire : l'enseignement technique agricole.

Pour l'apprenti, l'éducation professionnelle comprendra donc d'abord, la connaissance théorique des sciences, telles que mathématiques, physique ou chimie, qui trouvent leur application dans l'industrie qu'il exercera ; elle devra lui apprendre assez de dessin pour qu'il puisse prendre un croquis de la pièce à exécuter, ou lire le graphique de la machine à construire ; en un mot elle le mettra en état de tirer le plus grand profit de ses facultés, de son goût naturel et lui permettra d'échapper à l'existence automatique à laquelle le condamnerait la routine, s'il n'apprenait pas à se servir de son intelligence chaque fois qu'il met ses bras en mouvement.

D'autre part, l'éducation professionnelle du jeune ouvrier devra comprendre une partie pratique : il est nécessaire qu'il connaisse l'ensemble des procédés qui concourent à la production la plus parfaite, la plus prompte et la moins coûteuse ; ce sera, selon l'expression employée par le Congrès de 1889, celle qui, faisant appel aux exercices manuels, forme en lui l'ouvrier. C'est cette partie pratique qui constitue l'apprentissage proprement dit.

Il y a donc un enseignement technique particulièrement applicable à l'enfant dont on veut faire un ouvrier, et destiné à lui donner des connaissances théoriques et pratiques qui le mettront en état de gagner sa vie, et qu'il y a tout intérêt à distinguer de l'enseignement technique destiné aux jeunes gens appelés à devenir contre-maîtres, ingénieurs, ou chefs d'industrie.

Cette distinction était reconnue nécessaire depuis longtemps, et le Congrès de l'enseignement technique qui en 1889 l'avait mise à son ordre du jour, a adopté, par analogie avec la classification depuis longtemps arrêtée pour les écoles françaises, la division de l'enseignement industriel, en enseignement primaire, enseignement secondaire, et enseignement supérieur, et sans trop s'attarder à définir la nature et le caractère propres à chacun, a procédé au classement de toutes les écoles techniques dans l'une ou l'autre de ces catégories.

D'après ses résolutions, l'enseignement industriel primaire serait celui qui est donné dans les écoles d'apprentissage, et dans les écoles primaires supérieures professionnelles : L'enseignement technique secondaire, correspondrait à l'enseignement donné dans les écoles nationales d'Arts et Métiers, à l'école de Cluses, ou dans les écoles analogues. Enfin l'enseignement technique supérieur, serait celui qui est donné au Conservatoire des Arts et Métiers, et à l'école centrale des Arts et Manufactures. Les écoles privées non dénommées, doivent être classées dans l'une des trois catégories, d'après la similitude de leurs programmes avec ceux des écoles spéciales désignées.

Nous n'hésitons pas à adopter cette classification, malgré tout ce qu'elle peut avoir de défectueux et de factice, parce qu'elle établit bien, au moins pour la France, la séparation entre les écoles techniques primaires, qui seules nous intéressent, à cause de leur action sur le développement de la valeur professionnelle des jeunes gens qu'elles forment, et les autres : Il est, en effet, souvent difficile, par suite du manque d'un critérium bien exact, de déterminer dans quelle catégorie, on doit ranger certaines écoles étrangères.

Ce système paraît, à première vue fort logique : Si, en effet, l'on étudie une industrie déterminée, si l'on entre dans un atelier quelconque, on retrouve cette division tripartite dans le personnel employé. Ce sont d'abord les ingénieurs, dont le rôle consiste à concevoir les projets et à les calculer. Puis les contremaîtres et les chefs d'atelier qui surveillent l'exécution, après l'avoir préparée et mise en train ; enfin les ouvriers, qui exécutent. A chacun de ces trois ordres d'agents de la production industrielle, il paraît naturel et logique de donner une instruction professionnelle différente. Pour chacun d'eux, l'étendue et la matière des programmes, ainsi que la méthode pédagogique doivent varier, et les trois degrés de l'enseignement semblent bien nets et bien arrêtés.

Pourtant ce qui montre bien ce que cette classification peut avoir d'arbitraire, c'est que l'on ne peut l'établir avec la même apparence d'exactitude pour l'enseignement professionnel des jeunes filles. On ne retrouve pas dans les travaux de l'atelier des différences analogues à celles qui existent pour les garçons. Aussi, en général, presque toutes les écoles techniques de jeunes filles, sont-elles organisées sur le modèle de celles des écoles de garçons destinées à former des ouvriers, avec adjonction cependant de cours spéciaux, tels que dessin d'ornement.

En outre une telle division peut même présenter, pour la France, un inconvénient résultant de la puissance des mots, principalement de ceux dont la signification est depuis longtemps consacrée par l'usage. Il est certain, par exemple, que le mot primaire, appliqué à l'enseignement industriel, ne saurait conserver son sens ordinaire : Plus spécialement, la désignation d'enseignement primaire, ne peut en aucune façon convenir avec son sens précis à l'enseignement professionnel des ouvriers. Celui-ci, en effet, commence exactement où l'enseignement primaire finit. Le travail professionnel ne peut commencer que lorsque les notions élémentaires indispensables à tout enfant, ont été acquises dans les écoles primaires ; et c'est pour cela que toujours, en France aussi bien qu'à l'étranger, on exige de tout candidat à une école industrielle, la production d'un certificat d'études primaires, ou la justification par un examen préalable, d'une connaissance suffisante des matières exigées pour l'obtention de ce certificat.

Un autre inconvénient résultant de cette classification réside dans le danger de faire des écoles primaires professionnelles, uniquement des écoles préparatoires à un enseignement plus élevé, et ce danger est d'autant plus redoutable qu'un certain nombre d'hommes, fort distingués, et dont la compétence en ces matières était indiscutable, ont vu là un moyen de remédier aux inégalités sociales, en permettant aux élèves les plus brillants de l'école primaire professionnelle, de passer ensuite à l'école secondaire, puis à l'école supérieure. M. Corbon, sénateur, par exemple, émet l'espoir, dans un rapport de 1880, sur lequel nous aurons à revenir, « qu'un jour viendra bientôt, où l'enseignement du pre- « mier degré ne se donnera plus dans les lycées, et où « les enfants de toute condition sociale, commenceront « obligatoirement leur éducation sur les bancs de l'école « primaire professionnelle. » Au Congrès international de l'enseignement technique, industriel et commercial, réuni à Bordeaux, au mois de septembre 1886, M. Salicis, inspecteur général, émettait un vœu analogue, en faisant ressortir combien il serait utile, pour l'artiste, le chirurgien, le dentiste, d'avoir passé par l'école primaire professionnelle, et d'y avoir acquis la dextérité manuelle qui peut rendre de grands services dans la plupart des professions libérales.

Sans doute, on doit fournir à l'enfant du peuple les moyens de s'instruire et de s'élever dans l'échelle sociale, mais on ne saurait nier qu'il y a un intérêt considérable, à laisser dans les professions manuelles un assez grand nombre d'hommes ayant de l'intelligence naturelle. Ils communiquent de l'animation et de la vie à la masse qui les entoure ; s'ils s'en étaient retirés cette masse deviendrait plus inerte. L'ouvrier intelligent, frayant avec ses camarades qui le sont moins, exerce sur leur esprit une plus heureuse influence et leur rend plus de services que s'il fut devenu avocat ou officier (1).

Est-ce le Gouvernement qui doit se faire le promoteur des écoles primaires professionnelles, rendues nécessaires par l'essor des industries, et par la disparition de l'apprentissage tel qu'il était pratiqué autrefois ? Oui, répondent

____

(1) Leroy-Beaulieu. *Op. cit..* p. 273.

nettement certains auteurs (1), car c'est une question vitale pour un État que de développer son commerce et son industrie. Ils font en outre remarquer, qu'en même temps qu'une question économique du plus haut intérêt, il y a là une question de justice et d'équité. Dans tout enfant, en effet, quelle que soit son origine, existe latente une force vive que la vie fait bientôt apparaître, qui croît chaque jour, et qui par cela seul qu'elle est une force, ne saurait devenir qu'utile ou nuisible. Il faut en tirer le meilleur parti (2). Sans doute, l'enseignement primaire élémentaire est dès à présent accessible à tous les enfants, mais dès qu'ils ont atteint l'âge de 13 ans, l'État se désintéresse du sort et de l'avenir des enfants du peuple, et néglige de leur assurer l'instruction professionnelle, tandis qu'il la prodigue à l'infime minorité de ceux qui exercent des professions libérales. L'avocat, le médecin, l'ingénieur, ont leurs écoles professionnelles; l'ouvrier doit avoir les siennes.

Pour d'autres auteurs, les institutions d'État, ont en matière d'enseignement professionnel une action perturbatrice (3). En outre les élèves auxquels cet enseignement est destiné, étant les auxiliaires de l'industrie, l'enseignement industriel doit être essentiellement mobile, il doit marcher constamment avec l'industrie, et en suivre toutes les transformations et tous les progrès.

Partageant sur ce point l'opinion de **M. P. Leroy-Beaulieu**, nous ne sommes pas partisan de l'enseignement

---

(1) Denis Poulot. *Op. cit.*, p. 47.

(2) Salicis. *Enseignement primaire et apprentissage.* Paris. Bibliothèque Francklin, 1875, p. 19.

(3) Leroy-Beaulieu. *Op. cit.*, p. 259 et suiv.

professionnel primaire confié à l'Etat, et réuni et condensé entre ses mains : et nous estimons que cet enseignement doit être toujours assez libre, et avoir des programmes assez élastiques, et facilement revisables pour pouvoir se plier aisément aux nécessités industrielles d'une époque, ou aux besoins d'une région. L'initiative de sa création doit donc appartenir aux organes qui connaissent le mieux les besoins industriels à satisfaire, qui sont le plus aptes à juger quels sont les moyens les meilleurs pour donner cet enseignement, et à décider, sous quelle forme, et dans quelle direction il doit être donné. Ce sera donc, selon nous, aux Chambres de commerce et d'industrie, aux Syndicats patronaux et ouvriers, aux Municipalités, et même aux simples particuliers que ce rôle devra incomber de préférence.

Ce n'est pas dire que l'enseignement industriel, à l'inverse de l'enseignement général, doive échapper d'une manière absolue à l'action de l'État. Nous avons vu que tout enseignement professionnel est, pour une partie, scientifique et théorique ; et pour cette partie tout au moins l'intervention de l'État est pleinement justifiée, ne serait-ce que pour contrôler et affirmer la capacité des maîtres. Même en ce qui concerne l'enseignement pratique, l'État qui voit de haut, qui compare les résultats obtenus sur tel ou tel point, par telle ou telle méthode, peut donner d'utiles indications et imprimer une heureuse direction. Mais il ne doit pas intervenir directement, même quand les initiatives locales font défaut. Son rôle doit se borner à conseiller, à encourager et à soutenir les essais tentés lorsqu'ils sont intéressants, à récompenser les résultats obtenus, à aider aux bonnes volontés inemployées à se manifester par des créations utiles ; il peut même provoquer, par un appel aux intéressés, la création d'œuvres sociales ou professionnelles ayant un objet se rapportant à cette question; mais en tant que service public, directement exercé par lui, nous ne saurions admettre l'enseignement industriel, c'est-à-dire l'enseignement combiné avec l'apprentissage.

Nous allons examiner comment la question à l'enseignement professionnel du jeune ouvrier a été comprise en France, et mettrons en parallèle avec nos institutions quelques-unes de celles de l'étranger, nous paraissant particulièrement intéressantes par leur caractère spécial.

CHAPITRE VI

§ I. — L'Enseignement professionnel en France avant 1880.

Sans remonter jusqu'à Colbert, et considérer l'achat qu'il fit en 1667 de l'établissement des Gobelins pour y créer une manufacture de « meubles de la couronne » comme le premier essai d'enseignement industriel, il est certain que dès la seconde moitié du siècle dernier, on trouve dans les écrits des philosophes, la préoccupation et la recherche des moyens à employer, pour faire des hommes pratiques, dont l'intelligence soit ouverte aux idées de progrès par une bonne préparation scientifique, ayant acquis l'amour de leur profession, et sachant apprécier les satisfactions que procure le travail. J.-J. Rousseau, en enseignant à son Émile, que « savoir se servir « de ses mains est une supériorité dans toutes les circons- « tances de la vie », et en faisant de lui un apprenti menuisier, cherchait à éclairer l'homme sur ses vrais besoins, et sur la véritable éducation qui convient au plus grand nombre, et comme s'il eut prévu la tourmente révolutionnaire, montrait la sécurité et l'indépendance dont jouissent ceux des hommes qui sont en possession d'un métier manuel.

Les propositions faites aux assemblées de la première République par Lakanal, Condorcet et autres, et qui constituaient une organisation complète, non seulement de l'enseignement primaire, mais aussi de l'enseignement professionnel, étaient la résultante de cette tendance des esprits. Un essai de mise en pratique avait même été tenté dès 1786, par le duc de La Rochefoucauld-Liancourt, alors colonel d'un régiment de dragons, qui avait fondé, dans sa ferme de la Montagne, une école dans laquelle il faisait élever les enfants des sous-officiers de son régiment, et où « les jeunes enfants trouvaient, à côté de l'enseignement « élémentaire, la pratique des métiers manuels. » — En 1799, la ferme de la Montagne étant devenue insuffisante, l'école fut transportée à Compiègne, sous le nom de « Prytanée français », qu'elle portait en commun avec trois autres établissements situés à Paris, Saint-Cyr et Saint-Germain. Mais la division de Compiègne avait un règlement particulier, et recevait des élèves destinés aux arts mécaniques, et qui, outre les études communes, devaient faire un apprentissage de trois années, et étaient répartis suivant leurs goûts et leurs dispositions dans cinq ateliers différents, où ils travaillaient pendant huit heures par jour. Le premier atelier recevait : Les forgerons, limeurs, ajusteurs, tourneurs en métaux.

Le second. — Les fondeurs.

Le troisième. — Les charpentiers, menuisiers en bâtiments, meubles et machines.

Le quatrième. — Les tourneurs sur bois.

Enfin le cinquième. — Les charrons (1).

Cette école, la première école professionnelle, ne devait pas conserver longtemps son caractère d'établissement professionnel primaire :

Dès l'an XI, le Premier Consul, après un voyage dans les villes industrielles du Nord, étant venu visiter le prytanée de Compiègne, résolut d'y relever le niveau des études. « J'ai trouvé partout, dit-il, des contremaîtres distingués « dans leur art, d'une grande habileté d'exécution, mais « presque aucun qui fût en état de faire un tracé, un cal- « cul le plus simple d'une machine, de rendre ses idées « par un croquis, par un mémoire; c'est une lacune dans « l'industrie, je veux la combler. Ici on formera des « contremaîtres pour nos manufactures (2) ».

Mettant ce projet à exécution, un arrêté des Consuls du 6 ventôse an XI, donnait à l'école de Compiègne une organisation nouvelle, qui en faisait un établissement d'enseignement technique secondaire, et le titre d'école des Arts et Métiers qu'elle conserva à Châlons où elle fut transférée en 1806 et où elle existe encore.

Le premier empire, la restauration et la monarchie de Juillet, se sont surtout intéressés à l'enseignement professionnel secondaire et supérieur, et ont créé les écoles d'Arts et Métiers : Beaupréau, depuis transférée à Angers (1815), Aix (1843), l'école des mineurs de Saint-Etienne (1816), l'école centrale des Arts et Manufac-

(1) Ministère du Commerce, de l'agriculture et des Travaux publics *Enquête de l'enseignement professionnel*. Rapports et documents divers. Paris, Imp. Imp.. 1865, t. II, p. 584.

(2) Ministère du Commerce, de l'Agriculture et des Travaux publics. Commission de l'enseignement technique. *Rapports et notes*. Paris. Imp. Imp., 1865, p. 101.

tures (1829), l'école de la Martinière à Lyon (1831),
l'école des maîtres-ouvriers mineurs d'Alais (1843) ; mais
n'ont rien fait, au moins s'il s'agit de l'État, pour l'enseignement professionnel primaire.

D'autre part, la loi du 28 juin 1833 pour le développement de l'enseignement primaire, dite loi Guizot, avait
consacré l'existence d'un enseignement primaire supérieur,
qui se rapprochait, au moins pour le côté théorique, de
l'enseignement professionnel. Mais les écoles supérieures
de la monarchie de Juillet n'eurent qu'une durée éphémère ;
compromises dès 1841 dans leur développement par l'or-
donnance qui, dans beaucoup de villes, les annexait aux col-
lèges communaux, elles disparurent pour la plupart, après
la loi du 15 mars 1850 qui ne faisait pas mention de cette
catégorie d'établissements. Il n'y eut seulement que quelques grands centres, Paris notamment, dans lesquels les
écoles primaire supérieures, entretenues par les municipalités et subventionnées par l'État, continuèrent à prospérer.

Pendant cette même période au contraire, quelques municipalités, des sociétés industrielles, des œuvres à caractère confessionnel et de nombreux patrons individuels
ou collectifs, avaient créé diverses institutions destinées à
donner aux apprentis et jeunes ouvriers les connaissances
techniques propres à leur faciliter la pratique de leur profession. C'est ainsi que dès sa fondation en 1808, la Société philomathique de Bordeaux prévoyait que l'enseignement professionnel pourrait être introduit dans ses programmes. Des Sociétés industrielles analogues avaient été
créées à Nantes (1832), Reims (1833), Sallanches (Haute-
Savoie) (1854), Elbeuf (1857), Amiens (1863) « en vue
d'instruire et de moraliser les enfants des ouvriers » et
d'ouvrir des cours techniques, publics et gratuits. A Paris

grâce à la généreuse initiative de Mme Elisa Lemonnier, la Société pour l'enseignement professionnel des jeunes filles, est fondée en 1862, et poursuit un but analogue.

Les villes du Puy (1827), Nantes (1833), Charleville (1850), Nîmes (1856), Mulhouse (1861) et Besançon (1862) avaient créé, pour répondre aux besoins locaux, des écoles industrielles et professionnelles.

Parmi les œuvres de bienfaisance qui s'étaient donné pour mission d'apprendre un état aux enfants qui leur étaient confiés, citons : la société israélite d'Alsace (1825), les ateliers des établissements Saint-Nicolas, dirigés par les frères de la doctrine chrétienne (1827) et leur patronage d'apprentis (1842), les écoles protestantes (1847), etc.

Enfin les patrons, comprenant que sur ce point au moins, leurs intérêts étaient les mêmes que ceux de leurs ouvriers, et désireux de s'assurer le recrutement d'un personnel capable et instruit, avaient créé des institutions destinées à assurer l'instruction technique de leurs apprentis : telles les écoles d'ateliers du Creusot (1841); l'école des usines de Graffenstadt (Alsace) (1850); l'école des ateliers de la Compagnie des Messageries maritimes à la Ciotat (1860).

Ce n'étaient là encore que des essais, intéressants il est vrai, mais isolés, sans cohésion et sans unité, et dus plutôt à des sentiments individuels de devoir à remplir envers la classe ouvrière qu'à une véritable nécessité d'ordre économique.

La seconde République ne dura pas assez longtemps pour tenir la promesse de la création d'un enseignement professionnel qu'elle avait inscrite dans l'article 13 de sa Constitution (1).

(1) Constitution de 1848, art. 13 : « La Constitution garantit aux

Le brusque changement de notre politique douanière en 1860, vint troubler, dans leur sécurité, nos industries nationales, qui jusqu'alors avaient prospéré à l'abri des tarifs protecteurs, et montrer les efforts que nous avions à faire pour lutter, même sur le marché français, avec les nations étrangères. Or l'un des principaux facteurs de succès dans la lutte économique réside incontestablement dans la valeur professionnelle des ouvriers.

En même temps les expositions universelles internationales, notamment celle de Londres en 1862, mettaient sous nos yeux les progrès accomplis par les nations voisines et permettaient de les comparer avec les nôtres.

« Depuis l'Exposition universelle de 1851 et même de« puis celle de 1855, écrit M. le sénateur Mérimée, dans
« un des rapports faits à la section française du jury inter-
« national, des progrès immenses ont eu lieu dans toute
« l'Europe, et bien que nous ne soyons pas restés station-
« naires, nous ne pouvons nous dissimuler que l'avance
« que nous avions prise a diminué et qu'elle tend même
« à s'effacer. Au milieu du succès remporté par nos fabri-
« cants, c'est un devoir pour nous de rappeler qu'une dé-
« faite est possible, qu'elle serait même à prévoir dans un
« avenir peu éloigné, si, dès à présent, ils ne faisaient
« pas leurs efforts pour conserver une supériorité qu'on
« ne garde qu'à la condition de perfectionner sans cesse. »

On songea alors à chercher dans le développement de l'enseignement professionnel le remède à cet état de choses, que l'on attribuait en grande partie à la décadence de l'apprentissage, tel qu'il était pratiqué autrefois.

citoyens la liberté du travail et de l'industrie. La société favorise et encourage le développement du travail par l'enseignement primaire gratuit, *l'éducation professionnelle...* », etc.

On était également frappé de ce que les établissements
dans lesquels un enseignement technique était donné,
faisaient surtout défaut à la partie de la population industrielle qui éprouve à tous les points de vue le plus de
difficultés à s'instruire, et que si l'on avait créé des écoles
destinées à ceux qui pouvaient prétendre devenir des
chefs d'entreprise ou des contremaîtres, l'on n'avait encore
rien fait pour les ouvriers, enfants ou adultes.

Peu après, en 1863, fut constituée par ordre de l'em-
pereur, une « Commission d'enquête sur l'enseignement
professionnel » chargée d'étudier, sous la présidence de
M. Béhic, Ministre de l'Agriculture, du Commerce, et
des Travaux publics, la question de savoir si l'enseignement professionnel, tel qu'il existait alors en France, ré-
pondait suffisamment aux nécessités et aux besoins nouveaux de l'industrie. Cette Commission exprimait aussitôt
l'avis, (séance du 11 décembre 1863) qu'avant d'arrêter
aucune conclusion, il y avait lieu d'entendre les personnes
qui, par leurs études ou leur expérience pratique, étaient à
même de fournir d'utiles renseignements sur les principales questions se rapportant à l'enseignement professio-
nel. Trente déposants furent entendus en France ; puis
deux sous-commissions, présidées, l'une par le général
Morin, directeur du Conservatoire des Arts et Métiers,
l'autre par M. Vieille, inspecteur général de l'instruction
publique, furent désignées par le Ministre, pour procéder
à une enquête analogue, en Allemagne, en Belgique et en
Angleterre, et pour comparer ce qui existait dans ces
différents pays avec nos propres institutions.

En 1865, le général Morin résumait ces études dans
un remarquable rapport, conformément aux conclusions
duquel, la Commission engageait le gouvernement à ne

pas chercher à organiser lui-même, d'une manière générale, l'enseignement technique en France, mais à encourager par des subventions les efforts dus à l'initiative de villes, de départements, ou même de simples particuliers ; en même temps, elle déposait au corps législatif un projet de loi en ce sens.

La commission nommée au sein de cette assemblée pour examiner le projet acceptait ce principe et approuvait le but poursuivi. Son rapporteur, M. Chauchard, député, déclarait qu'une loi lui paraissait inutile. « Il suffit, écrivait-il, de la liberté accordée à tous, et de l'encouragement donné aux méritants. » Il demandait que l'enseignement technique fût placé dans les attributions du ministère du Commerce et des Travaux publics, « qui est le ministère du travail, de l'industrie, « des métiers et des arts industriels », et estimait qu'un simple crédit inscrit au budget de ce ministère, remplacerait avantageusement les dispositions d'une loi nouvelle ; il concluait en proposant que par un amendement à la loi de finances, une somme de 500.000 francs fût mise annuellement à la disposition du Ministre du Commerce pour encourager, en France, les œuvres et institutions d'enseignement technique et professionnel.

Lors du vote, cette somme fut réduite, et en 1868, 170.000 francs seulement furent inscrits au budget dans ce but et cette allocation fut continuée les années suivantes.

Il y eut bien, dans un projet de loi, présenté au commencement de l'année 1870 par plusieurs députés, parmi lesquels, J. Simon, Jules Ferry et Gambetta, et relatif à l'instruction primaire gratuite et obligatoire, un article demandant « qu'une allocation provisoire d'un million

« fût inscrite au budget du ministère de l'Agriculture et
« du Commerce, pour être répartie chaque année entre
« les établissements d'enseignement technique. » A la
même époque, le *Journal Officiel* enregistrait aussi une
proposition de loi signée d'un grand nombre de députés,
et dont le but était d'autoriser toute personne jouissant
de ses droits civils, à établir et à professer des cours
d'enseignement technique. Les événements de 1870 em-
pêchèrent que ces deux propositions fussent mises en
discussion, et le système de crédit annuel destiné à être
partagé en subventions, subsista jusqu'en 1880.

La somme portée annuellement au budget pour encourager l'enseignement technique, était répartie entre les
diverses œuvres par les soins du « Conseil supérieur de
l'enseignement technique » qui avait été constitué à cet
effet par décret en date du 19 mars 1870, et qui chargé
également de délibérer sur les règlements et les programmes des écoles professionnelles, servit puissamment
à la propagation et à la diffusion de l'enseignement industriel et commercial en France.

Cependant la nécessité de pourvoir à l'instruction technique de la partie la plus nombreuse, et la plus intéressante de la nation, devenait de plus en plus évidente, et les
rapports des jurys de l'Exposition universelle de 1878 avaient
de rechef appelé l'attention sur ce point. Leurs conclusions
pessimistes qui montraient que non seulement nos industries nationales avaient laissé diminuer l'avance qu'elles
avaient sur leurs rivales de l'extérieur, mais que même
quelques-unes d'entre elles étaient égalées et même dé-
passées, se trouvèrent confirmées par une enquête sur
les industries d'art, ordonnée dès le début de 1880 par le
Ministre des Beaux-Arts,

§ II. — Loi du 11 décembre 1880 et décrets réglementaires des 30 juillet 1881 et 17 mars 1888.

Le système adopté en 1868, devenait de plus en plus insuffisant, car le montant du crédit annuel demeurait à peu près stationnaire, tandis que chaque année voyait naître de nouveaux établissements, qui tous demandaient, sous forme de subsides, des encouragements à l'État. L'exemple donné en 1867 par la municipalité du Havre, qui avait ouvert la première véritable école d'apprentis, n'avait pas tardé à être suivi par plusieurs autres villes industrielles, notamment par la ville de Paris qui ouvrait, le 6 janvier 1873, sa première école municipale d'apprentissage « à titre de type à multiplier, s'il y a lieu, et à proposer en exemple » (1).

D'autre part, quelques unes des écoles primaires supérieures, créées en vertu de la loi Guizot, existaient encore, et étaient même assez prospères. Quarante d'entre elles subsistaient en 1878, et la loi de finances leur allouait une subvention de 110.000 francs. Or ainsi que le faisait remarquer en 1881, M. J. Ferry, alors président du conseil, dans un rapport au Président de la République, celles de ces écoles qui avaient réussi, étaient celles qui étaient restées primaires, c'est-à-dire, s'étaient organisées de manière à former « le large couronnement d'une éducation « primaire menée à bien, et non pas le commencement « stérile d'un autre cycle d'études qui n'aboutiraient « pas. »

(1) Conseil municipal. Séance du 27 mai 1872.

En même temps, et par un phénomène en quelque sorte
spontané, ces écoles primaires supérieures avaient revêtu
à des degrés divers le caractère d'écoles professionnelles ;
elles avaient dû tenir compte de l'avenir probable de leurs
élèves, et pour les retenir et les empêcher de se disperser
comme apprentis dans les ateliers de l'industrie, elles
avaient été obligées de se transformer elles-mêmes dans
une certaine mesure en ateliers, et d'adopter des programmes tels que l'enfant pût, au sortir de l'école, choisir
une profession manuelle, avec des ressources et des facilités nouvelles.

Le gouvernement avait entrepris une grande enquête
et envoyé des fonctionnaires supérieurs du ministère du
Commerce et de celui de l'Instruction publique, en Europe,
en Amérique, et jusqu'en Australie, y étudier les progrès
de l'enseignement professionnel, et les moyens propres à
favoriser la création de nouvelles écoles. On songeait, en
effet, à former un système d'enseignement industriel, gra-
duel et méthodique, à créer une organisation rationnelle
et complète, en coordonnant et en groupant les établissements déjà existants, dont quelques-uns bien appropriés à
leur destination rendaient à l'industrie nationale de réels
services, mais qui fondés isolément, dans des circonstances diverses, et sous l'empire d'idées différentes, inégalement répartis entre les diverses régions de la France,
n'étaient par aucun lien rattachés les uns aux autres.

Ce fut dans ce but que fut promulguée la loi du 11 décembre 1880 (1). Cette loi assimilait, en les reconnaissant
les unes et les autres, comme établissements publics,
d'une part les écoles d'apprentissage destinées à « déve-

____

(1) Voir annexe II.

« lopper chez les jeunes gens qui se destinent aux profes-
« sions manuelles, la dextérité nécessaire et les connais-
« sances techniques » ; et d'autre part, les écoles publiques
d'enseignement primaire complémentaire, dont le programme comprend des cours ou des classes d'enseignement professionnel.

Un décret portant règlement d'administration publique,
rendu le 30 juillet 1881, détermina les conditions d'application de la loi nouvelle. Il séparait les deux sortes d'établissements mentionnés par l'article 1er de la loi en deux
catégories distinctes, les rattachant presque exclusivement,
selon que l'enseignement professionnel que les élèves y
recevaient était considéré comme le principal ou comme
l'accessoire, soit au ministère du Commerce, soit à celui
de l'Instruction publique.

L'expérience montra bien vite ce que ce système avait de
défectueux, et fit ressortir les causes qui en rendaient l'application sinon impossible, tout au moins fort compliquée.

Il était tout d'abord fort critiquable au point de vue
financier : Aux termes de la loi du 11 décembre 1880, la
création des écoles primaires supérieures professionnelles
était autorisée par le Ministre de l'Instruction publique,
après approbation du programme d'enseignement technique
par le Ministre de l'Agriculture et du Commerce. Au contraire, lorsqu'il s'agissait de créer une école manuelle
d'apprentissage, la décision appartenait au Ministre de
l'Agriculture et du Commerce, après avis du Conseil supérieur de l'enseignement technique, le Ministre de l'Instruction publique n'ayant qu'à donner son approbation à la
partie scolaire du programme.

Or le Ministre du Commerce ne disposait d'aucunes ressources lui permettant d'assurer l'exécution de la décision

prise, en accordant une subvention ou en consentant un prêt à une commune en vue de constructions à édifier, car au momont où paraissait le décret du 30 juillet 1881, des lois récentes venaient de créer une caisse spéciale, connue sous le nom de Caisse des écoles, dont les fonds étaient mis exclusivement à la disposition du Ministre de l'Instruction publique pour la construction des établissements d'instruction primaire, et c'est à lui qu'il eut fallu demander l'argent nécessaire pour construire ces établissements qu'il ne lui appartenait pas de créer.

Un exemple cité par M. Buisson, alors directeur de l'enseignement primaire, dans un rapport par lui présenté le 14 octobre 1887, à la commission mixte des écoles d'apprentissage (1) prouve qu'il en était de même pour les dépenses annuelles d'entretien, et montre bien la situation dans laquelle le règlement de 1881 mettait les administrations intéressées : L'école d'apprentissage de garçons que possédait la ville du Havre, depuis 1867, avait parfaitement réussi, et la municipalité se proposait de l'installer dans des locaux nouvellement construits, le succès ayant rendu l'organisation primitive tout à fait insuffisante. Aussi dès les premiers mois de 1882, elle se mit en instance pour que son école d'apprentissage fût légalement créée, et placée sous le régime de la loi du 11 décembre 1880. Aussitôt qu'elle eut obtenu la décision du Conseil municipal, et la décision du Conseil départemental, exigées par le décret de 1881, ainsi que l'approbation par le Ministre de l'Instruction publique de la partie des programes concernant l'enseignement théorique ; elle demanda, mais sans

(1) *Mémoires et documents scolaires*, publiés par le Musée Pédagogique, fascicule 46, p. 69 et suiv.

succès, l'autorisation définitive qui devait être donnée par le Ministre du Commerce, après avis du Conseil supérieur de l'enseignement technique. Elle renouvela sa demande à plusieurs reprises, en 1882, 1883 et 1884, mais toujours avec le même résultat négatif. Enfin, en 1885, il se présenta une circonstance qui permettait d'espérer une solution. M. Goblet, Ministre de l'Instruction publique devait venir au Havre, inaugurer le Congrès international des instituteurs. La municipalité le pria d'intercéder auprès de son collègue du Commerce, pour obtenir la reconnaissance légale de l'école ; mais il ne put l'obtenir et en exprima le regret dans le discours d'ouverture du Congrès.

Le système de la répartition des établissements visés par la loi, entre les deux ministères, était la cause du refus du Ministre du Commerce. L'article 5 mettait, à la charge de ce ministère, les subventions aux écoles d'apprentissage qu'il aurait reconnues comme lui appartenant. Or, non seulement, il n'avait été ouvert au ministère du Commerce aucun crédit pour subventionner le nouvel enseignement technique populaire, mais on n'avait pas même transféré à son budget une partie des crédits dont disposait le ministère de l'Instruction publique pour les écoles primaires supérieures professionnelles.

En outre, bientôt la ville du Havre ne fut plus seule en cause. Beaucoup de communes appliquant tant bien que mal la loi de 1880, avaient créé et organisé à leur gré, grâce à l'aide de la Caisse des écoles pour les constructions, et des subventions du ministère de l'Instruction publique, pour les traitements des professeurs, un certain nombre d'écoles primaires supérieures, qui presque toutes étaient en partie au moins professionnelles. Le Ministre du Commerce ne put intervenir en quoi que ce soit dans la crainte que les écoles à la création desquelles il eut coopéré ne vinssent lui réclamer les subventions annuelles qui étaient mises régulièrement à sa charge par le décret de 1881.

Un autre résultat bizarre de la combinaison des articles du règlement, avec le texte de la loi, était de placer les écoles professionnelles commerciales sous le contrôle du Ministre de l'Instruction publique, puisque le décret ne rangeait sous l'autorité du Ministre du Commerce, que les établissements de la première catégorie, ceux dont les élèves faisaient un « *apprentissage* » au sens usuel du mot, se destinaient aux « *professions manuelles* » qu'ils exerçaient avec « *une certaine dextérité* ». Or, aucune de ces expressions. applicables aux écoles industrielles, ne peut être employée, si l'on n'en force abusivement le sens, aux écoles d'enseignement commercial.

Enfin, le système de séparation que consacrait le décret de 1881, soulevait de nombreuses critiques d'ordre pédagogique surtout au point de vue du recrutement du personnel enseignant, et, au point de vue de l'inspection.

Tous les établissements visés par la loi de 1880. et le décret du 30 juillet 1881, renferment, en effet, deux ordres de professeurs : D'une part, un personnel d'instituteurs, auxquels est confié l'enseignement général et théorique, prédominant dans les écoles primaires supérieures professionnelles; et d'autre part, un personnel d'ouvriers instructeurs, chargés de l'enseignement du travail manuel, prédominant dans les écoles d'apprentissage.

En fait, aucune de ces écoles d'apprentissage ne fut créée ; mais si le cas s'était produit, il est fort probable que l'on eut rencontré de grandes difficultés à trouver un personnel d'instituteurs. acceptant de quitter les rangs universitaires pour passer sous l'autorité d'une autre administration en renonçant au classement et à l'avancement ordinaires.

Pour les écoles de la seconde catégorie du décret, l'inconvénient était inverse, et c'est le personnel technique que l'on a difficilement recruté : Tout d'abord les professeurs de travaux manuels que l'on aurait pu emprunter aux écoles techniques secondaires, considéraient comme une déchéance de venir enseigner dans des établissements d'ordre primaire. En outre, l'administration universitaire, était pour eux une administration étrangère, et ils ignoraient comment ils y seraient accueillis et à quelles situations ils pourraient parvenir, Aussi, dans la plupart des cas, a-t-on dû se contenter d'un recrutement local, en s'adressant ordinairement à de bons ouvriers, souvent excellents praticiens, habitant la ville où était située l'école mais manquant des connaissances théoriques nécessaires, pour l'explication des dessins et des croquis, dépourvus du talent d'enseigner, souvent même n'ayant, faute d'éducation suffisante, que peu d'autorité sur les élèves.

Peut-être aurait-on pu, par une inspection bien comprise, confiée à des hommes actifs et compétents, arriver à guider et à former ces chefs d'ateliers et ouvriers instructeurs. Mais le même décret s'y opposait. Les écoles primaires supérieures professionnelles ne dépendant que du Ministre de l'Instruction publique, seuls les inspecteurs de l'Instruction publique y avaient droit d'entrée et de contrôle, et s'ils pouvaient exercer une direction utile et une surveillance efficace sur l'enseignement général et théorique, ils ne pouvaient que se récuser lorsqu'il était question de l'enseignement technique et pratique.

Les conséquences de cette organisation défectueuse ne

se firent pas attendre : de 1880 à 1888, pas une école publique d'apprentissage n'a été fondée dans toute la France (1) et le ministère du Commerce et de l'Industrie, autorité compétente entre toutes, n'exerçait aucune action sur le petit nombre de celles qui existaient antérieurement.

Ainsi, l'un des buts poursuivis par la loi de 1880, celui de créer des écoles où l'on pût former par un véritable apprentissage et verser dans l'industrie des ouvriers complètement initiés à leur profession, n'avait pas été atteint.

Quant au second but que visait la loi, celui de donner la dextérité de la main, et les connaissances techniques nécessaires à des jeunes gens qui pourraient ensuite entrer dans les écoles spéciales du degré secondaire, l'État avait voulu mettre lui-même en pratique le nouvel enseignement et organiser des écoles modèles pour servir de type aux établissements de même nature que voudraient ouvrir les départements, les communes et les associations libres et encourager ainsi l'initiative et les efforts privés. Aussi, acceptant le concours que lui offraient les municipalités de Vierzon, Armentières et Voiron, il avait fondé dans ces villes, par décrets des 9 juillet 1881, 10 mars et 26 juillet 1882, les premières écoles nationales d'enseignement primaire supérieur et professionnel.

Une réforme s'imposait, au moins en ce qui concernait les écoles d'apprentissage, et il fallut bientôt songer à étudier une réglementation nouvelle. Il s'agissait, sans toucher à la loi de 1880, de faire disparaître le régime de division

(1) Martel. *L'enseignement technique primaire. Où nous en sommes*. Paris. Delaplane, 1889, p. 24.

que le décret de 1881 avait édicté. Une loi organique du 30 octobre 1886 annonçait son abrogation prochaine en décidant par son article 28, que pour les écoles manuelles d'apprentissage, « le mode de nomination, l'organisation « de la surveillance, les garanties de capacité requises « du personnel, ainsi que toutes les questions intéres- « sant concurremment le ministère de l'Instruction publi- « que et le ministère du Commerce, seraient déterminées « par un règlement d'administration publique ».

Aussi, pendant que le ministère du Commerce, préparait sur l'enseignement technique à tous les degrés, une loi générale qui est restée à l'état de projet, les deux admi- nistrations intéressées étudiaient un règlement qui consa- crait des principes entièrement nouveaux, en substituant au régime de la division le régime de l'union, et qui est devenu le décret du 17 mars 1888.

Par ce décret, tous les établissements scolaires qui sont visés par la loi du 11 décembre 1880, c'est-à-dire les écoles manuelles d'apprentissage, et les écoles primaires supérieures professionnelles, sont placés sous la double autorité du Ministre de l'Instruction publique, et du Ministre du Commerce, aussi bien lorsque l'initiative de leur créa- tion appartient à l'Etat que lorsqu'elles sont fondées ou entretenues par les départements ou les communes (article premier). La création des unes et des autres est toujours prononcée par le Ministre de l'Instruction publique sur avis conforme du Ministre du Commerce, après une déci- sion du conseil municipal, s'il s'agit d'une école communale ou du conseil général, s'il s'agit d'une école départementale (articles 3 et 5). Si la commune ou le département ont besoin d'une subvention de l'Etat pour faire face à la dépense de constructions neuves, cette subvention leur est accordée comme pour toute autre école primaire, conformément à la loi du 20 juin 1885 qui a remplacé les lois sur la Caisse des écoles (article 4). Les dépenses annuelles d'entretien, et de traitements des professeurs, sont supportées par le département ou la commune, selon que l'école est départementale ou communale, et en cas d'insuffisance de leur budget, par le ministère de l'Instruction publique pour le surplus (article 15).

Le Ministère du Commerce, peut, dans la limite des crédits annuels dont il dispose, allouer des subventions facultatives aux départements ou aux communes, aussi bien pour leurs écoles d'apprentissage que pour leurs écoles professionnelles, mais aucune charge ne lui incombe plus obligatoirement (article 17). L'équivalence des grades a été établie pour permettre l'accès des fonctions de directeur (et à fortiori de professeur, quoique l'article 11 soit muet sur ce point) à certains candidats dépourvus de titres universitaires et paraissant aptes à remplir ces fonctions, tels que les ingénieurs des arts et manufactures, les licenciés ès lettres ou ès sciences, les bacheliers titulaires du certificat d'aptitude à l'enseignement du travail manuel, etc. (article 11).

Enfin, tous les établissements placés sous le régime de la loi de 1880, sont soumis à une double inspection (article 23) ; d'abord à celle des inspecteurs de l'université quant à la partie théorique de leurs programmes ; puis, quant à la partie purement technique, à une inspection qui a été spécialement créée à cet effet, par deux arrêtés du Ministre du Commerce, des 21 et 28 juin 1888, et confiée à des inspecteurs bénévoles, en général industriels ou commerçants, prêtant à l'État, pour le développement de cet enseignement, un concours gratuit et désintéressé.

A partir de la promulgation de ce décret, on est entré dans la période d'action : Sur la demande des conseils généraux ou des conseils municipaux, les écoles d'enseignement technique élémentaires déjà existantes avaient été placées sous le régime nouveau, et étaient devenues écoles publiques. Un grand nombre de villes ou de départements, se proposaient d'en créer de nouvelles. Un décret du 28 juillet 1888, élaboré par une commission mixte, composée de représentants des deux ministères, avait déterminé, en vue d'obtenir une sorte d'unité d'ensemble, les programmes généraux des écoles que régissait la loi du 11 décembre 1880, tandis que les inspecteurs nouvellement créés, étaient chargés d'étudier, chacun dans sa circonscription, la situation économique, pour déterminer, avec l'aide des autorités locales, la part et la nature de l'enseignement professionnel, qu'il convenait de donner dans chaque école pour doter chacune d'elles, d'un caractère spécial, en rapport avec les besoins régionaux.

L'expérience montra bientôt les points faibles du règlement de 1888 ; le Ministre du Commerce et de l'Industrie, ne pouvait guère que donner des avis ; son action sur ces écoles devait forcément être restreinte, puisque toutes les charges incombaient au ministère de l'Instruction publique. En outre, la nécessité d'un accord préalable entre les deux ministères pour la moindre décision, causait des lenteurs et des difficultés administratives ; des conflits pouvaient même surgir.

§ III. — Loi du 26 janvier 1892. Régime actuel

Une modification s'imposait ; Elle fut apportée par une

disposition insérée dans la loi de finances du 26 janvier
1892 (article 69) qui créa une nouvelle catégorie d'écoles
dénommées « *Écoles pratiques de commerce et d'industrie* » par analogie avec les écoles pratiques d'agriculture
déjà existantes.

Une division était établie entre les écoles d'apprentissage d'une part, et les écoles professionnelles, de l'autre.
Celles-ci dans lesquelles l'enseignement manuel n'était
donné que pendant quelques heures par semaine, en vue de
préparer à l'apprentissage ou simplement d'exercer la main,
restaient à l'Instruction publique et conservaient le nom
d'écoles supérieures et professionnelles. Les autres, au
contraire, dans lesquelles l'enseignement technique dominait étaient placées sous l'autorité exclusive du Ministre du
Commerce et de l'Industrie, et devaient fonctionner au
point de vue budgétaire, dans les conditions déterminées
par la loi du 19 juillet 1889.

Peu après, un décret du 22 février 1893 organisait leur
fonctionnement, déterminait le mode de recrutement du
personnel enseignant, créait des certificats d'aptitude à la
direction et au professorat, ainsi qu'un diplôme d'études
pratiques à délivrer aux élèves sortant après examen, prévoyait des programmes-types qui furent publiés l'année
suivante, et laissait subsister, pour l'enseignement technique, le système de l'inspection, tel qu'il avait été établi
en 1888, tandis que les inspecteurs généraux de l'université étaient chargés de l'inspection de l'enseignement
général.

De plus, à chaque école devait être attachée une commission, dite de surveillance et de perfectionnement,
composée du Préfet, ou du Maire, président, suivant que
l'école était départementale ou communale, de l'Inspecteur

de l'enseignement technique ; de quatre membres, dont deux au moins exerçant ou ayant exercé une profession industrielle ou commerciale, selon la nature de l'école, et nommés suivant le cas, par le conseil général ou le conseil municipal pour la durée de son mandat ; un membre nommé par le Ministre du Commerce, et enfin le directeur ou la directrice de l'école. Une des principales attributions de ces commissions était d'élaborer les programmes d'enseignement, spéciaux à chaque école, en suivant les bases des programmes-types, applicables à toute école pratique.

Cette organisation n'a été modifiée que sur des points de détail ; elle est donc encore en vigueur aujourd'hui.

A partir de 1880, l'enseignement professionnel n'est, pour ainsi dire, plus discuté ; il a acquis droit de cité, on ne conteste plus les services qu'il peut rendre. Les expositions universelles internationales qui ont lieu presque annuellement en France ou à l'étranger, montrent les résultats obtenus, car à partir de l'exposition de Vienne en 1873, presque tous les établissements d'instruction technique, ou tout au moins les plus importants, prennent l'habitude d'exposer les travaux de leurs élèves. Mais bien entendu, on cherche toujours à améliorer cet enseignement, à le modifier suivant les besoins et les desiderata de l'industrie. Des enquêtes ont lieu pour étudier les moyens de le développer et de le mettre à la portée de tous ; de nombreux congrès, auxquels prennent part tous ceux qui, à raison de leur profession ou de leurs études particulières ont acquis une compétence spéciale, émettent après discussion des vœux qui indiquent le but à poursuivre, et les moyens à employer pour y parvenir.

En 1880, pour ne citer qu'un exemple, M. Hérold, alors

préfet de la Seine, constituait (1) une grande commission d'enseignement professionnel, qui elle-même se divisa en deux sous-commissions. La première, présidée par M. Corbon, sénateur, fut chargée d'étudier la double question de l'atelier dans l'école et de l'école dans l'atelier ; la seconde, présidée par M. Tolain, sénateur, fut chargée d'étudier la création d'écoles municipales d'apprentissage.

Ce fut sur les conclusions de cette commission que la Ville de Paris chercha à généraliser l'introduction du travail manuel dans l'école primaire, comme cela avait été tenté dès 1873, sous la direction de M. Salicis, à l'école primaire communale de la rue Tournefort (2), 5e arrondissement, et créa, pour les garçons, sur le type de l'école d'apprentissage pour le travail du fer et du bois, qu'elle avait ouvert en 1873, boulevard de la Villette, et devenue depuis l'école Diderot : une école de physique et de chimie industrielles ; l'école Boulle pour les arts de l'ameublement ; l'école Germain Pilon pour le dessin pratique ; l'école Estienne pour les industries du livre ; l'école Bernard Palissy pour l'application des beaux-arts à l'industrie. Pour les jeunes filles, elle créa ou communalisa plusieurs écoles d'apprentissage, à la fois ménagères et professionnelles, et ouvrit pour ses orphelins et pour ses pupilles, l'internat professionnel Dorian, l'école d'horticulture de Villepreux (Seine-et-Oise) et l'école d'ébénisterie de Montévrain (Seine-et-Marne).

Soit pour accroître des résultats déjà acquis, soit pour empêcher une industrie locale, jadis florissante, de péri-

___

(1) Arrêté préfectoral du 6 mars 1880.

(2) Salicis. *Enseignement [primaire et apprentissage*, Paris, 1875, p. 115.

cliter par suite du manque d'ouvriers instruits et capables, beaucoup de départements ou de communes suivirent l'exemple de la Ville de Paris, et augmentèrent leurs institutions déjà existantes, ou en fondèrent de nouvelles.

Les groupements corporatifs, chambres syndicales, syndicats professionnels ouvriers et surtout patronaux, en présence de l'appel trop fréquent que, dans certaines industries, les patrons qui ne trouvaient plus à recruter en France un personnel suffisamment bien préparé, étaient obligés de faire à l'étranger, se préoccupèrent aussi des moyens d'assurer aux ouvriers du métier une solide instruction technique et ouvrirent, dans ce but, soit des cours, soit des écoles professionnelles.

Enfin, d'autres associations et sociétés diverses, ainsi que de nombreux patrons, cherchèrent par des moyens analogues à relever le niveau intellectuel, et à développer les connaissances et le savoir des jeunes ouvriers et des apprentis.

CHAPITRE VII

LE TRAVAIL MANUEL A L'ÉCOLE PRIMAIRE

On s'est demandé s'il ne fallait pas voir une des causes de la décadence de l'apprentissage, et chercher le principal motif des efforts faits par les enfants du peuple pour éviter le séjour à l'atelier, dans la mauvaise préparation qu'ils ont reçue à l'école primaire pour ce genre de vie.

Il est certain que l'école n'a été pendant longtemps qu'une « maison de première instruction ». On croyait avoir assez fait pour l'enfant de l'ouvrier, destiné à devenir ouvrier lui-même, quand on lui avait appris à lire, écrire et calculer (art. 23, loi du 15 mars 1850). L'idée de faire de la plus humble école une « maison d'éducation » qui doit, non seulement donner à l'écolier un minimum de connaissances usuelles jugées indispensables, mais encore cultiver son esprit, former son caractère, et préparer en lui un homme utile pour la société, est une conception toute récente.

Or, comment s'y prenait-on pour former le futur ouvrier? Par quels procédés le préparait-on au travail manuel qui devait être son gagne-pain pendant toute son existence? En ne faisant travailler que son intelligence, et en exigeant de lui, une immobilité, ou tout au moins une inactivité corporelle presque complète, pendant les six ou sept heures de sa présence quotidienne en classe. Rien ne pouvait moins ressembler à la vie qu'il devait avoir à l'atelier. Aussi, combien d'enfants entrant brusquement en apprentissage au sortir de l'école, prenaient-ils l'horreur du travail auquel ils n'avaient pas été habitués, et renonçant à tout jamais à l'atelier, bornaient leur ambition à devenir employés de bureau ou commis.

Depuis longtemps, il est vrai, ce danger avait frappé quelques hommes. En 1792, le citoyen Léonard Bourdon proposait à la municipalité de Paris de décider que « dans « les douze écoles primaires de Paris, situées dans les diffé- « rentes extrémités de la ville, il serait établi des ateliers « de divers ouvrages propres à occuper utilement les « enfants et à *éveiller* leur industrie » (1).

Lepelletier de Saint Farjeau insistait pour qu'un atelier d'industrie fût annexé à chaque école, et peu après, Lakanal, cherchant à mettre en pratique cette parole prononcée par lui quelques années auparavant que « les sens « étant les premiers instruments de nos connaissances,

(1) Il paraîtrait même qu'il a existé de 1725 à 1745, dans une commune du Dauphiné, une école où l'instituteur avait introduit le travail manuel et où les élèves étaient initiés selon leur goût et suivant leur âge aux divers travaux industriels. Plus tard cet instituteur, étant en Bretagne, a adressé aux États de cette province, un mémoire pour les déterminer à généraliser dans le pays, le système d'éducation intégrale qu'il avait, pendant quarante ans, pratiqué avec succès dans le Dauphiné,

« avant d'apprendre à lire à l'enfant il faut lui apprendre
« à voir », avait présenté à la Convention, le 26 juin 1793,
un décret dont deux articles avaient trait à l'introduction
du travail manuel et de l'enseignement technique dans les
écoles primaires. Ces deux articles, en effet, étaient ainsi
conçus :

Article 9 : « On les conduira (les enfants) quelquefois
« dans les manufactures et les ateliers où l'on prépare des
« marchandises d'une consommation commune. »

Article 10 : « Une partie du temps destiné aux écoles,
« sera employée à des ouvrages manuels de différentes
« espèces utiles et communes. »

Mais ces diverses propositions restèrent sans écho et
n'aboutirent pas ; et il faut arriver à l'année 1873 pour
trouver la première application du travail manuel à l'école
primaire, et le premier essai de mise en pratique des
théories qui avaient cours depuis longtemps.

MM. Salicis et Léveillé, délégués cantonaux du
cinquième arrondissement, obtinrent de l'administration
l'autorisation d'annexer un petit atelier de travaux manuels, à l'école primaire de la rue Tournefort, qui était
alors dirigée par un instituteur particulièrement apte à
tout travail de la main, et plus apte encore à l'enseigner à
d'autres, et sollicitèrent en outre du Conseil municipal une
subvention qui leur fut accordée, et qui, fixée d'abord à
5.000 francs, fut portée ensuite à 8.000 francs, puis plus
tard à 16.000 francs, et était employée en achat d'outils
et de matières premières.

L'enseignement intellectuel était donné comme dans
toute autre école primaire, mais le temps de présence à
l'école avait été augmenté d'une heure par jour, et l'horaire établi de façon à ce que les enfants soumis à des

exercices variés, ne puissent éprouver aucun surmenage intellectuel ou corporel.

On mettait ainsi en pratique le précepte formulé par J. J. Rousseau : « Le grand secret de l'éducation est de « faire que les exercices du corps et ceux de l'esprit, ser- « vent toujours de délassement les uns aux autres. » Le travail manuel était enseigné même dans les classes les plus élémentaires, c'est-à-dire à des enfants de six à sept ans ; avec des outils ni lourds, ni dangereux, comme la râpe et la lime, on leur faisait exécuter des découpures de formes variées, dessinées par eux-mêmes au préalable, sur les bords d'une planchette fixée à l'établi ; ou bien on les exerçait à modeler de l'argile posée sur une ardoise. Par une gradation sagement conçue, les enfants arrivaient à travers les diverses classes, jusqu'au maniement des outils les plus difficiles, jusqu'à la sculpture sur bois et sur pierre.

Cet essai, tenté à l'école de la rue Tournefort, a, pourrait-on dire, trop bien réussi ; car en présence des résultats obtenus, le travail manuel introduit dans l'école primaire fut considéré comme un premier degré d'enseignement professionnel. On rêva de donner, dans des ateliers annexés à chaque école, l'enseignement pratique des divers métiers, de manière à ce qu'il fût possible aux enfants sortant de l'école primaire, d'entrer dans les ateliers de l'industrie privée à titre de « novices-ouvriers », leur seule infériorité sur les ouvriers adultes consistant dans leur faiblesse physique.

Il aurait pourtant dû paraître évident, que jamais un enfant de 13 ans ne pourrait entrer d'emblée dans aucun atelier, à titre d'ouvrier. Dès lors, il y avait bien des chances pour qu'il fût, quelle que pût être sa préparation professionnelle, soumis à la condition ordinaire des apprentis et utilisé à des corvées et besognes secondaires, pendant une ou deux années, c'est-à-dire assez longtemps pour oublier ce qu'il aurait appris à l'école.

On n'en persistait pas moins à demander la généralisation de l'expérience faite à l'école de la rue Tournefort, et l'on considérait comme fort utile de commencer, tout au moins, l'apprentissage des divers métiers dès l'école primaire, et l'on s'appuyait principalement sur ce qui avait été fait en Suède dans cet ordre d'idées, et sur les merveilleux résultats obtenus dans ce pays, par l'introduction du « slojd » dans les cadres de l'enseignement.

Or les motifs de cette réussite tenaient surtout à des conditions climatériques et à des causes économiques toutes locales (1) : La Suède étant, par excellence, le pays du bois, presque tous les ustensiles d'un usage commun et journalier sont en bois ; c'était donc déjà une facilité, puisque les métaux étant fort rares on n'avait pas à se préoccuper d'enseigner aux jeunes enfants comment ils se travaillent. Ensuite on ne cherchait pas à apprendre aux écoliers un métier proprement dit, à faire d'eux des menuisiers, des charrons, ou des charpentiers par exemple, mais simplement à les rendre « slojdare », expression qui n'a pas son synonyme exact en français, et qui indique l'aptitude à réparer et même à confectionner un certain nombre d'ustensiles ou d'attirails en usage dans un intérieur ouvrier ou dans une exploitation agricole ; on voulait aussi encourager l'ouvrier rural à fabriquer

______

(1) Otto Salomon. *Handfertigkeitschule und Volkschule. Bericht über die Theorie und Praxis des Arbeitsunterrichts in Schweden.* Leipzig. H. Matther, 1883. p. 35 et suiv.

pendant les longues soirées des hivers septentrionaux des petits objets en bois et de la bimbelotterie, et développer chez lui les aptitudes voulues pour faire de tels ouvrages qui constituaient, depuis longtemps pour le pays, une source importante de production.

Le Conseil municipal de Paris avait envoyé des instituteurs parisiens étudier en Suède, à Naas, où le système avait reçu son plus complet développement, les applications du travail manuel dans les écoles primaires et les moyens à employer pour l'introduire dans nos écoles communales. Tous revenaient enthousiasmés et leurs rapports concluaient toujours à la possibilité d'enseigner la pratique des principaux métiers dès l'école primaire, comme cela avait déjà lieu d'ailleurs à l'école de la rue Tournefort (1).

Le Ministère de l'Intérieur de Belgique avait également envoyé en Suède deux délégués, MM. Sluys et Van Calken, chargés comme les nôtres, d'étudier cette question ; mais ils étaient revenus avec des impressions toutes différentes : ils concluaient, en effet, de la manière suivante :

« 1° Le travail manuel doit faire partie du programme « des écoles primaires pour assurer la culture intégrale « et harmonique de toutes les facultés de l'enfant...

« 2° L'enseignement des travaux manuels doit être « basé sur les mêmes principes pédagogiques généraux « que l'enseignement des autres branches du programme ; « il a en effet pour but la culture formelle de l'élève et « non l'apprentissage de professions déterminées » (2).

(1) Schmitt. *Le slojd en Suède, et le travail manuel en France.* (Revue pédagogique), 1887, t. I, p. 146.

(2) Sluys et Van Calken. « *Le Travail manuel* » (Revue pédagogique publiée à Bruxelles, n° 6).

Cependant, le Conseil municipal de Paris avait définitivement consacré l'introduction dans l'école primaire, du travail manuel considéré comme une branche de l'enseignement professionnel, en votant dans sa séance du 14 mai 1878, sur la proposition de M. E. Lefèvre, la nomination d'une commission chargée d'étudier les moyens d'organiser et de développer cet enseignement dans tous les arrondissements de Paris, soit dans les écoles communales existantes, soit dans des écoles spéciales à créer. Peu de temps après (1), M. de Hérédia faisait inscrire à l'occasion du vote du budget une somme de 100.000 francs destinée à cette création.

Quand il fallut faire passer dans le domaine de la pratique et mettre à exécution les résolutions prises, ce qui eut lieu en 1880, après l'adoption des conclusions du rapport de M. Corbon, président de la commission spéciale nommée par M. Hérold, alors préfet de la Seine (2), on abandonna les errements suivis jusqu'alors et l'on se rangea au système qu'avait déjà préconisé la Belgique et dont M. Corbon se déclarait partisan en disant dans son rapport : « Le travail manuel dans l'école primaire ne « doit pas être considéré comme un premier degré d'en- « seignement professionnel, mais comme le complément « nécessaire d'une éducation rationnelle. » On est donc arrivé peu à peu à une nouvelle conception de l'apprentissage scolaire que M. Buisson, directeur de l'enseignement primaire, définit ainsi dans le *Dictionnaire de pédagogie et d'instruction primaire* : « Une organisation des « cours de l'école primaire, qui ajoute à l'enseignement

(1) Séance du 21 décembre 1878.
(2) Monographies municipales, *loc. cit.*, p. 503.

« proprement dit quelques heures de travail manuel. On
« a en vue, non pas un apprentissage défini, mais la pré-
« paration à tout apprentissage, l'habitude et le goût pris
« de bonne heure du travail professionnel. »

Bientôt le travail manuel, envisagé comme moyen d'éducation générale, était introduit dans les programmes de
toutes les écoles primaires élémentaires et rendu obligatoire par la loi du 28 mars 1882. Ces nouveaux programmes devaient en effet comprendre, entre autres matières : l'enseignement moral et civique, les éléments du
dessin et du chant, des « travaux manuels (travaux d'ai-
« guille dans les écoles de filles) et usage des outils des
« principaux métiers. » M. Paul Bert, ministre de l'Instruction publique à cette époque, a défini de la manière
suivante le caractère de cette innovation : « Nous ne
« voulons pas donner un caractère professionnel à l'école
« primaire dont la mission n'est pas de former, soit des
« serruriers, soit des marchands, mais nous entendons
« que l'enseignement des sciences ne se borne pas à la
« théorie pure et que l'on ait constamment en vue l'ap-
« plication pratique aux diverses industries existantes. »
Il avait été reconnu que l'instituteur qui a souvent dans
sa classe de 40 à 50 élèves, n'a pas trop du délai de
sept années que lui accorde la loi, pour leur enseigner
toutes les matières énumérées au programme et dans
lequel il n'y a pas de place pour un enseignement industriel sérieux, digne de ce nom, comportant l'installation
d'ateliers assez vastes, et suffisamment outillés. Telle fut
d'ailleurs l'opinion émise par le Congrès de l'enseignement
primaire, tenu à Paris du 12 au 16 août 1889 : A la question : sous quelle forme, et dans quelle mesure, l'enseignement professionnel industriel, peut il être donné dans

les écoles primaires élémentaires et supérieures, et dans les écoles normales? La réponse fut : « L'enseignement « industriel est incompatible avec l'objet et le programme « des écoles primaires et des écoles normales. »

Mais, si on ne peut demander à l'instituteur de donner cet enseignement, on peut lui confier le soin d'y préparer les enfants qui le recevront dans des établissements d'un ordre plus élevé et d'un caractère plus spécial, quand ils seront plus âgés et plus robustes, et c'est pour cette préparation que les exercices manuels servant de complément aux notions scientifiques élémentaires indiquées au programme, et surtout au dessin, peuvent produire le plus utile effet.

C'est ainsi que l'avaient compris les instituteurs réunis au Havre en 1885, puis le Congrès de l'enseignement professionnel tenu à Bordeaux en 1886, les Chambres syndicales et enfin le Congrès de l'enseignement technique qui, réuni à Paris (18 au 23 juillet 1889), avait émis le vœu « que les « exercices de travail manuel, dans les écoles primaires « élémentaires, soient faits de façon à produire surtout ces « résultats : Permettre l'indication des aptitudes de l'enfant, « lui faire acquérir l'habileté de la main, et le préparer à « recevoir plus tard l'enseignement technique. »

Nous pouvons résumer de la façon suivante tous les résultats que l'on attendait de l'introduction des exercices manuels à l'école primaire :

1° Développer une dextérité générale de la main.

2° Exercer l'œil en l'habituant à évaluer et à respecter les proportions.

3° Fortifier tous les muscles du corps, bras, jambes, thorax.

4° Donner satisfaction au besoin de mouvement inné

chez l'enfant, à son désir continuel de créer, voir, comparer, examiner.

5° Inspirer le goût et l'amour du travail en général.

6° Faire contracter des habitudes d'attention, d'application, de persévérance, d'ordre, de précision, d'exactitude et d'économie.

7° Développer le goût du beau, de la symétrie, le senti ment de l'esthétique.

Quand il fallut appliquer la loi de 1882 on se heurta à de nombreuses difficultés. La Ville de Paris avait bien créé dans 94 écoles de garçons sur 173 qu'elle avait à cette époque, des ateliers pour le travail du bois, et dans 7, des ateliers pour le travail du fer, et elle avait élaboré un règlement aux termes duquel chaque élève devait faire par semaine :

1 heure 1/4 de travail manuel dans le cours élémentaire.

1 heure 3/4 de travail manuel dans le cours moyen.

3 heures 1/2 de travail manuel dans le cours supérieur.

4 heures de travail manuel dans le cours complémentaire.

Mais la Ville de Paris constituait une exception et les municipalités de province qui avaient suivi son exemple étaient fort rares. D'ailleurs, depuis 1887, les choses en sont à peu près restées là, et il n'a guère été créé de nouveaux ateliers. Cela tient en partie à la loi elle-même qui est restée sans effet par suite de l'emploi de l'expression « Usage des outils des principaux métiers » qui, interprétée strictement, devrait amener, comme conséquence, l'établissement d'ateliers scolaires dans 30.000 communes. Même à Paris le mouvement est resté stationnaire; sur

185 écoles communales élémentaires, 88 sont organisées pour enseigner le travail du bois, et 32 le travail du bois et du fer : Dans les 65 autres, le travail manuel n'est pas enseigné.

En province, on s'est presque partout contenté de faire faire aux enfants, dans la salle de classe, des exercices de tressage, de pliage, de découpage, de cartonnage et de vannerie ; on a dû abandonner, par mesure d'économie, les tours à bois, malgré la faveur dont ils jouissaient, et aussi parce que l'éducation manuelle qu'ils procuraient était insuffisante. Même, dans bien des écoles, surtout dans les communes rurales, les exercices manuels se sont transformés en « leçons de choses », car les municipalités manquaient de ressources pour consentir aux dépenses nécessitées par l'installation de locaux appropriés, par l'achat d'outils et de matériaux, et par le traitement des maîtres-ouvriers dont la mission est de préparer les matériaux et de tenir les outils en bon état. A Paris, il a fallu constituer un corps spécial d'ouvriers de cette nature : on en compte actuellement 95, dont 80 menuisiers et 15 mécaniciens nommés après examen.

Il a fallu aussi se préoccuper de préparer les instituteurs à enseigner le travail manuel, et en 1886, plusieurs circulaires l'ont introduit dans les programmes des écoles normales. Un certificat d'aptitude spécial qui donne droit, pour ceux des instituteurs qui en sont titulaires à une certaine allocation supplémentaire au traitement, a même été créé pour cet enseignement.

Partout où le travail manuel existe, on a été obligé de diminuer sa durée, pour permettre à tous les élèves d'y prendre part successivement, et en réduisant le temps déjà beaucoup trop court prévu au règlement, on lui retire sa principale raison d'être, puisque l'enfant ne peut évidemment, en une ou deux heures par semaine, acquérir aucune connaissance positive, devenir adroit de ses mains et apprendre à aimer le travail manuel. Comment espérer que pendant ce court passage à l'atelier, ses goûts et ses aptitudes trouveront l'occasion de se révéler, et que le choix d'un métier pourra être fait pour lui avec plus de discernement, surtout étant donné que le travail du bois est à peu près le seul pratiqué à l'école? On pourra tout au plus juger de son plus ou moins d'aptitude à devenir menuisier.

A notre avis, le travail manuel à l'école primaire, tel qu'il est donné dans les écoles de garçons, ne peut en aucune façon être considéré comme une préparation à l'apprentissage, et il serait, au point de vue de l'avenir de l'enfant, remplacé avec avantage par un enseignement plus complet du dessin et des sciences élémentaires.

Quant au développement physique des enfants, c'est à nos yeux une pure utopie de le demander au travail manuel, et le jeune garçon qui pendant ses sept années d'école primaire, aura fait de la gymnastique d'une manière suivie et raisonnée, sera beaucoup mieux préparé à supporter la fatigue corporelle et aura beaucoup plus d'endurance quand il entrera en apprentissage, que celui de ses camarades qui aura appris, à l'atelier scolaire, à raboter une planchette, ou à faire des trous dans un morceau de bois.

Il ne faut cependant pas condamner en bloc le travail manuel, car il a donné des résultats fort appréciables dans les écoles primaires communales de filles. Dans toutes ces écoles, en effet, les institutrices enseignent la couture, et plus ou moins les travaux du ménage ; c'était une tâche à laquelle elles étaient toutes préparées et dont elles possédaient au moins la théorie. Aussi pouvait-on leur demander de donner à leurs élèves cet enseignement qui recevait d'ailleurs une sanction, en étant compris au nombre des matières requises pour l'obtention du certificat d'études pour les filles, tandis que cela n'a pu être fait pour les garçons. Dans les trois cours de l'école primaire, on apprend aux filles à marquer, à coudre, à faire les boutonnières, à tailler, à faire des patrons, à prendre des mesures. On leur enseigne dans le cours supérieur et le cours complémentaire, l'économie domestique et l'hygiène ; chaque jeudi des exercices pratiques de cuisine doivent compléter l'enseignement théorique de l'économie domestique.

Ainsi, les jeunes filles reçoivent dès l'école primaire, un enseignement manuel, qui, si on lui consacrait plus de temps, pourrait abréger la durée de l'apprentissage dans la plupart des professions féminines.

CHAPITRE VIII

ENSEIGNEMENT PROFESSIONNEL NON SPÉCIALISÉ

§ 1. — Exposé du système. — États-Unis.

En renonçant à faire autre chose que du travail manuel
purement éducatif à l'école primaire élémentaire, on avait
pensé qu'il serait plus logique de faire de l'instruction
professionnelle l'objet spécial des écoles primaires supérieures, en donnant à leur enseignement général tout entier une orientation plus scientifique et plus pratique, et
l'on sentait bien que l'une des conditions indispensables
de leur réussite, était de faire aux exercices manuels une
place relativement large dans la journée scolaire.

On est cependant resté longtemps indécis au sujet de
la nature de l'enseignement à donner et des méthodes à
employer. Aucun modèle-type n'existait, et chaque école
dressait son propre programme, qu'elle soumettait ensuite d'une manière plus ou moins effective à l'approbation du Ministre. Ce fut dans le but d'établir des types
pouvant servir de modèle aux établissements de même
nature que furent créées par le gouvernement les trois
« Écoles nationales d'enseignement primaire supérieur

préparatoires à l'apprentissage » ouvertes, celle de Voiron en 1886, celles d'Armentières et de Vierzon, en 1887.

Dans un rapport, M. Buisson, directeur de l'enseignement primaire, définissait ainsi l'objet de ces trois écoles : « Voiron, Vierzon et Armentières ne sont nullement des « écoles techniques spéciales, des écoles d'arts et métiers « plus ou moins complètes ; ce sont des groupes scolaires, « comprenant l'école maternelle, l'école primaire élé- « mentaire, l'école primaire supérieure, et à tous ses « degrés, l'enseignement professionnel, allant progressi- « vement depuis les premières années où il n'est presque « rien, jusqu'au dernier semestre où il est tout. Arrivé à « ce terme, l'apprenti, à qui il ne manque plus, pour être « ouvrier, que la pratique du métier, quitte l'école na- « tionale, soit pour entrer dans un atelier, soit pour « passer dans une école technique proprement dite. Ces « trois écoles sont donc des établissements de préparation « générale à la vie ouvrière et industrielle ; elles con- « duisent le jeune homme jusqu'au seuil de l'usine ou de « l'école d'arts et métiers, muni de toutes les connais- « sances générales et spéciales, de toutes les aptitudes, « de toutes les habitudes de travail qui lui permettront de « choisir une carrière spéciale, et au besoin de passer de « l'une à l'autre, sûr d'être partout, après quelques mois « de pratique, un ouvrier d'élite. »

Nous avons cité ce passage en entier parce qu'il montre bien comment on comprenait alors le rôle de ces écoles et les résultats que l'on en attendait. Nous allons voir comment peu à peu on a été amené à modifier leur organisation.

Elles se composent : 1° D'une école maternelle ; 2° D'une école primaire ; 3° D'une école supérieure d'enseignement professionnel. On commence bien à faire, dès l'école primaire, quelques travaux manuels tout à fait rudimentaires, pour assouplir la main sans faire appel à un effort physique, mais le travail *dans les ateliers* ne commence que lorsque l'enfant est admis à l'école supérieure, c'est-à-dire vers l'âge de 12 ou 13 ans. Il est à remarquer, en effet, que peu après l'ouverture de ces écoles, les « travaux manuels » sont transformés en « travaux d'ateliers », nous assistons au passage du simple enseignement manuel à but indéfini, à l'enseignement précis et défini de l'atelier.

A l'origine, et lors de la création des écoles nationales, la Commission chargée d'élaborer leurs programmes et de les soumettre à l'approbation des deux Ministres compétents, était absolument hostile à toute idée de spécialisation de l'enfant. Cette conception, fort bien mise en lumière par le passage du rapport de M. Buisson que nous avons cité, était séduisante, car elle prétendait remédier, par la généralisation des études techniques, aux inconvénients de l'extrême division de l'industrie moderne, et permettre à l'ouvrier de n'être jamais victime du chômage, en lui facilitant le moyen de changer de profession, dans le cercle des métiers du même ordre, soit définitivement, soit pour un temps, s'il y était contraint par sa santé, par les circonstances, ou par les accidents de la vie.

Aussi les élèves étaient-ils astreints, pendant toute la durée de leurs études à passer successivement d'un atelier dans l'autre, et cela plusieurs fois dans le courant de la même année. Les exercices manuels généraux avaient toujours pour base le travail du fer et le travail du bois, et le temps qui leur était consacré était de deux heures

par jour en première année, trois heures en deuxième
année, et trois heures et demie en troisième année.

Il y a quelques années, toutes les écoles primaires supérieures étaient animées de ce même esprit ; leurs Commissions administratives étaient hostiles à toute idée de spécialisation. Les lignes suivantes, extraites d'un rapport publié
en 1883 par le Directeur de l'école professionnelle La Martinière, à Lyon, montrent bien la tendance d'alors : « L'ad-
« ministration de La Martinière est partie de ce principe
« que l'enseignement donné à l'école doit avoir pour but,
« non de préparer les élèves à l'exercice spécial de telle
« ou telle profession, mais de les rendre aptes à réussir
« dans une profession quelconque, avec les avantages que
« donnent une intelligence ouverte, l'habitude du raison-
« nement scientifique, une instruction relativement large
« et un énorme entraînement au travail. »

On retrouve dans les programmes de presque toutes
les écoles similaires à cette époque cette même préoccupation. Elles ne cherchent pas à préparer manuellement
leurs élèves à l'exercice d'une profession déterminée et
n'aspirent pas à former des apprentis accomplis. Le but
principal qu'elles se proposent est de découvrir les aptitudes techniques des enfants, de manière à pouvoir les
diriger vers certaines professions. On n'admet pas encore
que le jeune homme puisse acquérir ailleurs que dans un
véritable atelier les connaissances pratiques qui constituent la base même de tout métier manuel.

On cherche surtout à donner à l'enfant une instruction
professionnelle générale qui le rende capable de réussir
dans un état quelconque. « Cette instruction, dit le rap-
« port déjà cité, ne forme ni des tourneurs, ni des méca-
« niciens, ni des employés de chemins de fer ou de tra-

« vaux publics, ni des commerçants ; mais les élèves qui
« l'auront reçue, qu'ils deviennent tourneurs ou mécani-
« ciens, employés ou commerçants, sont également supé-
« rieurs, chacun dans sa profession, à ceux qui ne l'ont
« pas reçue. »

Cette conception de l'enseignement professionnel donné
sans spécialisation, qui eut son heure de succès en France,
est encore en honneur chez certaines nations, notamment
en Italie et en Russie. Dans ce dernier pays, on ne compte
pas moins de 1.500 écoles professionnelles, annexées pour
la plupart aux écoles primaires dont elles forment comme
le prolongement ; les enfants y reçoivent bien une éducation primaire manuelle, mais n'y font pas apprentissage
dans l'acception exacte du terme.

C'est également ce système qui a été adopté aux États-
Unis et y est répandu sous le nom de « Russian system »
et cela ne doit pas nous surprendre. Nous avons vu, en
effet, que l'apprentissage tel que nous le comprenons en
Europe, y est considéré comme inutile et que l'extrême
division du travail et le développement du machinisme,
joints aux habitudes et aux mœurs sociales, permet de
considérer comme un simple problème économique, dénué
pour le moment d'intérêt pratique, la question de l'enseignement professionnel.

Avant 1876, plusieurs acts, relatifs à l'instruction,
mentionnent, il est vrai, le travail manuel, mais en fait,
il n'existait que comme moyen de moralisation, et pour
prévenir un péril social. Quelques écoles, en effet, surtout
des internats, créés par la charité publique, pour recueillir
des enfants indigents, cherchaient en leur inculquant les
premières notions d'un métier, à les empêcher de devenir
des vagabonds ou des malfaiteurs ; et en outre, dans les

prisons, suivant les lois de divers États, on enseignait
des métiers faciles aux jeunes détenus, dans le but de
faciliter leur réhabilitation sociale. Mais cette organisation embryonnaire de l'enseignement manuel au premier
degré ne s'adressait guère qu'aux déshérités de la société,
et l'opinion publique ne s'était jamais préoccupée de cette
question.

Aussi peut-on dire que l'exposition universelle, qui eut
lieu à Philadelphie en 1876, fut une véritable révélation
pour les esprits libéraux du Nouveau-Monde. Les écoles
professionnelles européennes avaient envoyé de nombreux
travaux d'élèves, et à cette époque où les questions d'enseignement étaient à l'ordre du jour, toutes avaient tenu
à bien montrer leurs méthodes et leurs résultats. En présence de l'effort considérable fait par toute l'Europe pour
développer l'enseignement du travail manuel, les Américains se demandèrent s'ils ne devaient pas, sous peine
d'assister à la décadence de leur industrie nationale, suivre
une voie analogue. Plusieurs enquêtes furent ordonnées
et permirent de constater que tous les maîtres-ouvriers de
l'industrie américaine étaient des étrangers, et que « l'es-
« prit des méthodes, l'enseignement est tel, que la majo-
« rité des enfants, obligés de gagner leur vie à la sortie de
« l'école, sont incapables de tout travail utile et lucratif
« dans un atelier ».

Aux États-Unis, le gouvernement n'a aucun droit sur
l'enseignement public ; il n'y a aucune autorité centrale qui
fasse sentir sa direction, ou même qui exerce un contrôle
sur les écoles ; cette prérogative a toujours été réservée
par chaque État à sa propre individualité. Aussi aurait-on
pu croire que chaque État, à la suite de ces enquêtes,
adoptant le système qui lui paraîtrait le plus pratique et le

plus propre à donner de bons résultats, il en résulterait une grande diversité dans les institutions que l'on fonderait; mais, au contraire, toutes les écoles professionnelles qui furent alors créées aussi bien par les États, que par les villes industrielles et par les particuliers qui suivirent leur exemple, se rapprochent toutes d'un type unique.

Il faut chercher l'explication de ce fait, qui à première vue peut sembler anormal, dans le caractère et la nature du peuple américain. Les jeunes gens ont une telle impatience du tempérament, un tel désir de gagner un salaire, une telle conviction qu'ils ne resteront pas ouvriers, mais parviendront à de hautes situations, qu'ils désertent l'atelier, et n'admettent pas qu'une préparation spéciale puisse être nécessaire pour devenir ouvrier. Aussi toutes les « manual training schools » ont dû, pour s'assurer une clientèle d'élèves, ne pas chercher à faire des ouvriers habiles, et se contenter de préparer les jeunes gens, qui ont manifesté l'intention d'employer leur activité dans l'industrie, à suivre avec fruit l'enseignement des sections mécaniques (mechanical engineering and civil engineering) des universités.

Ce but est nettement indiqué dans les programmes de presque toutes ces écoles : La Baltimore manual training school, l'Institute of technology de Boston, l'Armour Institute (dû à la générosité du grand industriel de Chicago), le manual training school de St-Louis, prétendent donner un enseignement pratique de l'usage des outils, ainsi qu'un complément nécessaire aux leçons de mathématiques et de dessin. Le travail manuel n'est qu'un complément éducatif pour développer l'intelligence et la connaissance des affaires; sa plus grande utilité, disent les règlements de plusieurs écoles, est de faire apprécier davantage la

valeur et la dignité d'un travail intelligent. « L'enfant qui
« a pu discerner la part d'intelligence qu'exige ce travail
« apprend à respecter l'ouvrier. » Le manual training
school d'Atlanta déclare ne pas viser à produire : « l'ate-
« lier est fait pour l'enfant, non l'enfant pour l'atelier ;
« on apprend plutôt qu'on ne construit ; l'enfant apprend
« à se servir des outils du serrurier, du forgeron, du
« menuisier, du dessinateur, de l'imprimeur; il n'acquiert
« pas seulement les éléments des métiers variés, mais
« ajoutant toutes ces diverses connaissances à celles de
« son instruction générale, il devient un jeune homme
« apte à faire dans la vie de grandes variétés de mé-
« tiers. »

Dans toutes ces écoles, le travail manuel n'occupe que
7 à 12 heures par semaine, et chaque élève passe successivement dans les différents ateliers ; on évite avec soin
la spécialisation par atelier. Un fait montre bien d'ailleurs
le caractère général de cet enseignement. Certaines écoles
professionnelles sont mixtes : La manual training school de
Toledo, pour n'en citer qu'une, donne l'instruction simultanément à 180 filles et 165 garçons, et l'emploi du temps
comporte, à côté de travaux manuels spéciaux pour chaque
sexe, un certain nombre de cours communs, les jeunes
filles, par exemple, sont admises à l'atelier du bois, et
nous nous souvenons avoir été frappé par les résultats
de leurs travaux de menuiserie, exposés à Chicago en
1893.

Quant à l'enseignement professionnel des jeunes filles,
tel au moins que nous le comprenons en France, il n'existe
pour ainsi dire pas aux États-Unis : quelques jeunes filles
consentent seulement à suivre des cours de « science
domestique » tels que ceux ouverts en 1890 à Baltimore

par Miss Elizabeth King, ou des leçons analogues à celles qui sont professées au Drexel Institute de Philadelphie, et qui ont surtout pour but de former le goût ; mais dans ce pays où l'épargne « triftiness » est qualifiée de vilenie, où l'art de tenir une maison est absolument ignoré, et où l'on ne parle qu'avec dédain des travaux du ménage, les rares écoles ménagères et professionnelles sont destinées aux négresses et aux indiennes, dont on espère faire des domestiques et des servantes.

Ainsi compris, l'enseignement professionnel ne saurait porter remède à la pénurie de véritables ouvriers dont se plaint l'industrie américaine. On a pu constater que la proportion d'ouvriers étrangers, qui était de 60 0/0 lors des enquêtes faites de 1877 à 1880, après l'exposition de Philadelphie, n'avait pas sensiblement varié depuis lors. Tous les ouvriers américains, quoique gagnant souvent de gros salaires, peuvent être considérés comme des manœuvres, car pas un n'est spécialisé dans une industrie déterminée.

En France, un certain nombre d'écoles primaires supérieures professionnelles sont encore restées organisées selon cet esprit. Théoriquement professionnelles, elles ne sont dans beaucoup de cas que des écoles primaires supérieures ordinaires ; les faibles connaissances industrielles qu'elles donnent, ne constituent qu'un supplément d'instruction ; on en cite dans lesquelles, la part faite aux exercices manuels n'est que de quelques heures par semaine ; l'une d'entre elles (à Monthermé, Ardennes) n'affecte à cet enseignement que quatre heures. Les travaux manuels ainsi compris et n'ayant aucun caractère pratique, n'ont d'autre but que de permettre de présenter quelques élèves chaque année au concours d'admission dans les écoles d'arts et métiers, et de les mettre en état d'affronter la

partie de l'examen consistant en une épreuve de travail
manuel.

§ II. — Ses défauts et ses inconvénients. — Arguments en sa faveur.

Les défauts de ce système que M. Denis Poulot qua-
lifie, assez heureusement, de « méthode des touche-à-
tout » (1) sont à notre avis incontestables, et les résultats
obtenus permettent de se convaincre que préparer à tout
c'est ne préparer à rien.

On est parti de ce principe excellent en soi et incontestablement vrai que dans tout apprentissage fait à l'atelier,
quelle qu'en soit la durée, il n'y a de réellement profitable
pour l'apprenti, au point de vue de son éducation professionnelle, que la dernière, ou les deux dernières années,
et cela parce que tant qu'il n'a pas atteint l'âge de 16 ou
17 ans, le jeune homme manque de la force physique nécessaire pour faire les gros ouvrages, et que d'autre part son
inexpérience et son inhabileté empêchent de lui confier des
travaux fins et délicats. Il paraît donc logique, au premier
abord, de remplacer les années improductives de l'apprentissage, par un temps à peu près équivalent, passé
avec profit à l'école, et employé à développer l'instruction
générale de l'enfant. Mais celui-ci, devenu jeune homme,
sortant de l'école vers 17 ans, consentira t-il jamais à commencer à cet âge un apprentissage complet, qui fera de
lui un ouvrier vers l'âge de 19 ou 20 ans en mettant les
choses au mieux, et en adoptant la manière de voir des

____

(1) Denis Poulot, *loc. cit.*, p. 33.

défenseurs des écoles professionnelles qui assurent que les élèves qui en sortent « sont à même de s'assimiler, vite et bien, la profession choisie quelle qu'elle soit » (1).

Il nous paraît assez logique d'admettre que de même qu'il faut avoir été élevé à la ferme pour aimer le travail des champs, et que ce sont surtout les fils de pêcheurs, habitués à la mer dès leur plus jeune âge, qui deviennent marins, de même, la plupart des écoliers et écolières qui auront fréquenté l'école jusqu'à 17 ans, auront surtout du penchant pour un travail sans fatigue musculaire, nécessitant peu d'efforts d'invention, et laissant, selon l'expression de M. Salicis, « sur un corps bien assis leur esprit dormir » (2). Tous les ouvriers savent que pour que l'apprenti contracte l'amour de son métier, il faut que l'apprentissage des professions manuelles ait été commencé de bonne heure (3).

C'est là un reproche d'une extrême gravité porté contre les écoles primaires supérieures professionnelles, puisque c'est en somme les accuser d'augmenter le nombre des déclassés, des jeunes gens qui « se croient des savants » et de faire de leurs élèves, des employés d'administration, des commis, des instituteurs, et non des ouvriers.

Bien que nous estimions ce reproche absolument fondé,

____

(1) Programme de l'école primaire supérieure professionnelle de Rouen.

(2) Salicis. *Enseignement primaire et apprentissage.* Bibliothèque Franklin. Paris, 1875. p. 73.

(3) Nous citerons à l'appui de notre dire cette réponse typique que l'un de ces ouvriers qui, dans les ports, sont chargés de calfater les navires, faisait à l'un de ses amis lui amenant son fils âgé de 15 ans, pour qu'il en fît un calfat : « Ton fils a 15 ans, fais en un aspirant de marine ou un chirurgien, mais pour un calfat, il est trop tard ! »

il nous est assez difficile de produire des faits à l'appui
de notre opinion : Nous trouvons par exemple, pour l'école
primaire professionnelle de Rouen, où la part faite au
travail manuel est de 9 à 10 heures par semaine, que les
différents emplois occupés par les 95 élèves sortis de
l'école en 1896, se répartissent ainsi :

Industrie...	26
Commerce (gagnant de 30 à 60 francs par mois).	23
Agriculture	4
Ecoles diverses (techniques secondaires, normales d'instituteurs, etc.)........................	20
Banque et notariat.........................	6
Ponts et chaussées, douanes, postes, chemins de fer, etc.................................	8
Professions inconnues : N'ont pu être suivis....	8
	95

La proportion des jeunes gens sortis dans l'industrie est
donc relativement assez forte, mais nous n'avons pu nous
procurer aucun renseignement sur ce qu'étaient exactement leurs emplois ; il est bien probable qu'ils n'étaient
pas devenus ouvriers, mais étaient employés dans des
maisons industrielles, en qualité de commis ou de dessinateurs. En outre, pour avoir des données sérieuses, il
faudrait pouvoir suivre ces jeunes gens pendant quelques
années dans la carrière par eux choisie à leur sortie de
l'école.

Un autre exemple plus probant parce qu'il porte, non
plus sur une seule année, mais sur toute une série d'années,
nous est fourni par la statistique des professions choisies
par les élèves sortis de l'école Vaucanson à Grenoble, alors

qu'elle était encore école professionnelle, et n'avait pas été
transformée en école pratique d'industrie.

1.725 élèves sortis de cette école de 1877 à 1888 sont
entrés dans les carrières suivantes :

Industrie : Apprentis dans divers corps de métiers.................................	257
Employés chez des architectes ou entrepreneurs.........................	110
Ecoles d'Arts et Métiers (Enseignement technique secondaire)........	32
Engagés comme mécaniciens dans la flotte...............................	16
Commerce : Employés de commerce............	475
Agriculture : Entrés dans l'agriculture..........	227
Entrés dans les écoles d'agriculture.	18
Enseignement : Ecoles normales d'instituteurs..	34
Instituteurs-adjoints.............	34
Administration : Ponts et chaussées et voirie départementale...............	83
Chemins de fer...............	20
Postes et télégraphes.........	23
Administrations diverses, contributions, etc...............	39
Beaux-Arts : Elèves dans les écoles des Beaux-Arts..................................	4
Armée : Militaires et marins...................	66
Entrés au lycée ou dans d'autres écoles	191
Décédés..................................	15
N'ont pu être suivis..........................	81
Total...................	1.725

Un des plus ardents défenseurs des écoles primaires supérieures professionnelles, M. René Leblanc, inspecteur général de l'Instruction publique, nous assure que des monographies de chacune de ces écoles qu'il prépare pour l'Exposition de 1900, montreront par des graphiques la parfaite concordance des emplois choisis par les élèves avec les professions exercées par leurs parents. Il n'y aurait donc pas selon lui de déclassés, et il considère comme fâcheuse la tendance actuelle qui consiste à subordonner l'enseignement général à l'enseignement technique et à sacrifier dans les études, tout ce qui n'est pas soit nécessaire au développement des théories ultérieures, soit d'immédiate réalisation. Nous lui empruntons les chiffres suivants :

L'effectif total des 192 écoles primaires supérieures de garçons (1) était au 1er janvier 1899 de 18.345 (Paris et l'Algérie non compris), et le nombre total des élèves passés en dix ans dans ces écoles, de 1889 à 1899, est de 61.686.

La comparaison des professions des élèves à leur sortie de l'école, avec celles exercées par leurs parents, peut s'établir ainsi :

	Récapitulation et comparaison des professions	
	Des élèves à leur sortie.	Des parents des élèves.
Administrations diverses....	7.018	10.854
Enseignement.	6.204	3.243
Commerce.	17.284	14.033
Industrie	17.680	18.728
Agriculture	6.824	10.636
Professions inconnues.	6.676	4.192
	61.686	61.686

(1) Le nombre des écoles primaires supérieures de jeunes filles est de 83.

Si l'on admet que les nécessités de la vie ne permettent pas au jeune homme de commencer son apprentissage trop âgé, il devient nécessaire de le pourvoir, à l'école même, des connaissances spéciales et pratiques, suffisantes pour qu'il puisse gagner sa vie dès sa sortie de l'école. C'est la théorie récente de « l'immédiate utilisation » et c'est sous son influence que certaines écoles primaires supérieures perdent peu à peu leur caractère professionnel, tandis que d'autres, au contraire, et ce sont les plus nombreuses, l'accentuent et se transforment en écoles pratiques, dans lesquelles la part faite aux travaux manuels, l'emporte de beaucoup sur le temps accordé à l'enseignement général.

Ne doit-on pas considérer cette transformation comme fâcheuse et inique; et ne peut-on soutenir que l'enseignement primaire supérieur professionnel ne doit pas être le lot de quelques centaines d'élèves, mais qu'il doit s'adresser à tous, et non pas seulement à la clientèle restreinte des jeunes gens appelés à vivre du travail de leurs mains ? Si une école professionnelle dont à peine la moitié des élèves entre dans l'industrie ou le commerce, donne satisfaction aux besoins généraux d'une localité, n'y aurait-il pas injustice à la transformer en école pratique qui ne pourra pourvoir à l'éducation de ceux des jeunes gens qui veulent se consacrer à l'agriculture, entrer dans les écoles techniques secondaires, ou rechercher des emplois dans les administrations? Il y a bien des familles qui ne peuvent ou ne veulent pas envoyer leurs enfants au collège, mais qui trouvent que trente heures par semaine d'ajustage ou de menuiserie sont inutiles pour eux, et cherchent seulement à leur faire donner une instruction primaire supérieure. Il faudrait donc, pour ne pas commettre d'injustice, avoir dans chaque ville un peu importante les deux genres d'établissements, école primaire supérieure et école pratique. En outre, sur 500.000 enfants qui naissent en France chaque année, 25,9 0/0, soit 1/4 environ, entrent dans les carrières industrielles et commerciales et parmi ceux-là 1/6ᵉ à peine choisit des professions ayant trait au travail du bois et du fer, qui est à peu près le seul enseigné dans les écoles pratiques d'industrie. Il y a même des villes importantes où les menuisiers, les tourneurs sur bois, les mécaniciens et les serruriers, etc., ne représentent pas 1|20ᵉ de la population ouvrière.

Ce reproche serait fondé si chaque ville n'avait le libre choix de son école. Le conseil municipal est libre, s'il est satisfait des résultats d'une école primaire supérieure professionnelle, placée sous son contrôle, de ne pas la convertir en école pratique, et s'il opère cette transformation, il peut, soit par ceux de ses membres qui font partie du conseil d'administration, soit par ceux des membres de ce conseil qu'il est chargé d'élire, conserver une influence prépondérante dans la rédaction des programmes.

CHAPITRE IX

Il ne faut donc pas considérer les écoles pratiques de commerce et d'industrie, comme un nouveau genre d'écoles parallèles aux types déjà existants, mais voir dans leur création la conséquence d'une orientation nouvelle de l'enseignement professionnel, réclamée par les besoins industriels du pays. Et ce qui vient à l'appui de notre dire, c'est que, non seulement les écoles professionnelles se sont ainsi transformées, mais encore toutes les écoles d'apprentissage ont dû suivre ce mouvement et apporter un changement radical dans les méthodes d'enseignement qu'elles avaient primitivement adoptées : A la généralisation systématique, ne visant aucun métier, on a substitué la spécialisation limitée et progressive, visant une profession déterminée.

Les écoles nationales professionnelles elles-mêmes, qui ainsi que leur titre exact l'indique, ont été créées pour préparer à l'apprentissage, accordent une place de plus en plus large aux exercices manuels et considèrent maintenant la spécialisation comme indispensable. A Vierzon, le programme porte que « en seconde année les élèves se

spécialisent selon leurs goûts et leurs aptitudes. » Cela est
d'ailleurs en quelque sorte inévitable dans une école qui
entend fournir un enseignement approprié aux besoins
des industries locales. Néanmoins dans ces écoles il n'y a
pas de spécialisation en première année ; les élèves travaillent cinq mois à la menuiserie, et cinq mois à l'ajustage. A leur entrée en seconde année, ils choisissent un
métier selon leurs aptitudes et les désirs de leurs parents et apprennent à travailler le fer à Vierzon ; le papier,
la soie et la toile, à Voiron ; le fer et les tissus, à
Armentières.

Mais nous laisserons de côté ces écoles, dont les résultats peuvent être faussés par plusieurs causes : C'est
d'abord le *cachet* qu'un établissement de l'État offre aux
yeux des pères de famille français ; puis l'absence d'un
contrôle municipal, puis aussi la modification radicale
subie par ces écoles au point de vue de leur objectif et
partant, de leur recrutement ; il leur vient des élèves de
presque tous les points de la France, avec l'exclusive
ambition de se préparer aux écoles d'arts et métiers et
aux écoles de mécaniciens de la marine. C'est ainsi qu'à
Vierzon une section de céramique avait été organisée à
côté de celles du fer et du bois, pour répondre aux
besoins de l'industrie locale ; mais il a fallu, en 1896,
supprimer cette section qui ne comprenait plus un seul
élève, par suite de cette spécialisation générale dans les
industries mécaniques.

§ 1. — Système de l'utilisation immédiate. Ses avantages. Caractères qu'il doit revêtir.

Nous chercherons donc à établir notre opinion dans la question si controversée de savoir si l'apprentissage à l'école peut remplacer l'apprentissage à l'atelier, par l'étude des écoles d'apprentissage qui existent dans certaines villes, à Paris notamment, et des écoles pratiques d'industrie, que nous estimons être, à l'heure actuelle, les mieux comprises au point de vue du but poursuivi.

Deux circulaires du mois de juin 1893, adressées par le Ministre du Commerce aux préfets et aux directeurs d'écoles, indiquent, en effet, que le but que doivent se proposer les écoles pratiques est de former des employés de commerce et des *ouvriers* aptes à être immédiatement utilisés au comptoir et à l'atelier : « La nécessité de pos-
« séder des ouvriers ayant des connaissances théoriques
« suffisantes et rompus à la pratique de l'atelier est dé-
« montrée. Il y a un intérêt qu'on ne peut méconnaître,
« à combler la lacune qui, par la force des choses, existe
« dans notre organisation commerciale et industrielle, et
« il est devenu indispensable de mettre à la disposition de
« nos commerçants des auxiliaires bien préparés, et de
« fournir à nos industriels des ouvriers d'élite. C'est à
« l'école pratique qu'il appartient de remplir cette tâche. »

Le tableau ci-dessous indique, par l'emploi du temps, tel qu'il ressort des programmes officiels, la part considérable qui est désormais faite au travail d'atelier dans les différents types d'écoles, et montre que, même dans les écoles pratiques, la partie d'éducation générale, théorique, n'a pas été négligée.

MATIÈRES	Ecoles primaires supérieures Section industrielle			Ecoles nationales professionnelles (Voiron)			Ecoles pratiques d'industrie (Saint-Étienne)			Ecole municipale professionnelle (Diderot)		
	ANNÉES			ANNÉES			ANNÉES			ANNÉES		
	1	2	3	1	2	3	1	2	3	1	2	3
Ateliers, ou travail manuel.	»	6	6	14	17.30	24.30	30	30	33	34	36	46
Et préparation..........	»	»	»	»	»	»	9	9	9	»	»	»
Arithmétique, algèbre, géométrie, mécanique, etc...	»	3	3	5	6	4	3	3	4.30	5	5	3
Ecriture et dessin de genres variés..................	»	5.30	5.30	6	6	6	6	6	6	4	4	4
Sciences physiques et histoire naturelle..........	»	3	3	4	4	4	1.30	4.30	3	3	1	»
Littérature, lecture, grammaire, composition, géographie, histoire, langues.................	»	5	5	9	8	6.30	6	6	1.30	3	1	»
Autres sujets, tenue de livres, technologie, musique, gymnastique........	»	7.30	7.30	2	2.30	2	»	»	3	2	4	4
Heures par semaine...	»	30.»»	30.»»	40.»»	44.»»	47.»»	55.30	58.30	60.»»	51.»»	51.»»	57.»»

En accordant ainsi 30 à 33 heures par semaine au travail manuel, on reconnaît la justesse des desiderata formulés depuis longtemps par les industriels qui demandent que les élèves, tout en recevant un bagage suffisant de connaissances techniques, soient rompus à la pratique du métier, et qui estiment qu'il faut au minimum, et quelle que soit la profession choisie, environ 3.000 heures d'atelier, pour que les apprentis à leur entrée dans l'industrie ne soient pas « trop inférieurs » à l'ouvrier ordinaire.

L'expérience a également démontré la nécessité d'affecter ce nombre d'heures aux exercices manuels. On a pu se rendre compte, par exemple, que l'une des causes qui avaient amené l'échec dont nous avons parlé, de la section de céramique de l'école nationale de Vierzon, provenait de ce que les élèves n'étaient admis à se spécialiser qu'à partir de la seconde année. Ils recevaient alors trois heures d'enseignement professionnel pratique et spécial par jour et quatre heures en troisième année. Or ce temps est tout à fait insuffisant pour apprendre le métier de porcelainier. En quittant l'école, les jeunes gens étaient obligés de faire un véritable apprentissage, et ainsi gagnaient beaucoup moins que ceux de leurs camarades entrés dans les manufactures comme apprentis, en même temps qu'eux à l'école. Aussi désertaient-ils tous cette section de céramique.

Cette durée prolongée des travaux d'ateliers, a en outre l'avantage d'habituer graduellement les jeunes gens à supporter le poids d'une petite journée de travail, et certaines écoles pratiques, entre autres celle de Saint-Étienne, pour rendre moins brusque la transition entre l'école et l'atelier, prolongent même le travail manuel des élèves en troisième année, pendant les deux derniers mois, jusqu'à sept heures par jour, et obtiennent les meilleurs résultats de cette pratique, qui a en outre l'avantage de montrer aux jeunes ouvriers ce qu'ils peuvent produire et gagner.

En même temps que l'on donne une plus grande extension aux travaux manuels, on adopte partout le système de la spécialisation. Chaque école comprend un certain nombre d'ateliers : A l'école municipale Diderot, par exemple, il y en a neuf différents : ajustage, chaudronnerie, serrurerie, tournage, forge, menuiserie, instruments de précision, plomberie, modelage. Les élèves sont répartis entre ces divers ateliers dès leur entrée à l'école, et ne sont qu'exceptionnellement admis à passer de l'un à l'autre. Cette répartition a lieu suivant le choix que font eux-mêmes les jeunes gens de la profession qu'ils veulent embrasser, et pour cette opération ils sont appelés à se prononcer l'un après l'autre, suivant le rang de classement obtenu par eux au concours d'admission. Ce mode de procéder, récemment adopté, nous paraît avoir le grave défaut de ne tenir aucun compte des aptitudes physiques ou intellectuelles de l'enfant, ni de l'influence que peut exercer sur son avenir la profession de ses parents.

Nous préférons le système employé à l'école municipale Estienne (industries du livre) : Les enfants ne sont pas immédiatement classés dans l'une des spécialités de l'enseignement technique de l'école. Pendant les quatre premiers mois de l'année scolaire, ils sont divisés en un certain nombre de groupes, et chaque groupe passe successivement une semaine dans chacun des quinze ateliers de l'école. Dans le courant de janvier, ils ont donc tous touché aux diverses variétés de travail dont ils peuvent recevoir l'enseignement. Il leur est possible de dire à ce moment quelle est la spécialité qui correspond le mieux à

leurs goûts, à leurs aptitudes, aux convenances de leurs
parents. La direction rapproche les demandes formulées
par les enfants des notes que les divers professeurs leur
ont données pendant leur passage dans les différents ateliers; s'il y a concordance, le classement est définitif; si, au
contraire, il y a désaccord, l'enfant est placé à nouveau
pendant une semaine, dans la spécialité qu'il a demandée,
et cette épreuve suffit généralement pour faire disparaître
toute difficulté d'appréciation sur la meilleure direction à
lui donner. Les enfants ne font donc que traverser les ateliers pendant les quatre premiers mois (on donne à cette
période le nom de « rotation »), mais ensuite ils sont uniquement compositeurs, ou graveurs, ou imprimeurs, ou
lithographes, etc., pendant les trois ans et demi que dure
encore leur séjour à l'école.

La spécialisation a lieu également dès le début de la
première année dans les écoles pratiques d'industrie, et cela
d'autant plus facilement que dans beaucoup d'entre elles,
il y a une année préparatoire qui constitue une période
d'essai, pendant laquelle on initie les élèves au maniement
des outils du travail du fer et du bois, et qui permet de
juger vers quelle profession on peut les diriger avec le
plus de chances de réussite.

*
* *

Une fois ce choix fait, il s'agit de résoudre un autre
problème non moins grave: celui de déterminer quels
moyens pédagogiques devront être suivis pour faire de
l'enfant un ouvrier. Le principe qui doit selon nous servir

de point de départ pour résoudre cette question, est que
« l'apprenti est un élève ». L'école ne doit pas prétendre
à remplacer l'atelier ; elle doit viser à enseigner les meilleures méthodes de travail pratique et même à perfectionner
ces méthodes elles-mêmes ; elle doit faire suivre à l'apprenti un cours systématique et gradué d'instruction professionnelle, basé sur les données les plus rationnelles et
les plus récentes des diverses sciences. Le travail de la
main doit être commenté par des rapprochements continuels,
et dominé par des règles géométriques et scientifiques,
expliquées avec soin et bien comprises ; aucun ouvrage
manuel ne doit être exécuté autrement que d'après croquis
dressé par l'élève lui-même, qui apprendra ainsi et appré-
ciera bien vite l'emploi des dessins cotés. Il faut, en un
mot, donner à l'enfant, en même temps que l'habileté de
la main, le pouvoir de la diriger.

C'est là ce qui, à nos yeux constitue, au point de vue
de l'enseignement professionnel, la plus incontestable supériorité de l'école, sur l'atelier industriel. En supposant
même que l'on puisse trouver des ateliers modèles, où
l'enfant docile, laborieux, avide de conseils, sera confié
à des ouvriers instruits, intelligents, qui prendront au
sérieux leur rôle d'éducateurs et auront non seulement la
volonté d'enseigner, mais encore le don assez rare de
communiquer aux autres ce qu'ils savent, les nécessités
du travail industriel empêcheront souvent de varier comme
il conviendrait le travail de l'apprenti, et il sera presque
toujours impossible de lui présenter les exercices par ordre
de difficultés croissantes. On cherchera surtout à l'amener
à produire le plus tôt possible, à l'utiliser en l'employant
longtemps au même travail. Ce sera alors un aide et non
plus un élève.

Il y a là pour les ateliers scolaires une véritable difficulté, car il faut avant tout ne pas rebuter l'enfant, par des exercices longs et monotones.

Par cela même, le rôle des contremaîtres, chefs d'ateliers à l'école, est donc des plus délicats et des plus complexes. Ils doivent avant tout chercher à instruire les élèves, leur apprendre à travailler, leur montrer les tours de main, et graduer leurs exercices suivant leurs forces et leurs aptitudes, insister sur les cas qui présentent des difficultés, et au besoin les faire naître ; choisis parmi les meilleurs praticiens, ils doivent avoir en outre une certaine aptitude à l'enseignement, et en raison du contact qu'ils sont appelés à avoir avec les jeunes gens, on doit exiger d'eux une tenue et un langage qui ne soient pas déplacés dans une maison d'éducation, et leur moralité doit être à l'abri de tout reproche (1).

Actuellement, ces « préposés à l'apprentissage », sont, dans plusieurs villes recrutés par voie de concours. Ce système qui a donné d'assez heureux résultats laisse subsister une difficulté : presque tous les ouvriers nommés à ces postes délicats, ont une tendance fâcheuse à se considérer comme des fonctionnaires inamovibles ; quelques-uns même voient dans leur nouvel emploi une sorte de retraite honorable, renoncent à toute ambition et à toute curiosité professionnelle, ne cherchent pas à se tenir au courant des progrès de leur métier, et l'enseignent aux élèves qui leur sont confiés, tel qu'eux-mêmes l'ont appris dans leur jeunesse.

C'est là un écueil grave, puisque l'on retombe ainsi dans les principaux défauts reprochés à l'apprentissage

____

(1) Circulaire ministérielle du 20 juin 1893.

fait à l'atelier. Nous pourrions citer une école dans laquelle on ne trouvait plus d'élèves pour la section d'électricité, parce que le professeur avait négligé de se tenir au courant des rapides progrès de cette industrie. Nous croyons que l'on pourrait remédier à cet inconvénient, en ne nommant les préposés à l'apprentissage, que pour un nombre d'années limité, ou en les contraignant, après un temps déterminé de professorat, à retourner faire un stage, comme ouvriers ou contremaîtres dans les ateliers industriels.

*
* *

Il nous semble de toute nécessité, si l'on veut conserver à l'école sa principale raison d'être, d'exclure rigoureusement des ateliers scolaires, tout travail de production, forcément incompatible avec le travail purement éducatif. Aussi n'hésitons-nous pas à condamner le système que l'on a appelé « l'atelier dans l'école » et pour lequel, l'internat de St-Nicolas, dirigé par les frères de la doctrine chrétienne, peut servir de type.

Dans cet établissement, les enfants qui ont achevé leurs études primaires sont répartis entre plusieurs ateliers, pour y faire un apprentissage, dont la durée varie suivant la profession choisie ; mais ces ateliers sont dirigés par des entrepreneurs représentés en général par leurs contremaîtres, et qui n'ont à leur charge que le déboursé du gaz et des outils, tandis que le rapport du travail leur revient directement. Dans ces conditions, les principaux avantages de l'école professionnelle disparaissent. Sans doute, les enfants reçoivent bien pendant deux heures tous les matins, avant de se rendre à l'atelier, un complément d'instruction primaire et morale ; sans doute, leurs récréations et leurs repas sont surveillés ; mais on peut difficilement prétendre que les entrepreneurs sont intéressés à leur donner une éducation professionnelle complète, parce qu'ils profiteront plus tard des ouvriers d'élite qu'ils auront formé pour leur industrie. En outre, le voudraient-ils que souvent ils ne le pourraient pas : car ils sont forcément obligés de subordonner le travail qu'ils confient à leurs apprentis, aux exigences des commandes qu'eux-mêmes reçoivent du dehors. D'autre part, ils n'ont que l'outillage nécessaire pour satisfaire aux travaux qui leur sont généralement confiés ; tandis que dans une école professionnelle, l'outillage doit être assez largement pourvu, pour que l'outil le plus adéquat soit toujours appliqué à chaque partie de l'exécution.

L'apprentissage des marbriers se réduit à scier et polir le marbre, ce qui n'est qu'un travail purement machinal (1). Les apprentis relieurs sont utilisés pour l'assemblage et le pliage des feuilles, besogne qu'ils font mieux et plus lestement qu'un ouvrier adulte. Les tourneurs en optique ne font guère que le polissage des lentilles ; les horlogers-mécaniciens assemblent les pièces toutes prêtes des réveille-matin. Cela n'est pas dire que l'enfant après ses trois ou quatre ans d'apprentissage à l'école, ne sera pas en état de gagner sa vie ; mais il n'aura aucune supériorité sur son camarade qui, sorti de l'école trois ans avant lui, sera entré directement comme apprenti dans l'industrie.

(1) Moujcol. *Quelques mots sur les écoles d'apprentis*. Châteaudun, Lecesne, 1880, p. 74.

En travaillant, à l'école, des matières premières pour faire des pièces à livrer, des ouvrages destinés à être vendus, on s'expose encore au reproche, si souvent adressé, aux prisons, aux ouvroirs et aux orphelinats, de créer à l'ouvrier une concurrence désastreuse.

Ce grief nous paraît assez peu fondé, en ce qui concerne les produits des écoles professionnelles rarement assez parfaits pour être vendus, et nous nous refusons également à voir, dans l'organisation actuelle de ces écoles, comme le font certains auteurs, un embryon d'ateliers non plus nationaux, mais municipaux. Néanmoins nous reconnaissons ce qu'il y aurait d'illogique et de dangereux à encourager et à subventionner des établissements qui, sous prétexte de favoriser le recrutement de l'industrie, entreraient en lutte avec elle.

La Ville de Paris fait exécuter dans ses écoles professionnelles quelques travaux d'ameublement, serrurerie, impression, etc. mais jusqu'à présent, en agissant ainsi, elle a eu surtout pour objectif d'intéresser les élèves à ce qu'ils font. On a en effet, bien souvent remarqué qu'ils travaillent avec beaucoup plus d'ardeur et d'entrain quand ils peuvent saisir l'utilité immédiate des travaux qui leur sont confiés. Si l'on donne, par exemple à l'apprenti mécanicien, un morceau de fer à quatre pans, brut de forge, pour qu'il le dresse, c'est-à-dire le convertisse en un prisme régulier droit à base carrée, puis une fois ce résultat obtenu et rigoureusement vérifié, si on le lui fait transformer, d'abord en prisme octogonal régulier, puis en cylindre, et qu'enfin, toujours à l'aide de la lime, il doive faire de ce cylindre un prisme hexagonal, puis de ce dernir un prisme triangulaire, il se lassera bien vite de travailler indéfiniment son même morceau de fer, et n'apportera aucun zèle et aucune ardeur à cette besogne qui lui paraîtra fastidieuse. Il travaillera au contraire avec plaisir pour fabriquer un objet dont il verra de prime abord l'utilité : règle, presse-papier, etc, l'exécution en fut-elle des plus simples.

§ II. — Difficulté de garder l'élève à l'école assez longtemps pour qu'il y apprenne complètement son métier.

Enfin, certaines écoles ont été amenées à produire et à vendre les objets fabriqués dans leurs ateliers, par des motifs d'un tout autre ordre ; nous voulons parler de la nécessité dans laquelle se sont trouvées quelques-unes d'entre elles, de se procurer des ressources afin de pouvoir payer leurs élèves, et ici nous touchons à l'un des obstacles les plus sérieux de l'apprentissage à l'école :

Une des causes qui tendent à faire disparaître l'apprentissage de l'atelier industriel, réside dans la difficulté qu'éprouve le patron à obtenir de l'apprenti le respect des clauses du contrat. L'enfant qui s'est engagé à faire un apprentissage de trois ou quatre années, n'hésite pas à faillir à sa parole ou à sa signature dès qu'il se sent en état de gagner quelques sous dans un autre atelier, en mettant à profit les notions du métier qu'il a pu acquérir chez son premier maître. Comme dans tout apprentissage les premiers mois ont été onéreux pour le patron, celui-ci après une ou deux tentatives du même genre, renonce définitivement à faire des apprentis. En outre, les jeunes gens entrent dans l'industrie avec un savoir professionnel des plus restreints que, bien souvent, ils ne trouvent plus par la suite, l'occasion d'augmenter ; car rémunérés comme aides ou « petites mains », ils ont bien des chances de travailler toute leur vie en cette qualité, sans pouvoir devenir jamais de bons ouvriers.

On espérait qu'avec l'école, ce danger ne pourrait se produire, et que pas un élève ne renoncerait aux avantages qui lui étaient offerts. Tous achevant leur scolarité complète, seraient entrés dans l'industrie, après avoir appris tout ce que l'école pouvait leur enseigner, et seraient ainsi en mesure de devenir d'excellents ouvriers, connaissant de leur métier tout ce qu'il faut en savoir.

L'expérience ne tarda pas à prouver que l'on s'était trompé. L'école d'apprentissage a été, jusqu'à ce jour, impuissante à remédier à cet inconvénient, qui présente pour elle d'autant plus de gravité, que les élèves qui la quittent en cours de scolarité, n'hésitent pas, n'y eussent-ils fait qu'un séjour d'un mois ou deux à s'intituler « ancien élève » et jettent ainsi sur elle, en entrant dans l'industrie, où il n'est pas difficile de s'apercevoir qu'ils ne savent rien de leur métier, un discrédit immérité.

On a bien cherché à empêcher de pareils faits de se produire et la question a été, à maintes reprises, exposée et discutée au Conseil municipal de Paris. Dans la séance du 30 décembre 1886, notamment à propos de la discussion du budget des écoles professionnelles pour 1887, M. Marsoulan déclarait : « Il est un point extrêmement grave sur « lequel, dès maintenant, je tiens à appeler l'attention du « Conseil. Nous avons tous à cœur de voir l'école Diderot « et les autres écoles professionnelles donner les résultats « que l'on serait en droit d'en attendre. Ce qui fait qu'elles « ne les produisent pas, c'est que nous n'avons aucune « garantie, que les élèves restent assez longtemps pour

« recevoir une instruction spéciale complète. A Diderot,
« l'expérience a été concluante ; les élèves de quatrième
« année (1), ne sont pas plus de vingt.

« Je ne fais pas un crime à l'organisation de cette
« école, mais je vous fais remarquer que cette situation
« tient à ce que les enfants, n'ayant pas pris d'engage-
« ment, disparaissent aussitôt qu'ils sentent l'outil dans
« leur main, aussitôt que les parents espèrent en tirer un
« parti quelconque.

« Nous ne faisons donc que des éducations inachevées.
« Cette grave question a déjà été soulevée au congrès de
« Bordeaux (2) et y a été l'objet d'un examen approfondi.
« Nous avons demandé une modification de la loi sur
« l'apprentissage ; nous voudrions qu'on nous donnât des
« garanties analogues à celles qui existent pour l'ensei-
« gnement primaire. Si nous n'arrivons pas à une sanc-
« tion, à une pénalité pour la rupture du contrat d'appren-
« tissage, nous serons à la merci de l'esprit de lucre des
« parents. Nous ne ferons qu'un faux apprentissage. »

Le Conseil municipal reconnaissant la justesse de ces
observations, a essayé, comme l'ont fait d'ailleurs presque
toutes les municipalités de province, divers moyens pour
retenir l'apprenti à l'école. Deux systèmes ont surtout été
employés. L'un consiste à donner des bourses d'entretien
« qui se traduisent ordinairement par le déjeuner et les
vêtements de travail », aux élèves dont la situation est dé-
clarée et reconnue précaire. C'est le système qui était
employé à l'origine à Diderot.

____

(1) La durée de l'apprentissage à Diderot a été ramenée à 3 ans.
(2) Congrès international de l'enseignement technique commercial
et industriel. Séance du 25 septembre 1886.

Dans d'autres écoles, notamment à l'école Boulle et à l'école de physique et de chimie, on donne à tous les élèves une rétribution fixe de 50 francs par mois, sur laquelle on leur retient le prix du déjeuner et du goûter qu'ils prennent en commun, et on leur remet en espèces, à la fin du mois, le boni qui, en moyenne, s'élève à 14 fr. 30.

Enfin l'on a institué des primes en argent pour encourager les parents à laisser les enfants jusqu'à la fin de la troisième année, et ces primes reçoivent actuellement le nom de salaire ou paye mensuelle, et « sont attribuées « aux élèves qui ont obtenu de bonnes notes pour leur « travail théorique et manuel, leur conduite en classe et à « l'atelier » (1). En outre, à la distribution des prix, les élèves qui ont terminé leur scolarité complète, reçoivent avec leur brevet d'apprentissage, une prime de sortie en argent et des outils de leur profession. A l'école Boulle la valeur des outils ainsi donnés atteint quelquefois jusqu'à 250 francs par élève.

Il en est de même dans les écoles professionnelles de jeunes filles. Non seulement on les autorise un jour chaque semaine à travailler pour elles-mêmes ou pour leur famille, et à faire ainsi à l'école, leur lingerie, leurs robes et leurs chapeaux, mais en outre, des primes variant entre 0 fr. 30 par jour au minimum, et 0 fr. 60 au maximum, soit 3 fr. 60 par semaine, sont accordées aux plus méritantes. Ces augmentations progressives s'allouent à la suite de compositions mensuelles destinées à permettre de constater les progrès de chacune d'elles. A là fin de l'apprentissage des livrets de caisses d'épargne, variant

(1) Programme-prospectus de l'école Diderot.

de 75 à 250 francs, sont donnés aux jeunes filles qui ont satisfait aux examens de sortie.

On admet généralement que le travail de l'apprenti, soit à l'atelier, soit à l'école, peut être productif dès la seconde année d'apprentissage, et ce fait semble prouvé par les salaires que les patrons accordent à leurs élèves, et qui sont en moyenne de 0 fr. 50 par jour à la fin de la première année. On a constaté que les jeunes gens qui, renonçant à achever leur scolarité, quittent l'école Diderot à la fin de la seconde année d'études, gagnent dès leur entrée dans les ateliers pour lesquels ils abandonnent l'école, 2 fr. 50 en moyenne par jour. Un autre critérium de la productivité du travail de l'apprenti nous est fourni par une condamnation encourue par un jeune graveur-géographe de l'internat Saint-Nicolas, qui se sentant la capacité requise pour travailler comme ouvrier rompit, dans le courant de la seconde année, l'engagement qu'il avait contracté de faire quatre ans d'apprentissage. La Chambre syndicale le condamna à rembourser 1.500 francs à son patron lésé ; elle estimait donc à cette somme la valeur des services que ce jeune homme eut pu rendre à son maître en exécutant le contrat dans toute son intégrité.

Les chiffres suivants montreront que l'on n'est pas arrivé, malgré tous les avantages accordés aux élèves pour les retenir, à des résultats bien brillants ; et les directeurs d'école qui réussissent à conserver 50 0/0 des élèves entrés, se considèrent comme favorisés.

A l'école Estienne, sur 80 élèves admis annuellement, 37 en moyenne achèvent les quatre années d'apprentissage.

Le tableau ci-dessous indique pour l'école Diderot ce que le directeur de l'école Estienne appelle d'un mot

expressif « les fuites » et celui de l'école pratique de Boulogne « le déchet ».

	1878	1893	1894	1895	1896	1897	1898	1899
Nombre d'élèves entrés en octobre..........	89	»	114	103	128	132	119	126
Nombre d'élèves restant à la rentrée de l'année suivante............	48	88	99	93	100	113	100	»
Nombre d'élèves à la rentrée d'octobre, 3e année...............	21	76	85	82	83	96	»	»
Nombre d'élèves restant en juillet date de sortie................	»	67	82	77	78	»	»	»

Nous devons à l'obligeance de M. Martin, directeur de
l'école d'apprentissage du Havre, les renseignements
suivants :

Pendant l'année scolaire 1888-1889, l'effectif des élèves
a ainsi varié.

	Au début de l'année	A la fin de l'année	Perte pendant l'année
1re année............	120	90	30
2e année............	65	56	9
3e année............	57	55	2
Totaux.....	242	201	41

Depuis cette époque, ces chiffres se sont peu modifiés. La moyenne des entrées est de 140 par an. Les deux tiers des élèves ne font pas les trois années complètes d'études. Quelques-uns (8 ou 10) quittent l'école par cas de force majeure, décès du chef de famille, son départ du Havre, etc., 5 ou 6 sont renvoyés pour indiscipline, inconduite ou mauvais vouloir dans les classes. Quelques autres encore, en première année, changent de carrière, (environ une dizaine) ceux-là deviennent des petits commis de magasin de détail ou s'embarquent comme mousses dans la marine marchande ; enfin, presque tous ceux qui ont passé une année entière à l'école ne la quittent que pour continuer l'apprentissage du métier qu'ils ont commencé à apprendre ; le mobile de leur départ est de gagner de suite 0 fr. 75 à 1 franc par jour.

L'école pratique de Saint-Étienne donne des chiffres à peu près analogues. La proportion des élèves qui achèvent leurs études suit une progression constante : de 20 0/0 au début, en 1883, elle atteint aujourd'hui 40 0/0. Au total, sur 1.508 élèves sortis depuis sa création, 548 avaient accompli les trois années réglementaires.

Les résultats de l'école pratique de Boulogne-sur-Mer, que nous condensons dans le tableau ci-dessous, sont particulièrement intéressants, parce qu'un essai a été tenté par le Directeur de cette école pour remédier à ce défaut général.

Tableau des effectifs scolaires depuis 1889

INDICATION des années	NOMBRE D'ÉLÈVES entrés		NOMBRE D'ÉLÈVES sortis	
	En Octobre	En cours d'année	Fin Juillet après les 3 ans d'études	sans avoir fait 3 ans
1889-1890......	56	10	39	31
1890-1891......	75	7	39	31
1891-1892......	78	9	65	34
1892-1893......	81	10	76	22
1893-1894......	83	1	65	18
1894-1895......	83	2	67	27
1895-1896......	80	»	70	8
1896-1897......	80	1 admis à l'examen et entré en novembre.	80	1 mort du père.
1897-1898......	98	»	96	2 un a remboursé, l'autre mort du père.
1898-1899......	108	2 venant d'écoles similaires et entrés en novembre.	109	1 sorti en cours d'année mais avait fait plus de 3 ans
1899-1900......	110	»	»	»

Avant le 1ᵉʳ octobre 1893, les élèves entraient à l'école et en sortaient à n'importe quelle époque de l'année ; à partir de cette date, il n'a plus été admis d'élèves qu'à la rentrée d'octobre. Puis comme le directeur avait remarqué que les causes de sortie prématurée étaient en général des plus futiles, il a exigé des parents depuis 1895, l'engagement de laisser leurs enfants à l'école jusqu'à la fin de leur troisième année. Même depuis 1896, cet acte est devenu très sérieux et a reçu une sanction, car les parents doivent s'engager par écrit à rembourser à la ville, 100 francs, 200 francs ou 300 francs, représentant une partie des frais d'études de leurs enfants, dans le cas, où sans motifs sérieux, ils quitteraient l'école en première, en seconde ou en troisième année. Les chiffres des effectifs scolaires pour ces dernières années montrent que ces mesures ont produit un excellent résultat, puisque *tous les élèves* accomplissent actuellement la durée normale des études. Nous pensons donc qu'il y aurait intérêt à généraliser le moyen employé à Boulogne et nous croyons que notre opinion sur ce point est partagée par la majorité des directeurs d'écoles pratiques.

§ III. — Résultats de l'enseignement professionnel spécialisé. Avenir des élèves.

Que devient le jeune homme que l'on a réussi à garder trois ou quatre ans à l'école d'apprentissage ? Délaisse-t-il l'atelier pour rechercher un emploi de bureau ou d'administration ? Les programmes types des écoles pratiques d'industrie, que nous reproduisons ci-dessous, montrent que l'on a cherché à donner aux apprentis, dans ces établissements qui constituent la formule la plus récente de l'enseignement professionnel, en même temps que les éléments raisonnés de leur métier, les notions scientifiques et artistiques qui forment la base de leur profession. Le but poursuivi est de remédier à la disparition de l'ancien apprentissage et de former des ouvriers possédant les notions théoriques strictement nécessaires à la pratique intelligente de leur état.

Programme-type des cours dans les écoles pratiques d'industrie (Garçons).

MATIÈRES	NOMBRE D'HEURES PAR SEMAINE		
	1re année	2e année	3e année
1° ENSEIGNEMENT INDUSTRIEL			
Ateliers..................	30	30	33
Dessin...................	6	6	6
Géométrie...............	1 1/2	1 1/2	1 1/2
Mécanique..............	»	»	1 1/2
Economie industrielle.....	»	»	1 1/2
Totaux...........	37 1/2	37 1/2	43 1/2
2° ENSEIGNEMENT GÉNÉRAL			
Langue française..........	3	3	1 1/2
Histoire..................	1 1/2	1 1/2	»
Géographie...............	1 1/2	1 1/2	»
Histoire naturelle et hygiène	»	1 1/2	1 1/2
Physique.................	1 1/2	1 1/2	»
Chimie..................	»	1 1/2	1 1/2
Arithmétique............	1 1/2	1 1/2	1 1/2
Comptabilité	«	»	1 1/2
Totaux...........	9	12	7 1/2
Total général......	46 1/2	49 1/2	51

Chaque école compte 3 ateliers, bois, tour, ajustage. Quelques écoles ont en outre des ateliers spéciaux, tels que tissage, teinture, armurerie, modale, pour répondre aux besoins des industries locales.

Programme-type des cours dans les écoles pratiques d'industrie (Filles).

MATIÈRES	NOMBRE D'HEURES PAR SEMAINE		
	1re année	2e année	3e année
1o ENSEIGNEMENT INDUSTRIEL			
Ateliers...................	24	27	30
Dessin	6	3	3
Totaux............	30	30	33
2o ENSEIGNEMENT GÉNÉRAL			
Langue française..........	3	3	1 1/2
Histoire.................	1 1/2	1 1/2	«
Géographie...............	1 1/2	1 1/2	»
Histoire naturelle et hygiène	»	1 1/2	1 1/2
Physique.................	1 1/2	1 1/2	»
Chimie..................	»	»	1 1/2
Arithmétique..	1 1/2	1 1/2	1 1/2
Géométrie...............	»	1 1/2	1 1/2
Comptabilité	»	»	1 1/2
Morale..................	»	1	1
Écriture.................	1	»	»
Couture usuelle et coupe...	3	1 1/2	1 1/2
Totaux............	13	14 1/2	11 1/2
Total général......	43	44 1/2	44 1/2

Chaque école comprend un atelier de couturières, de corsetières, de fleuristes, de modistes, de brodeuses. La durée de l'enseignement dans chaque atelier est de 3 années.

Il nous semble qu'à l'heure actuelle on ne peut plus sérieusement contester les résultats obtenus par les écoles d'apprentissage ou par les écoles pratiques qui visent à produire des ouvriers pour l'industrie, et l'expérience dure depuis assez longtemps pour qu'il soit permis d'en tirer des conclusions générales.

Le directeur de l'école pratique de Saint-Etienne, déclare que presque tous les élèves sortis, après achèvement régulier de leurs trois ou quatre années d'études professionnelles, soit de l'école de Saint Chamond, créée en 1879, soit de celle de Saint-Étienne, sont entrés dans les ateliers ou les usines comme ouvriers, traceurs ou dessinateurs. « Leur unique ambition, lorsqu'ils quittent l'école, est « d'être admis dans un bon atelier pour y continuer leur « apprentissage..... Généralement ils achèvent leur appren- « tissage dans l'atelier où ils débutent. Quand ils sortent « de l'école à l'âge de 16 ans, ils ne sont assurément pas « ouvriers, on ne peut être ouvrier à cet âge, mais ils « reçoivent un salaire de 2 francs et plus ; rarement infé- « rieur à cette somme, il s'élève quelquefois à 3 et même « à 4 francs (1). » Grâce à leur développement intellectuel, à leurs connaissances en technologie et en dessin, aux principes de travail qui leur ont été inculqués, ils progressent rapidement, et il ne leur faut que peu de temps pour être en état de produire autant qu'un bon ouvrier ; avec leur aptitude à acquérir, et à se perfectionner, ils deviennent nécessairement excellents.

Il en est de même au Havre. Il n'y a paraît-il presque pas d'exemples, à peine quatre ou cinq depuis douze ans,

(1) Lebois, directeur de l'école de Saint-Étienne. *Écoles pratiques de commerce et d'industrie.* Saint-Étienne. Thomassi, 1897, p. 34.

qu'un élève qui a fait ses trois années complètes, aban-
donne l'industrie pour embrasser une autre carrière à la
sortie de l'école. A la fin de la troisième année, les élèves
sont généralement tous placés par les soins du directeur
dans les ateliers de construction où l'on en fait grand cas.
L'année dernière, par exemple, les 44 élèves sortants
étaient tous pourvus d'un emploi de leur métier, quelques
jours même avant la sortie. L'école du Havre forme surtout des ajusteurs qui deviennent ensuite mécaniciens de
la marine ou des chemins de fer ; et parmi les élèves,
sortis depuis douze ans et qu'il a été possible de suivre,
on compte 2 premiers-maîtres, 16 seconds-maîtres, et
environ 30 quartiers-maîtres mécaniciens dans la marine
de l'État ; 1 élève capitaine au long cours, 1 adjudant-
major du génie militaire, 2 patrons serruriers et 2 patrons
menuisiers, 7 contremaîtres de grands ateliers, 1 chef
d'atelier, 8 dessinateurs industriels, 4 employés dans l'industrie, 2 mécaniciens dans les chemins de fer, 12 dans
la marine marchande, 4 dans l'industrie et une vingtaine
d'élèves-mécaniciens, tant dans la flotte que dans le commerce, enfin de nombreux ouvriers et chefs d'équipe dans
les meilleurs ateliers de la région.

Le gain journalier d'un apprenti à la sortie de l'école
oscille entre 1 fr. 25 et 4 francs et en général, trois ou
quatre ans après, il gagne même un peu plus que les
autres ouvriers de son âge, parce qu'il a plus de tenue et
plus d'habileté.

Contrairement à ce qui se passe à Saint-Etienne, le
directeur de l'école du Havre a constaté que ses élèves ne
restent généralement pas dans l'atelier où ils ont débuté,
et où l'on a tendance à les considérer trop longtemps
comme de simples apprentis à cause de leur jeune âge ;

ils entrent dans un autre atelier, et par ce moyen, doublent quelquefois leurs appointements.

Pour l'école Diderot, nous avons pu nous procurer les chiffres très précis des salaires moyens au 1er octobre de chaque année, des élèves sortis de l'école en juillet.

Au 1er octobre 1895, le salaire général moyen, pour une journée de 10 heures, était de. 3 f. 41

—	1896	—	—	3 54
—	1897	—	—	3 49
—	1898	—	—	3 78
—	1899	—	—	3 82

Pour cette dernière année, ce chiffre de 3 fr. 82, est le résultat des moyennes suivantes :

9 ouvriers en instruments de précision, recevaient un salaire moyen de. 3 f. 61

24 ajusteurs	—	—	3 81
5 tourneurs	—	—	3 70
11 modeleurs	—	—	3 »
7 forgerons	—	—	5 »
4 chaudronniers	—	—	3 62
5 serruriers	—	—	3 20
7 menuisiers	—	—	3 71
6 plombiers	—	—	5 25

Nous résumons dans le tableau ci-après la destination des élèves sortis depuis 1891 de l'école pratique de Boulogne, après achèvement de leurs trois années d'études.

PROFESSIONS EMBRASSÉES	ÉLÈVES SORTIS EN									TOTAUX
	1891	1892	1893	1894	1895	1896	1897	1898	1899	
Mécaniciens.............	3	6	9	12	7	14	10	21	18	100
Électriciens.............	»	»	»	»	2	»	»	»	1	3
Menuisiers	2	»	3	1	2	2	»	3	8	21
Charpentiers de navires...	»	»	»	1	»	»	»	1	»	2
Dessinateurs industriels...	1	»	»	»	1	1	1	1	1	6
Entré à l'école de Châlons.	»	»	»	»	»	»	1	»	»	1
Instituteurs.............	»	»	»	1	1	»	1	»	»	3
Professions diverses......	»	»	1	»	»	1	»	»	»	2
	6	6	13	15	13	18	18	26	28	188

Les jeunes ouvriers restent dans la profession choisie

au début, mais leurs salaires sont très faibles s'ils restent
à Boulogne, l'industrie dans cette ville étant peu dévelop-
pée, et par suite, leur offrant peu de débouchés ; aussi presque tous sont-ils obligés de s'expatrier ; beaucoup viennent
à Paris où ils gagnent de quatre à cinq francs par jour.

§ IV. — Défauts et inconvénients des écoles d'apprentissage.

C'est là un exemple qui montre bien l'utilité de tenir
compte des besoins locaux pour la création des écoles
d'apprentissage, et de la nécessité de donner à ces écoles
des programmes assez souples pour pouvoir les modifier
facilement. L'immutabilité relative de l'enseignement professionnel donné par l'école qui tend toujours à s'immo-
biliser dans l'ordre des faits connus à sa création, com-
parée à la variabilité des professions, sans cesse sujettes à
changements et à modifications, est un des principaux arguments mis en avant par les partisans de l'apprentissage
à l'atelier.

Si le nombre des apprentis sortant chaque année des
écoles est en disproportion avec les besoins de l'industrie,
le prix de la main-d'œuvre doit forcément baisser, et au
lieu d'avoir rendu service à la classe ouvrière, l'école professionnelle n'aura fait qu'aggraver ses maux et aura donc
été à l'encontre du but poursuivi.

Des faits de ce genre ont pu être constatés ; C'est ainsi
que l'on a dû, sinon proscrire complètement, mais tout au
moins circonscrire à quelques-unes des écoles professionnelles de jeunes filles de la Ville de Paris l'enseignement
de la peinture sur émail et de la gravure sur bois, parce
que les élèves qui en sortaient, ne trouvaient plus de travaux dans ces deux industries et que tous les prix étaient

avilis par la surabondance d'offre de main-d'œuvre. De même à l'école Diderot, la sculpture sur bois n'est plus enseignée que pour exercer les élèves au maniement des outils qu'elle comporte et pour rendre plus habiles les apprentis menuisiers et modeleurs-mécaniciens ; mais on ne fait plus d'ouvriers sculpteurs sur bois.

On avait en effet constaté une tendance fâcheuse d'un certain nombre d'élèves, à qui un travail pénible répugnait, à se prononcer sans aptitudes réelles pour ce métier dont le caractère artistique les séduisait et cette tendance se généralisant, on commençait à s'apercevoir que le nombre des apprentis sculpteurs sur bois n'était plus en rapport avec les besoins de l'industrie, et l'on craignait avec raison que les élèves devenus ouvriers ne puissent plus trouver de travaux rémunérateurs.

Nous admettons donc, bien que le fait soit encore souvent contesté aujourd'hui, que si les méthodes employées sont rationnelles, les apprentis peuvent être dotés d'un métier à l'école même, et qu'ils gagnent facilement leur vie comme ouvriers, si l'on a eu le soin de leur assurer des débouchés suffisants dans les industries locales pour lesquelles ils ont été préparés.

Il n'en reste pas moins plusieurs objections graves que l'on peut opposer aux écoles d'apprentissage.

On peut d'abord leur reprocher de ne s'adresser par leur nature même qu'à un nombre relativement restreint de professions. Sans doute, on pouvait soutenir, alors qu'il n'était pas question de spécialisation à l'école, qu'il est possible de grouper et d'enseigner sous la forme la plus simple et la plus élémentaire, un certain nombre de notions scientifiques utilisables dans toutes les professions, et c'était là l'opinion soutenue par M. Gréard dans son mémoire au Préfet de la Seine (1); mais s'il est possible de faire des cours théoriques professionnels à des apprentis maçons ou peintres en bâtiment, nous ne voyons pas comment on pourrait leur apprendre la pratique de leur métier à l'école.

D'autres professions ne peuvent être enseignées à l'école, parce que dans le prix de revient du produit fabriqué, la main-d'œuvre n'entre que pour une très faible proportion, tandis que les matières premières comptent pour une très grosse part. Il en est ainsi pour la bijouterie et même pour la tannerie ; car comment concevoir une école professionnelle de bijouterie dans laquelle on confierait à des enfants inexpérimentés et maladroits pour plusieurs milliers de francs de métaux précieux. De même une école professionnelle de tannerie deviendrait forcément une véritable usine industrielle à cause des gros capitaux qu'exigerait son fonctionnement et les variations incessantes des cours de la matière première.

Pour bien d'autres professions, notamment pour toutes celles se rattachant aux industries de l'alimentation, l'apprentissage n'est pas possible à l'école. Il en est de même, à plus forte raison, pour les industries à feu continu : s'agit-il de verrerie, par exemple, on se trouve en face des exigences de la matière fondue, qui veut qu'on l'emploie lorsqu'elle est prête, à toute heure du jour, comme à toute heure de nuit.

Enfin, s'il est des industries où l'objet fabriqué change rarement de forme, où les procédés de fabrication restent les mêmes pendant de longues années, où le travail de l'ouvrier peut en quelque sorte être conduit mathématique-

(1) O. Gréard. *Loc. cit.*, p. 84.

ment; il en est d'autres, au contraire, où la fantaisie joue
un rôle important, où « la création sans cesse renouvelée
est la qualité primordiale essentielle de toute prospé-
rité. » (1) Sans doute, le goût est susceptible d'éducation,
et la science n'est jamais inutile à l'art, mais il est bien
probable que des écoles d'apprentissage pour les fleurs et
plumes ou l'article de Paris n'auraient aucune chance de
réussite et trouveraient difficilement des élèves.

Enfin, malgré la latitude laissée aux pouvoirs locaux
pour la création des écoles professionnelles et le choix des
métiers qui y sont enseignés, il est bien évident qu'il est
impossible, soit d'avoir une école par métier, soit même
de réunir dans un unique établissement, des apprentis
horlogers, typographes, carrossiers, cordonniers et forgerons par exemple, dont les professions sont tout aussi
utiles les unes que les autres, mais visent à des exécu-
tions par trop dissemblables. En outre, les divers états
n'exigent pas tous une même durée d'apprentissage, et
l'on ne pourrait le méconnaître, sans danger et sans arbitraire. Il y a donc forcément un certain nombre d'enfants
se destinant à devenir ouvriers de l'industrie, qui au sortir de l'école primaire, ne peuvent entrer à l'école professionnelle parce que le métier auquel ils se destinent n'y
est pas enseigné.

On reproche encore à ces écoles, un défaut qui est
d'ordre social, et que M. Gréard appelle « l'objection morale » (2). Ce défaut a été signalé dès les premiers essais

____

(1) Rapport adressé le 10 juillet 1885 à la chambre syndicale des
fleurs et plumes.

(2) Gréard. *Loc. cit.* p. 88.

d'apprentissage à l'école (1). L'atelier seul, dit-on, peut former des ouvriers pratiques et se suffisant à eux-mêmes; l'école tient trop longtemps l'enfant dans une tutelle d'esprit qui arrête le développement de sa conscience personnelle ; il s'habitue à vivre sous l'œil d'un maître, ne se dirige pas par lui-même, et entre ainsi dans la vie, mal préparé à la liberté et à l'absence de direction.

A cela, M. Gréard répond que « si quelque chose fait défaut « dans l'éducation de la jeunesse, c'est assurément l'insuffi- « sance et non l'excès de direction. Il ne faut pas confondre « l'indépendance et la liberté. On n'est pas capable d'être « libre, par cela seul qu'on est indépendant. Il y a aussi un « apprentissage de la vie, et l'on se forme à la pratique « des vertus civiles et sociales, comme on se façonne à « l'exercice d'un métier. »

Nous ne mettons pas en doute que l'on puisse faire à l'école professionnelle l'éducation morale de l'apprenti; surveiller sa conduite et ses mœurs, mais nous craignons que l'enfant n'y prenne, selon une expression triviale, mais qui rend bien notre pensée « l'habitude de la pâtée », et n'en arrive à se considérer comme spolié, le jour où l'abandonnant à lui-même, la collectivité nationale ou communale ne lui assurera plus son pain quotidien.

Enfin, à notre avis, la critique la plus sérieuse que l'on puisse faire aux écoles d'apprentissage, est de ne s'adresser qu'au nombre relativement très faible des jeunes gens que leurs familles peuvent conserver à leur charge jusqu'à ce qu'ils aient atteint l'âge de 16 ou 17 ans, et de nécessiter des dépenses hors de proportion avec les résultats obtenus.

(1) Mignerel. *Bulletin de la Société de Protection des apprentis.* Année 1867, p. 315.

A cela, on répond que le meilleur moyen de relever le niveau général de la valeur professionnelle des ouvriers n'est pas de s'adresser à la masse, mais de faire d'excellents « chefs de file » intelligents et instruits, qui exerceront une action éducatrice considérable sur leurs camarades d'atelier, et que pour atteindre un pareil but, on ne saurait faire trop de sacrifices.

Nous avons essayé d'établir la statistique des différentes écoles publiques, qui donnent l'enseignement industriel et cherchent à former des ouvriers. Ces écoles se répartissent ainsi :

	Garçons	Filles
	—	—
Ecoles nationales professionnelles préparatoires à l'apprentissage : Vierzon, Voiron et Armentières et institution Livet à Nantes, achetée récemment (loi du 7 avril 1898) pour être transformée peu à peu en école nationale.	4	»
Ecoles pratiques d'industrie ou écoles pratiques de commerce et d'industrie ayant une section industrielle.	19	3
Ecoles manuelles d'apprentissage et écoles primaires supérieures préparatoires à l'industrie, départementales et communales. Départements . 16 / Paris. . 7	16 / 7	4 / 6
Ecoles publiques d'enseignement technique non classées quant à présent parmi les écoles manuelles d'apprentissage ou les écoles pratiques.	30	5
Ecoles nationales d'horlogerie. . . .	4	»
Totaux	80	18

Quant à la population scolaire de ces divers établissements, nous n'avons pu nous procurer de renseignements précis que pour les 22 écoles pratiques, dont les effectifs (section industrielle) étaient au 1er janvier 1899 les suivants :

	ÉCOLES DE GARÇONS		ÉCOLES DE FILLES	
Écoles pratiques de commerce et d'industrie (Section industrielle)	Agen	68	Le Havre	155
	Béziers	50	St-Etienne	102
	Fourmies	76	Nantes	58
	Grenoble	222		
	Limoges	90		
	Le Mans	66		
	Nîmes	104		
	Reims	155		
	Romans	50		
Écoles pratiques d'industrie	Brest	120		
	Boulogne	80		
	Le Havre	228		
	Montbéliard	81		
	Morez (Jura)	41		
	Rennes	55		
	Rouen	157		
	St-Chamond	75		
	St-Didier-la-Seauve	22		
	St-Etienne	294		
	Totaux	**2034**		**307**

Soit donc un total général de 2.341 élèves filles et garçons, et en moyenne 106 élèves par école. Si nous supposons une moyenne analogue pour les autres écoles d'apprentissage, nous arrivons à un effectif scolaire général d'environ 10.400 élèves. Or, qu'est ce chiffre comparé à celui des 435.000 mineurs de 18 ans que le service de l'inspection estime être employé dans l'industrie (1).

Quant au chiffre des dépenses, il est tel, que l'on peut affirmer que dans certaines écoles, il en coûte au moins 5.000 francs pour faire un ouvrier, et l'on est en droit de se demander, si les sommes affectées tous les ans aux dépenses de ces écoles, ne pourraient être employées d'une manière plus profitable aussi bien pour l'industrie en général que pour les apprentis en particulier.

Pour l'école Boulle, les dépenses totales de l'année en 1897 ont été d'environ 278.275 francs, dont 168.275 francs pour le personnel enseignant, et 110.000 pour l'entretien. Or le nombre des élèves sortant chaque année après achèvement régulier des études, est fort variable ; il a oscillé, pour la section du meuble (2) qui reçoit chaque année 60 élèves, entre 28 au minimum et 45 au maximum. Le budget est d'environ 1.200 francs par élève entrant si nous admettons que les 3/4 finissent leurs études, chaque élève sortant a donc coûté chaque année 1.500 francs et 6.000 francs pour ses quatre années d'apprentissage.

L'école Estienne a un budget annuel de 223.000 francs dont 144.000 pour le personnel enseignant et 79.000 pour l'entretien. Le nombre des élèves sortant chaque année munis du diplôme d'apprentis, c'est-à-dire ayant accompli leur quatre années d'études, est d'environ 40, et on peut

(1) Rapports déjà cités, introduction, p. 11.

(2) Une autre section — section du métal — a été ouverte à l'école Boulle, mais elle est de création trop récente pour qu'il soit permis de considérer les résultats qu'elle a donnés jusqu'à ce jour comme définitifs.

affirmer que de ceux-là seuls l'école a fait des ouvriers. Le budget se répartissant sur 160 élèves, la dépense par élève est donc d'environ 1.400 francs, et à la fin de son séjour à l'école, l'apprenti aura coûté à la ville, 5.600 fr. Il est vrai que, dans ce budget, figurent les frais occasionnés par les cours du soir, ouverts aux apprentis et ouvriers du dehors ; mais en revanche, aucune somme ne figure pour l'amortissement des bâtiments dont la construction a coûté plus d'un million. De plus nous établissons notre calcul du prix de revient de l'ouvrier, en supposant qu'aucun élève n'abandonnera après sa sortie de l'école, pour embrasser une profession quelconque, l'industrie à laquelle il était destiné (1).

(1) Un curieux exemple, bien qu'il n'ait plus qu'un intérêt rétrospectif, de la disproportion entre les dépenses faites et les résultats obtenus, nous est fourni par un essai déjà ancien tenté au Brésil. Dès 1840, le gouvernement brésilien voulant assurer à l'arsenal de marine de Rio, le recrutement d'ouvriers capables et instruits, créa un corps d'apprentis artisans.

Ces enfants, soigneusement choisis, étaient admis à l'école spéciale avant 12 ans, et chaque année l'État dépensait pour chacun d'eux, en solde, habillement, rations, etc., une somme de 923 francs.

Or, la moyenne des ouvriers qui, en sortant des compagnies d'artisans, sont allés régulièrement travailler dans les ateliers de l'arsenal de Rio, a été de 12 ouvriers sur 185 apprentis inscrits.

Néanmoins ce n'est qu'en 1879 (loi du 30 octobre) que le Gouvernement, en présence de résultats aussi négatifs, s'est décidé à supprimer, peu à peu, les compagnies d'apprentis artisans.

TROISIÈME PARTIE

CHAPITRE X

APPRENTISSAGE A L'ATELIER ET COURS PROFESSIONNELS

Les inconvénients et les défauts des écoles manuelles d'apprentissage, telles qu'elles existent en France, où elles tendent à se généraliser sous le nom d'écoles pratiques, sont donc nombreux et c'est là ce qui explique le peu de succès que ce système d'enseignement professionnel a, jusqu'à présent, rencontré à l'étranger.

En Allemagne, en Belgique et en Suisse, on est partisan de la formation des apprentis dans les ateliers industriels, et les écoles dans lesquelles on cherche à faire des ouvriers de toutes pièces ne sont pas des exceptions. Il n'en existe même aucune en Angleterre, car on ne peut ranger parmi les écoles industrielles, bien que le travail manuel y soit enseigné, les ragged schools (littéralement, écoles déguenillées) et les reformatories schools, faites

pour les classes dangereuses et non pour les classes
laborieuses.

§ 1. — Caractères spéciaux des écoles professionnelles étrangères.

Cependant en Allemagne depuis 1886, la Prusse rhé-
nane, la Westphalie, la Saxe, le duché de Bade, le Wurtemberg et la Bavière ont créé quelques écoles d'apprentissage pour des apprentis de diverses professions. Ce
sont alors, comme l'indique leur titre « Gewerbliche
Fachschulen », des écoles professionnelles spéciales qui
préparent des ouvriers pour l'industrie prédominante de la
région.

A Cologne, l'école professionnelle (1) prépare aux professions qui se rapportent aux industries du bâtiment, à
la construction, à l'ameublement, à l'ornementation et à
la décoration.

A Bochum (2), au milieu des mines du pays de Berg,
elle forme des métallurgistes.

A Remscheid (3) (province du Rhin), centre de la petite
industrie des aciers et des articles de quincaillerie, elle
prépare des ouvriers pour la forge, la serrurerie, le tournage du métal et du bois, la ferblanterie, la fabrication
des limes, etc.

(1) Städtische gewerbliche Faschule.
(2) Rheinisch-Westfäliche Hüttenschule.
(3) Fachschule mit Lehrwerkstätten fur Klein. Eisen, und Stahlwaa-
ren-Industrie des Berg. Märkischen Landes.

A Höhr-Grenzhausen (1), région des poteries, l'école forme des ouvriers pour la céramique.

A Furtwangen (2) dans la Forêt noire, elle a surtout en vue l'horlogerie et l'industrie du bois sculpté.

Et partout on exige des aspirants avant de les admettre qu'ils aient travaillé dans un atelier pendant un temps plus ou moins long : à Bochum pendant 4 ans, à Cologne 18 mois, à Furtwangen 2 ans.

Ces écoles d'apprentissage allemandes n'ont donc pas absolument le même caractère que les nôtres, et ces mots qui forment comme la devise de l'école de Remscheid, indiquent parfaitement leur destination : « Die Fachschule bildet vor, nicht aus », c'est-à-dire que l'école n'assure qu'une partie de l'éducation technique de l'ouvrier ; elle prépare et facilite l'apprentissage, mais elle ne le remplace pas.

En Belgique, le nombre des écoles professionnelles analogues aux nôtres est encore très restreint, mais augmente lentement. Elles ne s'appliquent qu'aux métiers qui peuvent s'apprendre pour ainsi dire complètement à l'école, comme c'est le cas, pour les professions de tailleur, typographe, tapissier, horloger, etc.

Dans plusieurs de ces établissements, l'élève est admis à l'apprentissage pour un mois seulement, et il n'est reçu définitivement que si ses professeurs reconnaissent en lui les aptitudes nécessaires pour suivre les cours avec fruit. C'est là, selon nous, une excellente mesure que nous voudrions voir introduire en France et qu'il serait logique d'adopter, puisqu'elle a beaucoup d'analogie avec la pé-

(1) Keramische Fachschule.
(2) Grossherzogliche Uhrmacher, und Schnitzereischule.

riode d'essai rendue obligatoire par l'article 14 de la loi de 1851 pour l'apprentissage industriel.

Les écoles sont alimentées de travaux par des entrepreneurs. Nous avons déjà signalé les inconvénients que comporte ce système, mais pour les écoles belges, le danger est moindre, parce que ces entrepreneurs sont le plus souvent les industriels qui patronnent les écoles ; toutes en effet, sont des créations dues à l'initiative privée, et que l'État se borne à encourager et à aider par des subventions. En outre, le produit des travaux des élèves forme une caisse spéciale dont le montant est réparti chaque année entre les apprentis du cours supérieur ayant subi avec succès l'examen pour l'obtention du diplôme.

Parmi ces institutions, on peut citer l'école professionnelle communale de la ville de Gand, l'école industrielle de Tournai et surtout les écoles Saint-Luc, qui se sont données pour but de former, dans les diverses professions se rapportant à l'industrie du bâtiment et de la décoration, des ouvriers comprenant leur art, apprenant à l'aimer, et par le fait même, relevant le métier.

Mais ce ne sont là que des exceptions, et partout à l'étranger, il est admis d'une façon générale que l'école ne saurait remplacer l'apprentissage à l'atelier, mais peut simplement en diminuer la durée et le compléter en parant à son insuffisance. Aussi les institutions diverses que nous rencontrons à l'étranger sous le nom d'écoles professionnelles, varient suivant chaque pays et diffèrent essentiellement de nos écoles d'apprentissage. L'âge et les conditions d'admission ne sont pas les mêmes ; leur but n'est pas, en général, de faire des apprentis, mais de permettre

aux apprentis de l'industrie de devenir des ouvriers d'élite.
Ce ne sont plus des écoles d'apprentissage, mais des
écoles de perfectionnement (Fortbildungschule. Continuation schools).

Si nous passons succinctement en revue par exemple les
principales écoles professionnelles suisses, nous voyons que
l'âge d'admission à l'école cantonale des arts industriels
de Genève est de 14 ans révolus ; il faut pour s'y présenter avoir suivi pendant deux ans les cours professionnels
destinés aux apprentis, et les élèves doivent s'engager à
suivre les cours de dessin dans les écoles municipales. Pour
être admis à l'école de tissage des soieries, créée par la Sei-
denindustrie Gesellschaft à Zurich, il faut être âgé de
16 ans révolus, et posséder, outre une instruction élémentaire suffisante, les connaissances préliminaires pratiques
du tissage. Cette dernière condition est essentielle : « On
« ne songe souvent pas assez, dit le prospectus de l'école,
« qu'une bonne préparation dans le tissage pratique est
« indispensable pour bien tirer tout le parti possible de la
« fréquentation de l'école de tissage. »

A l'école professionnelle de dessin et de broderie de
Saint-Gall, à l'école professionnelle générale de Bâle
(Allgemeine Gerwerbeschule), au technicum de la Suisse
occidentale à Bienne, l'âge d'admission est fixé à 15 ans.
L'entrée dans la section des constructeurs et des mécaniciens du technicum de Winterthur, est subordonnée à un
apprentissage pratique, précédant l'admission dans la
première classe.

Cette méthode qui consiste essentiellement dans la combinaison de l'apprentissage pratique et de l'instruction
théorique est traditionnelle en Angleterre. Jamais il ne
vient à l'esprit d'un anglais de séparer l'un de l'autre.

L'école seule leur paraît insuffisante, ils croient à l'exactitude du vieux proverbe latin « Fabricando fit faber ». Même leurs ingénieurs sont formés dans les ateliers; tous ceux de quelque importance prennent tous les ans un certain nombre d'élèves (pupils), auxquels ils donnent l'enseignement pratique et qui reçoivent dans des écoles spéciales l'enseignement théorique.

C'est cette même méthode qui est employée pour l'éducation professionnelle des apprentis. A côté du travail à l'atelier, l'enseignement théorique leur paraît indispensable pour éviter la routine, les imperfections de l'empirisme, et pour donner aux débutants les notions saines et précises de leur profession.

Enfin il y a aussi à cette manière d'assurer l'instruction technique des apprentis, une raison de fait, dont il faut tenir compte. Les Trade's Unions ne permettent pas que les écoles professionnelles forment des ouvriers nouveaux et l'on a été obligé d'insérer dans la loi une disposition spéciale pour interdire d'enseigner « la pratique » d'un métier ou d'une industrie dans les écoles subventionnées.

§ II. — Écoles de demi-temps. Cours du dimanche et cours du soir.

Bien souvent les institutions qualifiées à l'étranger « écoles professionnelles » sont de simples cours ouverts aux apprentis. Si l'on consulte par exemple les rapports ou statistiques publiés sur l'enseignement technique en Belgique, on trouve les divers établissements rangés sous trois chefs : écoles industrielles, écoles professionnelles, ateliers d'apprentissage. Le programme des écoles industrielles comprend des cours théoriques généraux (arithmétique, géométrie, éléments de physique, de mécanique, d'hygiène industrielle), des cours théoriques spéciaux, variant suivant les industries existant dans la région (chimie, métallurgie, exploitation des mines, mécanique, construction civile, etc.) et enfin des cours de dessin.

Les écoles dites professionnelles, ont un programme qui ressemble fort à celui des écoles industrielles et n'en diffère que parce qu'il comporte quelques études pratiques. Un plus ou moins grand nombre d'heures est consacré aux travaux d'ateliers. Les élèves y apprennent à connaître les procédés de travail les plus récents et le maniement des machines, métiers et outils des modèles les plus perfectionnés.

Il en est de même en Allemagne, en Autriche, en Suisse et en Angteterre. Il existe dans ces pays un grand nombre d'institutions qui, sous les noms les plus divers, ont pour but d'assurer aux enfants déjà placés en apprentissage et travaillant dans les ateliers de l'industrie, soit la première instruction s'ils ne l'ont pas reçue à l'école primaire, soit la continuation et le complément nécessaire de cette instruction, dans des cours du soir, des cours du dimanche ou dans des écoles de demi-temps. Ces divers cours sont destinés, les uns aux apprentis seulement ; les autres aux ouvriers de tout âge. Ils leur offrent les moyens de compléter, soit leurs connaissances générales, soit leurs connaissances techniques.

Nous n'insisterons pas sur les écoles de demi-temps, qui bien conçues, dans des conditions pratiques, constitueraient évidemment le système préférable à tous ; et la réussite de certaines écoles patronales établies d'après leur principe et sur lesquelles nous aurons à revenir, vient à l'appui de notre dire. Mais, en fait, le système du « half time » n'est jamais parvenu à prendre racine et à s'implanter fortement dans aucune contrée, et aujourd'hui, même en Angleterre, son pays d'origine, il est tombé en profonde désuétude.

Nous croyons que les seuls essais de ce mode d'enseignement professionnel ayant donné quelques résultats satisfaisants, sont les ateliers-écoles des Flandres qui avaient été créés en 1861, et surtout les expériences faites à Copenhague et dans quelques autres villes du Danemark par une société qui s'était fondée en 1867, et qui a réussi à ouvrir un assez grand nombre d'écoles de demi-temps, où le travail manuel pour les filles et pour les garçons, alterne régulièrement avec les études théoriques (1).

En France, bien que ces écoles eussent été rendues obligatoires par la loi de 1874 sur le travail des enfants employés dans l'industrie qui imposait leur fréquentation aux enfants de 10 à 12 ans, exceptionnellement employés dans l'industrie, et à ceux de 12 à 14 non munis du certificat d'études primaires, il n'en put être organisé qu'un très petit nombre, et elles ne parvinrent jamais à fonctionner régulièrement ; d'abord parce que les enfants voyaient dans l'école un complément accessoire du travail d'atelier, et en concluaient que le chômage industriel entraînait la vacance scolaire, mais surtout, parce que le fonctionnement de l'école de demi-temps, suppose l'organisation parallèle de l'usine dans laquelle il faudrait qu'une équipe d'ouvriers ait pour associées deux équipes d'enfants se

(1) Bulletin de la Société de protection des apprentis. Année 1876, p. 492.

relayant l'une l'autre après cinq ou six heures de travail.

Signalons une tentative curieuse faite actuellement près de Bordeaux, et qui, bien que différant beaucoup des anciennes écoles de demi-temps, les rappelle cependant par certains côtés, puisque les enfants ne vont pas chaque jour quelques heures à l'école et quelques heures à l'atelier, mais vont chaque semaine, cinq jours à l'école et un jour à l'atelier. Il s'est constitué à Caudéran, sous la présidence du Maire et de l'Inspecteur d'académie, une Société ayant pour objet d'inculquer aux enfants le goût du travail manuel, et cela avant l'âge de 13 ans, dès l'école primaire. Pour atteindre ce but, les enfants sont placés le jeudi dans des ateliers de choix, où ils observent la façon de travailler des ouvriers, et apprennent les premiers éléments d'un métier : des récompenses en argent ou en nature sont décernées solennellement aux plus méritants.

Il y a là une infraction à la lettre de la loi du 2 novembre 1892 ; mais comme l'article 2 § 6° de cette loi permet l'enseignement manuel aux enfants de moins de 13 ans pendant 3 heures par jour, soit 18 heures par semaine, le service d'inspection a admis que la loi était, dans l'espèce, respectée dans son esprit et qu'il y avait là une intéressante tentative d'enseignement professionnel, dirigée par des hommes d'une compétence et d'une honorabilité notoires, et qu'il était de bonne administration de laisser vivre pour pouvoir l'apprécier à ses résultats.

Les écoles dominicales sont d'origine très ancienne ; les premières ont été inaugurées à Milan en 1564 par saint Charles Borromée, et se sont rapidement développées et répandues dans toute l'Italie sous l'influence du clergé. Bien que les évêques français les eussent recommandées, elles ne se généralisèrent pas en France et restèrent confinées dans le Nord, où dès 1565, le concile de Cambrai avait ordonné leur création et recommandé leur fréquentation en ces termes : « Parentes si pueros « suos mittere negligant, moneantur, nisi parcant, ma- « gistratui deferantur. » Il en avait été créé à Lille, en 1584, à Valenciennes l'année suivante, et à Cambrai en 1684 (1).

C'est surtout dans les pays protestants que les écoles du dimanche se sont répandues, remplissant à la fois le double rôle d'écoles religieuses et d'écoles proprement dites qu'elles avaient d'abord.

Les cours du soir sont d'origine beaucoup plus récente, et ont pris partout un bien plus grand développement. Ils ont en général été institués pour permettre à ceux que la négligence de leurs parents, le manque ou l'insuffisance d'institutions scolaires, ou des circonstances malheureuses, avaient empêché de fréquenter l'école primaire, et d'acquérir les connaissances élémentaires dont ils étaient privés. On y apprenait donc surtout à lire, à écrire et à compter.

Peu à peu, grâce à la diffusion de l'enseignement primaire, ces cours ont dû changer de caractère, et pour y attirer des auditeurs, il a fallu élever le niveau de l'enseignement qui y était donné : Or, comme la clientèle à laquelle s'adressent surtout les cours du soir, est celle des jeunes gens qui se sont vus obligés de gagner leur vie, dès leur sortie de l'école primaire, c'est-à-dire, en grande majorité des apprentis et des ouvriers, le meilleur

____

(1) Fontaine de Resbecq. *Histoire de l'enseignement primaire dans le département du Nord avant 1789.*

moyen de leur rendre service, est de perfectionner leur instruction dans le sens de la spécialité qui les fait vivre, et de leur permettre d'acquérir les connaissances spéciales pouvant contribuer à leur assurer le succès dans la profession qu'ils ont choisie.

On a remarqué bien souvent, que les cours les plus recherchés par les jeunes gens qui suivent les carrières industrielles, sont ceux dans lesquels on enseigne les sciences mathématiques, mécaniques, physiques et naturelles, envisagées au point de vue de leurs applications industrielles et le dessin appliqué à l'industrie ; en un mot les cours d'enseignement professionnel permettant à l'ouvrier de se perfectionner dans son métier et lui offrant, par cela même, la perspective d'une augmentation de salaire.

Les cours d'enseignement professionnel répondaient si bien à un besoin, que leur succès a partout été très vif, aussi bien en France qu'à l'étranger ; à tel point que leur réussite a quelquefois rendu leur organisation très difficile. Dès leur ouverture, en effet, ils ont recruté presque partout une population très nombreuse d'apprentis et d'ouvriers, et non seulement il y avait de grandes différences d'âge entre les élèves inscrits, mais surtout une grande disproportion dans leur degré d'instruction. On risquait donc de faire des cours profitables seulement à une très faible fraction des auditeurs, hors de la portée des uns, et trop élémentaires pour les autres.

On reconnut bientôt qu'il fallait, pour avoir des cours d'une réelle efficacité, séparer les apprentis des adultes, et diviser les apprentis eux-mêmes en sections, suivant leur degré d'instruction ; puis il fallait trouver des moyens efficaces de contrôle et d'émulation ; il fallait enfin appro-

14 — F.

prier l'enseignement de chaque école, de chaque quartier, de chaque classe aux besoins de la population qu'on y voulait attacher.

§ III. — Enseignement complémentaire obligatoire.

Comment obtenir de l'apprenti, fatigué par sa journée de labeur à l'atelier, qu'il se fasse inscrire aux cours professionnels du soir, et les suivre régulièrement?

Il existe un moyen énergique et radical, auquel l'Allelemagne et la Suisse n'ont pas craint de recourir; et qui consiste à rendre obligatoire la fréquentation des cours d'adultes (Fortbildungschulen) et comme, tout au moins dans les localités urbaines, ils se confondent avec les écoles industrielles (Gewerbliche Fortbildungschulen) ce sont en réalité ces dernières qui sont obligatoires et doivent être suivies par tous les jeunes ouvriers. De plus, là où il existe des écoles professionnelles (Gewerbeschulen), des écoles techniques (Fachschulen) ou d'autres institutions analogues, la fréquentation d'un de ces établissements dispense de l'obligation de fréquenter les cours d'adultes. Il en résulte que tous les apprentis suivent de préférence, quand ils en ont l'occasion, l'école professionnelle qui se rapporte directement à leur métier.

L'on arrive ainsi à l'obligation indirecte de l'enseignement professionnel proprement dit.

Le législateur allemand permet, aux autorités locales, de rendre la fréquentation des Fortbildungschulen obligatoire pour l'apprenti, et oblige les chefs d'industrie à

donner à leurs jeunes ouvriers le temps nécessaire pour
suivre les cours professionnels (1). (Article 120 de la

(1) Loi du 1er juin 1891, modificative de la Gewerbe Ordnung
Art. 120. — Les chefs d'entreprises doivent accorder à leurs
ouvriers âgés de moins de dix-huit ans, qui fréquentent un établissement d'enseignement reconnu comme école de perfectionnement
par l'autorité communale ou par l'État, le temps nécessaire pour
cela, temps qui, au besoin, peut être déterminé par l'autorité compétente. L'enseignement ne doit avoir lieu le dimanche que si les
heures qui lui sont consacrées sont fixées de telle sorte que les élèves
ne soient pas empêchés d'assister au principal office religieux ou à
un office spécial de leur confession organisé pour eux avec l'approbation des autorités religieuses. Des dérogations à cette disposition
peuvent être accordées jusqu'au 1er octobre 1894 par l'autorité centrale pour les écoles de perfectionnement existantes dont la fréquentation n'est point obligatoire.
Doivent être également considérés comme écoles de perfectionnement, au sens de cette disposition, les établissements où l'on enseigne
les travaux manuels et domestiques de la femme.
Une commune ou une association communale peut, par une disposition statutaire (art. 142), instituer pour les ouvriers du sexe mascu-
lin au-dessous de dix-huit ans, l'obligation de fréquenter une école
de perfectionnement, si les lois de l'État particulier ne l'ont pas instituée. Les dispositions nécessaires à l'application de cette obligation
peuvent être prises de la même manière. En particulier, c'est par
une disposition statutaire que peuvent être déterminées les obligations
qui incombent aux personnes astreintes à la fréquentation de l'école
au point de vue de la garantie de la régularité de cette fréquentation,
ainsi qu'à leurs parents, tuteurs et patrons, et que peuvent être formulées les prescriptions qui assurent l'ordre dans l'école de perfectionnement et la convenance dans la tenue des élèves ; sont affranchis
de l'obligation, résultant d'une prescription statutaire, de la fréquentation d'une école de perfectionnement, ceux qui fréquentent une
école de corporation ou une autre école professionnelle, pourvu que
l'enseignement de cette école soit considéré par l'autorité adminis-

Gewerbe ordnung). L'instruction obligatoire des apprentis n'existe donc encore jusqu'à présent qu'autant que les autorités locales l'ont décrétée directement. C'est ce que l'on appellerait en Angleterre une loi à option locale.

La plupart des États allemands ont profité de cette latitude que leur offre la loi impériale. D'ailleurs, le gouvernement n'accorde de subventions qu'aux écoles industrielles dont la fréquentation est obligatoire, et motive cette façon d'agir par la raison que les dépenses sont plus considérables pour ces écoles par suite de l'augmentation forcée du nombre des élèves.

On peut dès à présent prévoir que l'obligation deviendra générale d'ici peu dans toute l'Allemagne, et qu'une loi d'empire l'étendra à tous les jeunes ouvriers. Déjà des cercles commerciaux, des associations d'ouvriers et d'industriels, l'ont demandé ; et il résulte des déclarations de M. Von Berlepsch, ministre du commerce au Landtag (1),

---

trative supérieure comme l'équivalent suffisant de l'enseignement général des écoles de perfectionnement.

Art. 148. — Sont punis d'une amende de 150 marks au plus, et en cas d'insolvabilité d'un emprisonnement de 4 semaines au plus :

..... § 9 Ceux qui violent leurs obligations légales vis-à-vis de leurs apprentis.

Art. 150. — Sont punis d'une amende de 20 marks au plus, et en cas d'insolvabilité, d'un emprisonnement de 3 jours au plus pour chaque violation de la loi :

..... Ceux qui contreviennent aux dispositions de l'article 120, § 1 ou à l'un des règlements locaux en exécution de l'article 120, § 3.

Cf. loi Hongroise du 21 mai 1884.

Art. 82. — L'apprenti est tenu, pendant toute la durée de l'apprentissage, de suivre les cours professionnels.

(1) Séance du 26 février 1892.

que le gouvernement prussien qui a en fait la direction
du pouvoir législatif de l'empire, considère l'obligation
générale de la fréquentation des écoles d'adultes, comme
un idéal à poursuivre. Ce qui le retient encore, ce sont
les frais énormes auxquels seront alors entraînés les autorités locales et les autres pouvoirs publics.

Nous donnons, d'après M. Pyfferoen (1), le tableau du
nombre d'écoles dont la fréquentation est libre, et de celles
dont la fréquentation est obligatoire. Ces chiffres ne comprennent pas les écoles des provinces de Posen et de
Prusse occidentale.

	ECOLES INDUSTRIELLES			
	OBLIGATOIRES		LIBRES	
	Nombre		Nombre	
	d'écoles	d'élèves	d'écoles	d'élèves
Au 2 janvier 1887. . .	341	36.917	363	39.511
id. 1891. . .	413	47.720	309	43.969
id. 1895. .	472	56.147	289	44.270

Il y a donc une tendance constante et manifeste vers
l'augmentation du nombre et de la population des écoles
industrielles obligatoires.

D'ailleurs, les arguments théoriques en faveur de la
contrainte sont nombreux. On fait d'abord remarquer que
c'est là une mesure de protection des faibles, puisque

---

(1) Pyfferoen. *Rapport sur l'enseignement professionnel en Allemagne*, Lebègue et Cⁱᵉ, Bruxelles, 1897, p. 73.

c'est donner le moyen de suivre les cours à ceux des apprentis qui en seraient empêchés par les railleries de leurs camarades, ou par l'hostilité indirecte des patrons.

Certains élèves ne comprennent l'utilité que présentent pour eux ces cours qu'après les avoir suivis quelque temps et venus contraints et forcés à l'école industrielle, ils ne tardent pas à en devenir les plus brillants sujets.

Les patrons eux-mêmes, pour ne pas se singulariser, n'envoient leurs apprentis aux cours que lorsque tous leurs confrères en font autant. Enfin les corporations ont souvent établi pour leurs membres l'obligation d'envoyer leurs apprentis à l'école ; mais cette règle restait dépourvue de sanction tant qu'elle n'avait pas été confirmée par l'autorité publique, parce qu'il suffisait aux membres de la corporation de se désaffilier pour échapper à leurs obligations.

L'on cite à l'appui de la nécessité d'établir la fréquentation obligatoire, l'exemple des deux provinces de Posen et de la Prusse Occidentale : « Avant la promulgation de « l'article 120 du code industriel, dit M. Pyfferoen (1), des « règlements locaux avaient dans ces provinces rendu « obligatoire la fréquentation des écoles d'adultes indus- « trielles ; elles étaient nombreuses et prospères ; elles « comptaient une forte population d'élèves. Mais il arriva « que les tribunaux refusèrent de reconnaître la légalité « de ces règlements communaux, et d'appliquer les péna- « lités qu'ils édictaient. La publicité donnée par la presse, « et par d'autres moyens à cette jurisprudence, amena « immédiatement une désertion presque complète des « écoles industrielles. 40 écoles sur 78 dans le seul arron-

(1) O. Pyfferoen. *Op. cit.*, p. 77.

« dissement de Posen perdirent plus de la moitié de leurs
« élèves. Nombre d'écoles durent, du jour au lendemain,
« être fermées. De plus, l'ordre et la discipline souffrirent
« énormément du nouveau régime. Les instituteurs étaient
« sans moyens d'action, sans influence sur leurs élèves
« pour les astreindre à la fréquentation régulière, à un
« travail assidu, à une conduite convenable. Souvent, les
« instituteurs, pour satisfaire leurs aises, étaient les pre-
« miers à déconseiller aux élèves de venir à l'école. Les
« patrons ne laissaient plus leurs apprentis quitter le tra-
« vail plus tôt pour aller à l'école, soit parce qu'ils crai-
« gnaient qu'ils ne devinssent trop instruits, soit parce
« qu'ils savaient que les apprentis, au lieu de suivre les
« cours d'adultes, couraient les rues ou les cabarets.
« Aussi en revisant le code industriel, y inscrivit-on d'une
« façon plus expresse et avec une sanction bien nette, le
« principe de l'obligation. »

Nous ne sommes pas partisan de l'enseignement complémentaire obligatoire, et pensons que la seule obligation
vraiment justifiée, est celle qui impose aux patrons le
devoir d'accorder à leurs apprentis le temps nécessaire
pour suivre les cours des écoles industrielles, telle qu'elle
est inscrite notamment dans les lois de divers cantons
suisses (1).

Nous croyons qu'avec quelques élèves libres, et par
conséquent remplis de bonne volonté et désireux d'apprendre, on fait plus pour le progrès de l'industrie et
l'éducation de la classe ouvrière, qu'avec un grand

(1) Vaud, loi du 21 novembre 1896, article 9. — Berne, Gesetz
über gewerbliche und kaufmännische Berufslehre. art. 25. — Neuchâtel. Loi du 21 novembre 1890, article 10 (voir annexes).

nombre d'élèves, la plupart paresseux ou décidés à ne pas travailler. Quand la fréquentation de l'école est obligatoire, les bons éléments souffrent du voisinage des mauvais, et la valeur de l'enseignement baisse forcément ; le professeur découragé d'avoir affaire à des enfants en majorité inattentifs ou rebelles n'apporte plus à son travail l'enthousiasme et l'ardeur qu'il aurait devant un auditoire discipliné et studieux.

Dans les écoles non obligatoires, on voit souvent les jeunes gens continuer à suivre les cours, après avoir dépassé l'âge de 18 ans, ce qui n'arrive guère aux écoles dont la fréquentation est imposée. On peut citer l'exemple de Berlin, où les écoles de fréquention libre ont 17.000 élèves, soit 40 à 45 0/0 de la population que leur procurerait l'application du principe de l'instruction obligatoire.

On a pu constater aussi lors des expositions de travaux d'apprentis, notamment à Brème en 1890, et à Genève en 1896, que les résultats obtenus par les écoles industrielles non obligatoires, qui ont exposé des travaux d'élèves, dépassent de beaucoup ceux des établissements dont la fréquentation est imposée, et que c'est chez les jeunes gens qui ont suivi les cours librement que l'on rencontrait les progrès les plus sensibles (1).

Cependant l'obligation sera peut-être une mesure sage, tant que la classe ouvrière n'admettra pas sans contestation l'utilité de développer son instruction technique, et c'est en tout cas le meilleur moyen de vaincre la résistance de ceux qui, parmi les patrons, considèrent encore l'ignorance de l'ouvrier comme un bienfait.

Les différents États d'Allemagne, qui ont établi la fré-

_____

(1) Cf. Dr Hilze, *Arbeiterwohl*, 1897, p. 103.

quentation obligatoire des écoles industrielles, n'ont pas adopté une réglementation uniforme et le nombre d'heures de présence exigée aux cours varie suivant chaque État.

En Saxe, d'après la loi du 26 avril 1893, les enfants qui ont quitté l'école primaire, sont tenus de fréquenter l'école d'adultes pendant trois ans, et au moins deux heures par semaine (article 14, § 2) ; mais à ce minimum, chaque commune ajoute ce qu'elle juge nécessaire, et le jeune homme peut être tenu, de suivre les cours jusqu'à huit heures par semaine (article 14, § 3) maximum légal de l'obligation. Pour être dispensé de suivre les cours de l'école industrielle, il faut justifier que l'on suit, ou que l'on a suivi jusqu'à 15 ans, les cours d'une école moyenne ou supérieure.

En Bavière, un arrêté du 2 septembre 1886, oblige les jeunes gens à suivre pendant trois ans les cours d'adultes, soit ceux du dimanche, soit ceux de la semaine.

En Wurtemberg, l'école primaire est obligatoire jusqu'à l'âge de 14 ans; ensuite le jeune homme doit fréquenter l'école d'adultes pendant deux ans, ou l'école dominicale pendant trois ans, et le minimum des heures de leçons est fixé par la loi, si l'enfant suit des cours ayant lieu les jours ouvrables, à deux heures de leçons pendant quarante semaines par an et s'il suit des cours du dimanche, à quarante heures par an.

Dans le grand-duché de Bade, une loi de 1874 rend la fréquentation des Fortbildungschulen obligatoire pendant deux ans, pour tous les garçons et pendant trois ans pour les jeunes filles. Les cours suivis doivent être au minimum de deux heures par semaine pendant toute l'année, ou de trois heures par semaine pendant le semestre d'hiver seulement.

L'obligation de fréquenter les écoles d'adultes existe de même dans la Hesse, et dans les petits États de Saxe-Cobourg, Saxe-Meiningen, Saxe-Weimar, Schwartzburg-Rudolstadt, etc., et toutes les Fortbildungschulen sont industrielles, les matières générales de l'instruction primaire y sont appliquées autant que possible aux besoins professionnels des élèves.

En Suisse, dans les cantons qui astreignent les jeunes gens sortis des écoles primaires et placés en apprentissage à suivre régulièrement les cours du soir ou du dimanche, la moyenne de l'obligation légale est de quatre heures par semaine jusqu'à un âge variant entre 15 et 18 ans (15 ans à Bâle et Zurich, 16 ans dans les cantons d'Appenzell, Vaud et Neufchâtel, 17 ans à Schaffouse, et 18 à Soleure).

Il faut pour qu'une loi soit efficace, qu'elle renferme des sanctions qui assureront le respect de ses prescriptions. Or il est fort difficile de contraindre l'apprenti à suivre les cours professionnels, et c'est là à notre avis un des meilleurs arguments à invoquer pour conserver à l'enseignement complémentaire professionnel le caractère facultatif. La loi cantonale de Soleure statue que les apprentis qui ne se rendraient pas régulièrement aux cours, seront conduits à l'école par un agent de police, lequel percevra chaque fois une taxe d'amende de 0 fr. 20 à la charge du père ou du patron délinquant. Plusieurs autres législations suisses ou allemandes contiennent des prescriptions aussi formelles. La loi badoise, par exemple, rend le patron responsable de l'assiduité de l'apprenti aux cours.

§ IV. — Gratuité et écolage. — Subventions. — Cours du soir ouverts aux apprentis dans les écoles professionnelles.

Pour rendre l'enseignement obligatoire, il faut en assurer la gratuité absolue ; mais d'autre part, on a remarqué que le meilleur moyen d'obtenir des ouvriers une assiduité régulière, est de leur demander un écolage plus ou moins modique. L'exemple des cours professionnels du grand duché de Hesse qui après avoir débuté par la gratuité, ont été obligés de demander à leurs élèves, une rémunération très faible il est vrai, vient corroborer ce fait qui au premier abord peut sembler paradoxal. On l'admettra pourtant volontiers en réfléchissant que bien des gens, et en particulier les ouvriers, ont une tendance à n'apprécier réellement que ce qu'ils payent.

Aussi, reconnaissant la justesse de cette observation qui avait été mise en lumière par la grande Commission d'enquête sur l'enseignement technique, qui a fonctionné en 1865, presque toutes les villes, communes, ou sociétés d'enseignement qui ont, aussi bien en France qu'à l'étranger, institué des cours professionnels, exigent-elles des élèves une faible rétribution qui suffit pour écarter les simples curieux et les empêcher d'occuper les places destinées aux élèves sérieux.

En Angleterre, par exemple, le célèbre collège d'ouvriers de Great-Ormond street, qui compte près de 1.000 élèves inscrits, exige une rétribution, très minime, il est vrai.

En France, la Société industrielle du Rhône, demande

trois francs à chacun de ses élèves, et elle en compte environ 7.000. La Société industrielle d'Amiens, pour assurer l'assiduité des apprentis à ses cours, a créé une carte payante du prix de 10 francs pour 25 cours ; mais cette somme versée à titre de dépôt, est remboursée à l'élève par des jetons de présence d'une valeur de 0 fr. 40 pour chaque cours auquel il assiste.

Le principe de la gratuité de l'enseignement professionnel est de règle dans les écoles industrielles de Belgique ; mais ce principe n'est pas absolu, car partout, on exige des élèves sous le nom de « minerval » une rétribution généralement minime et en outre presque toutes ces écoles font payer un droit d'inscription. Le produit de ces recettes est réparti à la fin de l'année à titre de primes entre les élèves qui ont fréquenté régulièrement les cours.

Pour pouvoir rendre un enseignement obligatoire, il faut qu'il soit organisé et que pas une commune n'en soit privée. C'est ce qui explique la tendance à la centralisation de l'enseignement professionnel entre les mains de l'État qui se manifeste à l'heure actuelle en Allemagne et en Autriche. De plus en plus, les écoles privées qui ont besoin de subsides deviennent écoles publiques entretenues à frais communs par l'État et la commune, puis sont transformées en écoles du Gouvernement. On trouve dans les rapports officiels les multiples arguments invoqués par les fonctionnaires du pouvoir central, pour justifier leur intervention de plus en plus large, et pour démontrer que les communes sont incapables de faire les sacrifices nécessaires en vue des progrès et de la stabilité des écoles.

Il est vrai que si les communes ne font pas le nécessaire, on peut les y contraindre ; c'est ainsi que la loi de l'industrie hongroise du 21 mai 1884 dispose (art. 80) que les communes comptant 50 apprentis au moins, sont obligées, s'il n'existe pas pour eux d'écoles spéciales, d'ouvrir à leur intention des cours d'enseignement professionnel. De même la loi cantonale bernoise (art. 20) prescrit l'ouverture de cours pour les apprentis dans toute localité ou 10 élèves au minimum se feraient inscrire.

L'étatisation de l'enseignement professionnel étant la conséquence forcée de l'obligation légale constitue un des motifs qui nous la font repousser, et nous accordons la préférence au système pratiqué en Belgique où, jusqu'à présent, le Gouvernement a laissé aux communes et aux particuliers l'initiative de la création des écoles industrielles et professionnelles, et n'a pas créé d'établissements de l'Etat. Cela nous paraît bien préférable puisque les écoles naissent alors pour ainsi dire spontanément dans les localités où la nécessité s'en fait sentir, puisque les industriels et les ouvriers sont les premiers à en réclamer la création.

Puis c'est le moyen le meilleur de tenir compte des besoins locaux, de la nature des industries de la région, du degré d'instruction de la population appelée à fréquenter les cours, puisque chaque école peut être dotée par ses créateurs des programmes les plus variés ; tandis que au contraire des écoles créées par le Gouvernement auraient forcément un certain caractère d'uniformité.

Le rôle de l'État doit donc être simplement d'encourager les initiatives heureuses, et de les aider par son appui et par ses subsides : mais il y aurait avantage, croyons-nous, à suivre des règles fixes et connues d'avance pour la répartition des subventions, comme cela a lieu en Angleterre, et comme c'est actuellement la tendance en Belgique. L'égalité de traitement, en créant l'émulation, donnerait aux institutions professionnelles une vie beaucoup plus intense. Les deux éléments qui pourraient servir de base pour cette répartition seraient naturellement : le nombre des élèves de chaque classe, et la valeur de l'enseignement donné.

En ne comptant que le premier élément seul, on s'exposerait à des fraudes, et en ne prenant en considération que le mérite de l'instruction on s'exposerait à priver certaines régions dignes d'intérêt d'institutions d'enseignement technique.

Il est également rationnel de stipuler, pour les classes professionnelles, un maximum d'élèves donnant droit au subside, car au delà d'un certain nombre, le professeur se trouve débordé et incapable de consacrer à chaque élève un temps suffisant. Quant à la valeur de l'enseignement, elle peut s'établir, soit par l'examen, soit par l'inspection.

Telles sont, par exemple, les règles établies par le Gouvernement anglais pour la répartition des subventions de l'État aux écoles du soir (evening continuation schools) : Pour avoir droit au subside, ces cours doivent: Avoir lieu après 4 heures du soir; avoir été l'objet d'un rapport favorable de l'inspecteur; avoir fait agréer leur personnel enseignant par le ministère de l'instruction publique (Education Department) ; l'école doit être ouverte au moins 30 soirs par an; l'horaire doit avoir été approuvé par le Gouvernement.

Tandis que les écoles de jour sont subsidiées à raison du nombre moyen d'élèves présents en classe au cours de l'année scolaire, pour les écoles du soir, on compte par individu et pour chaque élève on fait le total de ses présences : La subvention est alors calculée de la manière suivante :

1° Un subside fixe de 1 fr. 25 pour chaque série de 12 heures de leçons suivies par chaque écolier. Ce subside fixe n'est donné que simultanément avec un subside variable calculé comme suit :

2° Un subside variable de 1 fr. 25 à 1 fr. 68, suivant que l'instruction donnée est jugée bonne ou excellente, pour chaque série de 12 heures de leçons suivies par chaque écolier.

Aucun élève ne peut donner lieu à des subsides pour moins de deux cours, ni pour plus de 5 cours à la fois (1).

Des subsides spéciaux ou supplémentaires sont accordés à certains cours et calculés par unité de population scolaire : Ainsi, on accorde :

Pour les cours de cuisine, 5 francs pour chaque fille qui reçoit 40 heures de leçons par an ; les classes ne peuvent comprendre plus de 18 élèves par professeur.

Pour les cours de blanchissage, 2 fr. 50 pour 20 heures de leçons ; les classes ne peuvent compter plus de 14 élèves par professeur.

Pour 20 leçons de deux heures de travaux de femme, 5 francs ; pas plus de 14 élèves à la fois.

En outre les cours professionnels du jour et du soir, peuvent être également subventionnés par le Département de Science et Art, et par le Conseil de Comté.

En Belgique, on se préoccupe surtout de proportionner le montant de la subvention à la somme des frais considérables que nécessitent les différents cours ; ainsi, tandis qu'un cours purement théorique peut couvrir facilement ses dépenses à l'aide des frais d'inscription et du minerval

_____

(1) O. Pyfferoen. *Rapport sur l'enseignement professionnel en Angleterre*, Bruxelles, Lebègue et Cie, 1896, p. 52.

les cours pratiques, tels que ceux qui exigent des laboratoires ou des ateliers, occasionnent une dépense beaucoup plus considérable.

Aussi, le subside accordé par l'État aux écoles industrielles, c'est-à-dire à celles dont l'enseignement est purement théorique, s'élève-t-il au tiers des dépenses totales, déduction faite des frais de loyer des bâtiments, et du minerval payé par les élèves, tandis que pour les écoles professionnelles de jeunes filles et de garçons le subside atteint les 2/5 des dépenses totales, déduction faite également des frais de loyer et du produit du minerval. En outre, le Gouvernement participe pour moitié aux frais d'achat et d'installation de l'outillage de ces écoles, sur présentation des factures acquittées (1).

De même, en Angleterre, les autorités locales établissent la distinction entre les classes d'enseignement professionnel théorique, et celles d'enseignement pratique, et arrêtent même quelquefois une sorte de tarif des subsides pour les divers cours. Nous en avons donné un exemple plus haut.

Nous préconisons ce système employé à l'étranger, parce que, de la sorte, les subventions sont accordées indistinctement aux écoles officielles et aux écoles libres, confessionnelles ou non ; pour les unes et les autres, les conditions du droit au subside sont les mêmes. Toutes sont jugées d'après leur utilité et sur leurs résultats, et l'on ne risque pas, comme cela a lieu trop souvent en France, soit d'aider une œuvre inutile, soit de laisser

____

(1) Rombaut. *Rapport sur la situation de l'enseignement industriel et professionnel en Belgique,* pendant les années 1884 à 1896. Bruxelles, Lebègue et Cie, 1897. Introduction, p. 11.

péricliter et disparaître faute d'appui, telle institution qui, encouragée et soutenue, prendrait de l'extension et rendrait des services à la classe ouvrière.

Les écoles professionnelles de l'étranger ont, comme les nôtres à lutter contre l'influence des parents, qui pressés par le besoin et désireux de voir leurs enfants gagner quelque argent, interrompent leurs études et ne leur laissent suivre les cours que pendant une année, ou même seulement pendant quelques mois.

Au lieu de résister à cette tendance, certaines écoles ont préféré réserver leur enseignement complet à ceux des élèves auxquels leurs études antérieures et leur situation sociale permettaient de sacrifier quelques années et d'aspirer à se perfectionner pour devenir plus tard des contre-maîtres, des chefs d'atelier ou même des patrons. Elles ont ingénieusement organisé leur plan d'études, de manière à permettre aux élèves qui désirent s'adonner plus spécialement aux travaux de pratique, ou apprendre certaines parties du métier enseigné, de le faire facilement, sans inconvénient pour les autres écoliers, et sans amener d'irrégularité dans la succession des cours.

Dans presque toutes les écoles professionnelles d'Allemagne et de Suisse, les règlements, tout en étant très sévères au point de vue de la discipline, sont conçus dans un esprit très large, de manière à tenir compte de toutes les exigences sociales ; ils visent, non point à entraver, à restreindre si peu que ce soit, l'admission des élèves, mais à la favoriser aussi généreusement que possible: Ainsi à l'école de tissage de Crefeld, où la durée normale des études est de deux ans, des apprentis du dehors peuvent, soit suivre des cours semestriels, soit suivre pendant toute l'année, un nombre déterminé d'heures par semaine, ou

15 — F.

bien des travaux pratiques de teinture et d'apprêt, ou bien des travaux pratiques de tissage.

Presque toutes les écoles professionnelles suisses ont de même des cours spéciaux pour les auditeurs bénévoles : Ainsi, « l'Ecole cantonale des arts industriels de Genève » est fréquentée par 130 élèves réguliers, et 50 à 60 irréguliers, qui sont en général des apprentis de l'industrie, et doivent justifier de connaissances suffisantes pour pouvoir suivre avec fruit l'enseignement qui y est donné. A « l'Ecole d'apprentissage pour le travail des métaux » à Winterthur, outre les élèves *réguliers* qui payent 40 francs par an, et suivent tous les cours, on admet pour une durée d'un an au moins, et dans la limite des places disponibles dans les ateliers, des élèves *irréguliers*, qui désirent se former dans le sens exclusivement pratique, et auxquels on demande un écolage de 20 francs par an. Enfin, il existe une troisième catégorie d'élèves, les *auditeurs* qui suivent tel cours, théorique ou pratique à leur choix, et payent trois francs par leçon théorique annuelle, ou six francs par leçon pratique. A la grande « Ecole professionnelle de dessin et de broderie de Saint-Gall, » on retrouve cette même division des élèves en réguliers, irréguliers et auditeurs ; ces derniers peuvent être aussi bien des jeunes filles que des jeunes gens : En 1896 leur nombre était de 23, dont 15 garçons et 8 jeunes filles.

Des tentatives du même genre ont lieu en France, depuis quelques années, et sont, en général, couronnées d'un plein succès.

Nous pouvons citer, entre autres, les résultats obtenus par la « Société industrielle de Saint-Quentin et de l'Aisne», qui a ouvert, dans l'école régionale professionnelle qu'elle a créée, seize cours publics et gratuits pour les apprentis

et jeunes ouvriers. Le nombre des élèves inscrits pendant
l'année scolaire 1896-1897, atteignait le chiffre de 2.000,
bien que l'exiguïté des locaux et la surchage imposée aux
professeurs n'aient pas permis de recevoir tous les candidats. Nous croyons intéressant de donner la nomenclature
des cours qui ont été professés, et de mettre en regard le
nombre d'élèves qui les ont suivis, cette citation montrant
bien la préférence des ouvriers pour les cours qui leur
permettent de se perfectionner dans leur métier.

Tissage théorique et pratique	69
Tissage mécanique	44
Mise en carte pour tissus divers, cours du soir. 48 — — cours du jour. 59	107
Dessin et mise en carte pour broderie mécanique	43
Broderie mécanique	18
Chauffage et conduite de machines à vapeur	22
Sucrerie	38
Mécanique	52
Physique élémentaire	19
Chimie industrielle	22
Allemand	43
Anglais	45
Dessin industriel	55
Lingerie	1.150
TOTAL	1.727

Citons aussi l'école de tissage et de filature, fondée à
Tourcoing par la Chambre de commerce, et qui comprend
deux séries de cours pour chacune des trois spécialités,
filature du coton, peignage et filature de la laine. Les
cours du jour s'adressent plus particulièrement aux jeunes
gens qui ont fait des études scientifiques classiques et qui

désirent étudier à fond l'industrie textile. Le nombre
des élèves qui suivent ces cours est de vingt-deux, parmi
lesquels plusieurs jeunes gens appartenant à des familles
de grands industriels. Les cours du soir, au contraire, sont
essentiellement pratiques, et ont pour but de faciliter aux
apprentis la connaissance approfondie de leur métier ; les
résultats en sont excellents et un grand nombre des élèves
qui suivent ces cours deviennent des ouvriers fort habiles
et, malgré leur jeune âge, gagnent des appointements et
des salaires fort élevés.

La Ville de Paris à également ouvert dans ses écoles
municipales professionnelles des cours du soir qui ont
parfaitement réussi : Par leur outillage complet et leur personnel de professeurs de travaux manuels, ces écoles
sont en effet tout indiquées, pour étendre en dehors du
cercle restreint de leurs élèves réguliers, l'enseignement
technique pratique, et pour le mettre ainsi à la portée de
tous les apprentis de l'industrie désireux de s'instruire.

D'autres tentatives du même genre ont été faites, avec
un égal succès dans différentes villes ou régions de la
France.

En présence de résultats aussi satisfaisants, il était intéressant de généraliser ce système ; et c'est ce que vient
de tenter de faire, M. Millerand, Ministre du Commerce
et de l'Industrie. Il a adressé aux directeurs et professeurs
des diverses écoles qui relèvent de son ministère, une
lettre-circulaire, pour leur demander d'organiser comme
complément de l'enseignement donné dans ces écoles, des
cours du soir et des conférences destinées aux apprentis
et apprenties.

CHAPITRE XI

PAR QUI EST ASSURÉ L'ENSEIGNEMENT TECHNIQUE
DE L'APPRENTI

Ce qui frappe le plus, lorsque l'on étudie l'enseignement professionnel en France, c'est le défaut d'organisation et le manque de vues d'ensemble, et cet état de
choses tient croyons-nous à deux causes : C'est d'abord
une conséquence de notre système de centralisation à
outrance qui a annihilé la vie propre des villes ou provinces, et leur a fait perdre tout esprit d'initiative. D'autre
part, la loi de 1884 qui a accordé l'existence légale aux
associations professionnelles est encore trop récente pour
avoir porté tous ses fruits, et les syndicats ouvriers ou
patronaux, ne se sont encore guère préoccupés de développer l'instruction technique des apprentis de leur corps
d'état.

Ces faits sont surtout caractéristiques si l'on établit un
parallèle entre la France et l'Allemagne, où l'esprit local
d'union, d'association patriotique et sociale absolument
désintéressé est extrèmement vivant. La solidarité s'y
atteste d'une façon effective, sous des formes multiples et
toujours sous le nom de Verein (association). Dans la
plupart des villes, qu'elles soient importantes ou non, se
rencontrent des associations pour l'apprentissage, l'ensei-

gnement professionnel, les musées industriels, le travail
des femmes, le travail manuel (Handarbeitsvereine), la
dextérité de la main (Handvertigkeitsvereine), etc. Toutes
celles de ces associations tendant à des buts similaires se
sont groupées, ce qui leur a permis de tenir des Congrès.
(Leipzig, 3 juin 1882, Magdebourg, 1887) et d'ouvrir des
expositions (Brême, 1890).

D'autre part, les corporations restaurées et rendues
obligatoires pour la petite industrie, doivent, selon le vœu
du législateur, s'occuper de l'éducation professionnelle de
leurs apprentis : elles ont même à cet effet des pouvoirs
très étendus, puisque la loi du 6 juillet 1887, confère à
l'administration le droit de forcer les non-membres de
la corporation, à contribuer aux frais faits par celle-ci
pour certaines institutions de bien commun, surtout pour
les écoles (article 100 de la Gewerbe Ordnung). Usant de
cette prérogative, 54 corporations ont obtenu l'autorisation d'imposer des cotisations aux patrons non affiliés
et plus de 300 corporations ont fondé des écoles ou cours
professionnels pour leurs apprentis.

La Suisse a réussi mieux que toute autre nation, grâce
surtout à l'appui du Schweizerischer Gewerbeverein, à
apporter dans l'enseignement professionnel un ordre et
une méthode aussi rationnels que possible, et est parve-
venue à faire bénéficier de cet enseignement toutes les
agglomérations, non seulement celles qui contenaient un
certain élément industriel, mais même toutes les localités
de quelque importance. Indépendamment des efforts faits par
les Cantons eux-mêmes, l'Union suisse n'a pas créé moins
de 153 écoles professionnelles, résultat considérable eu
égard au chiffre de la population.

Ce ne sont certes pas les bonnes volontés qui manquent

en France, mais malgré les très louables et très persévérants efforts de certains groupes, nous sommes très largement distancés par les nations voisines.

Parmi les divers organismes qui s'inquiètent de compléter l'éducation professionnelle de l'apprenti, il nous faut d'abord citer, à cause de leur ancienneté et de leur importance, les sociétés d'enseignement populaire, telles que l'Association philotechnique, ou l'Association polytechnique à Paris, la Société philomatique de Bordeaux, la Société industrielle du Rhône, qui fondées pour parfaire l'instruction primaire de l'apprenti, se sont transformées et tendent à devenir des alliées plus intimes de l'industrie, en créant suivant les divers besoins de la fabrication, des cours d'application scientifique appropriés aux professions des agglomérations ouvrières.

Il nous faut citer ensuite les tentatives faites par certaines villes industrielles, comme Reims, ouvrant une école municipale de tissage, comme Roubaix, créant une école des arts industriels qui ne comprend pas moins de 22 cours, parmi lesquels des cours de teinture, les uns théoriques, les autres pratiques, des cours de tissage, des cours de travaux pratiques de remettage (opération qui consiste à préparer la chaîne du tissu), des cours de filature, des cours pour chauffeurs, etc. (1).

Mais il semble logique de penser que ce sont surtout les personnes qui ont intérêt à voir augmenter et croître la capacité et la valeur professionnelle de l'apprenti qui doivent prendre soin d'assurer son instruction technique.

____

(1) En 1896-1897 les cours de l'école des Arts industriels de Roubaix ont été suivis par 589 élèves, presque tous ouvriers ou apprentis.

Voyons donc ce qu'ont fait dans ce sens, d'une part les ouvriers, d'autre part les patrons.

§ 1. — Indifférence et hostilité des ouvriers pour tout ce qui concerne l'apprentissage. Institutions ouvrières d'enseignement professionnel.

Une des causes les plus certaines de la décadence de l'apprentissage provient, nous l'avons vu, du fait des familles ouvrières, qui, sacrifiant l'avenir au présent, cherchent à assurer à leurs enfants un salaire immédiat, dont elles-mêmes profiteront, sans s'inquiéter de leur faire apprendre un véritable métier, et sans se préoccuper du développement raisonné de leur instruction professionnelle.

Il y a donc déjà dans cette manière d'agir des parents une méconnaissance étrange de l'utilité de l'apprentissage. Et cette erreur que commettent, individuellement pourrait-on dire, la grande majorité des ménages ouvriers en plaçant leurs enfants, pour ainsi dire, au hasard, on la retrouve lorsque l'on envisage les membres de la classe ouvrière, non plus isolément, mais collectivement, et cela est d'autant plus surprenant que les ouvriers comprennent fort bien toute l'importance de l'apprentissage, et que chaque fois que l'occasion leur a été fournie de formuler leur avis sur cette question, ils ont montré qu'ils saisissaient parfaitement tout l'intérêt qu'il y avait, pour l'industrie en général, et par conséquent pour eux mêmes, à ne pas laisser diminuer leur valeur professionnelle.

C'est ainsi que lors de l'enquête sur les « conditions du

travail en France », qui eut lieu de 1872 à 1875 sur la proposition de M. d'Audiffret-Pasquier, nous voyons les représentants des ouvriers déclarer, par l'organe du Président du syndicat général de Paris : « La question de « former des apprentis est une question de vie ou de mort « pour l'industrie parisienne. Le temps passe ; si nous ne « formons pas des ouvriers, nous perdrons notre rang « dans le monde industriel (1). »

Déjà, en 1862, les ouvriers qui avaient été élus au suffrage universel, par le vote de chaque corporation et délégués à l'exposition de Londres, avaient terminé leurs rapports par un exposé des vœux, des besoins et des aspirations de chaque corps professionnel. Au nombre des réformes réclamées, figure « la réforme de l'apprentissage » dont les délégués signalent l'état déplorable : Ils demandent la création d'écoles professionnelles spéciales pour les apprentis.

En 1867, les délégués, outre les vœux qu'ils émettent sur le droit de réunion, d'association corporative, etc., réclament le droit pour les diverses associations syndicales de s'occuper de toutes les questions intéressant l'apprentissage, de créer des écoles professionnelles, des bibliothèques, etc.

Les rapports des délégués à l'Exposition universelle de Vienne en 1873 sont particulièrement intéressants, parce qu'ils nous montrent que les doléances de la classe ouvrière quant à l'apprentissage, sont motivées, non par l'intérêt de l'enfant, mais par l'intérêt de l'ouvrier. Les délégués se plaignent de la *concurrence déloyale* faite aux

(1) Cité par Tallon. *La vie morale et intellectuelle des ouvriers.* Paris, Plon 18 , p. 34.

ouvriers par le travail des enfants à prix inégal ; en même
temps ils constatent que l'étude des produits industriels
exposés révèle la *défectuosité*, pour ne pas dire la *nullité*, des apprentissages, et ils expriment la crainte de
voir l'industrie péricliter, si on ne remédie pas à cet état
de choses (1).

Ce même sentiment de réprobation contre les agisse-
ments du patron qui fait de l'apprenti un petit ouvrier en
le spécialisant et peut ainsi, dans certaines professions,
diminuer le nombre des ouvriers adultes en augmentant
celui des apprentis, dicte la plupart des dépositions faites
par des ouvriers devant la Commission d'enquête parlementaire, dite des 44 (2).

Les ouvriers fondeurs (3), doreurs (4), portefeuillistes
maroquiniers (5), peintres en bâtiments (6), tapissiers (7) et
typographes (8) sont d'accord pour se plaindre de ce que
« les patrons ne font plus d'élèves, ils font de l'exploitation » ; mais, le motif réel de la plainte, c'est non pas
l'ignorance professionnelle dans laquelle reste forcément
l'apprenti ainsi spécialisé, mais le dommage qui en résulte pour l'ouvrier adulte, qui se trouve en quelque sorte
exproprié.

L'ouvrier qui voit un concurrent dans l'apprenti spécialisé, devrait donc logiquement, semble-t-il, exiger
que l'enfant reçoive une instruction professionnelle com-

(1) Tallon, *loc. cit.*, p. 170.

(2) *Procès-verbaux* de la commission chargée de faire une enquête
sur la situation des ouvriers de l'industrie et de l'agriculture en
France, et présenter un premier rapport sur la crise industrielle à
Paris. Paris, 1884. 3) p. 28. 4) p. 33. 5) p. 184. 6) p. 197. 7) p. 264.
8) p. 391.

plète. Il ne le fait cependant pas, parce qu'il voit alors dans l'apprenti instruit et capable, un futur concurrent, qui préféré par le patron à cause de sa jeunesse et de son activité, le chassera un jour de l'atelier où il prendra sa place. C'est là bien souvent le motif inavoué de la mauvaise volonté que l'ouvrier témoigne à l'égard de l'apprenti qu'il laisse « se débrouiller tout seul ». Il sait, en effet, que la réduction ou la non-augmentation des salaires provient souvent, — il croit même que c'est toujours — de la surabondance des bras sur le marché professionnel et de la concurrence que se font les ouvriers entre eux. En règle générale, et sans qu'il soit nécessaire d'entente, les ouvriers sont convaincus qu'il y a trop d'apprentis, et trop souvent ils s'efforcent, pour en réduire le nombre, de décourager ceux qui leur sont confiés.

Il faut d'ailleurs reconnaître, que même dans les professions où elle est organisée, cette résistance est à peu près impuissante, et presque partout il y a des bras en excès; elle n'a d'autre effet que de rendre difficile l'acquisition du métier par les apprentis. Dans certaines professions, les ouvriers refusent même de faire des élèves, et c'est aux enfants employés comme auxiliaires, à dérober, pourrait-on dire, les tours de main. On comprend aisément combien peut être défectueuse l'instruction professionnelle acquise dans de telles conditions.

Certains syndicats ouvriers imposent aux patrons la limitation du nombre des apprentis, la fixation de la durée de l'apprentissage et celle de l'âge maximum de l'apprenti.

Les typographes ont limité strictement le nombre des apprentis et chaque patron n'en peut prendre qu'un nombre proportionnel à celui de ses ouvriers.

L'année dernière, l'Union syndicale des maîtres-imprimeurs de France, réunis au congrès de Bordeaux (19 juillet 1899) a, pour donner satisfaction aux vœux des ouvriers de la profession, voté la résolution suivante :

« Le nombre des apprentis (ceux à l'essai exceptés)
« dans chaque atelier, ne devra pas être supérieur à la
« proportion de 1 apprenti sur 5 compositeurs. Les ap-
« prentis de quatrième et de cinquième année, dits petits
« ouvriers, comptent comme ouvriers dans la proportion
« sus-indiquée. »

« Dans le cas où la population ouvrière d'un atelier
« serait diminuée, les vacances qui se produiraient parmi
« les apprentis, ne seraient comblées qu'une fois que le
« nombre des ouvriers serait ramené à sa proportion
« normale. »

Les ouvriers chapeliers, à la suite d'une grève mémorable qui eut lieu à la fin du second empire, ont imposé aux patrons des règlements encore en vigueur aujourd'hui et calqués sur ceux de l'ancien régime. Nul maître, quel que soit le nombre de ses ouvriers n'a le droit de former plus d'un apprenti tous les trois ans, et ne peut lui faire enseigner son métier que par un homme travaillant aux pièces et payé par l'apprenti. M. le vicomte d'Avenel n'hésite pas à attribuer à cette réglementation, la crise que subit depuis plusieurs années notre industrie chapelière, crise qui a favorisé l'éclosion d'industries similaires fort prospères à l'étranger (1).

A la commission d'enquête parlementaire, dite des 44, les patrons carrossiers déclarent : « Nous n'avons pas d'ap-
« prentis dans nos ateliers ; nos ouvriers n'en veulent pas

(1) Vicomte d'Avenel. *Le mécanisme de la vie moderne.* « Chapeaux plumes et fleurs. » (Revue des Deux-Mondes. Année 1900, p. 614).

« Et même ceux qui ont des enfants ne les élèvent pas
« dans la partie, parce qu'ils savent que leurs camarades
« ne les souffriraient pas plus qu'ils n'en souffrent eux-
« mêmes. Le peu d'ouvriers que nous avons, nous vient
« de la province où l'apprentissage se fait assez mal (1). »

Remarquons en passant, qu'il en est de même dans les
grandes villes pour plusieurs autres professions : On ne
forme à Paris, ni coiffeurs, ni cordonniers, ni charpentiers, ni tailleurs ; tous les ouvriers de ces corps d'état ont
fait leur apprentissage en province.

Les patrons ferblantiers déclarent que l'ouvrier n'a plus
pour l'apprenti le même dévouement qu'autrefois ; on n'en
trouve plus un sur dix qui veuille consacrer son temps à
enseigner le métier à un apprenti, malgré les gratifications
que l'on ajoute à leur salaire quand ils consentent à se
charger de ce soin.

La Chambre syndicale des ouvriers du bronze fait un cas
de mise à l'index de la formation d'un trop grand nombre
d'apprentis.

Si, enfin, nous nous reportons aux projets de lois les
plus récents émanants de représentants de la classe
ouvrière, nous retrouvons également cette même indifférence à l'égard de l'apprentissage. Dans le projet de code
du travail présenté en 1898 (2) par M. Arthur Groussier et
56 de ses collègues, députés socialistes (3), la loi de 1851
est abrogée, et toute la législation concernant l'apprentissage se résume en deux chapitres : Le premier comportant trois articles, impose seulement à l'employeur ou à ses

(1) *Procès-verbaux*, etc., p. 125.
(2) Séance du 13 juin 1898.
(3) *Proposition de loi sur le code du travail*. Paris. Motteroz, 1898.

préposés, l'obligation de donner à l'apprenti un enseignement professionnel progressif et complet, qui le rende apte à exercer la profession à la fin de l'apprentissage, et lui enjoint d'accorder aux apprentis toutes facilités pour suivre les cours professionnels et les classes d'adultes, nécessaires au développement de leur instruction technique ou générale.

Le second chapitre, comportant également trois articles est consacré à l'organisation possible par les Chambres syndicales, de cours théoriques et pratiques destinés à compléter l'instruction professionnelle des apprentis et des travailleurs, et à leur enseigner plus spécialement les connaissances nécessaires pour la sécurité publique ou leur propre sécurité.

Il est vrai qu'un grand nombre d'articles sont consacrés à l'enseignement professionnel assuré par l'école ; mais ils contiennent surtout le plan d'organisation de ces écoles, qui toutes ressortiraient du Ministère du travail. Les auteurs du projet, donnent, d'ailleurs, tout au moins implicitement, la préférence à l'apprentissage par l'atelier, car l'article 273 stipule que les écoles professionnelles seront autant que possible annexées aux exploitations industrielles, l'enseignement devant être ainsi plus conforme à la pratique des ateliers, et les professeurs de travaux manuels pouvant se tenir mieux au courant des progrès de la profession.

Depuis quelques années, cependant, les ouvriers semblent se rendre un compte plus exact de l'utilité que présentent pour eux les institutions destinées à leur assurer un apprentissage complet et rationnel et à développer leur éducation professionnelle. Néanmoins les tentatives faites par eux-mêmes dans ce sens ne constituent que de rares exceptions. Pourtant bien souvent, l'ouvrier après un apprentissage rudimentaire, qui ne lui a fourni que quelques notions incomplètes de son métier, est bien obligé de reconnaître son insuffisance et son incapacité. Les faibles, les paresseux, acceptent sans regrets cette évidence « demandant à couvrir, par la chimère de l'éga-« lité absolue des salaires, la honte de leur impéritie ; « mais ceux qui sont actifs, intelligents et laborieux, re-« connaissent loyalement leur erreur et demandent à leur « syndicat de leur donner le complément de l'instruction « technique qui leur manque » (1).

Les chambres syndicales ouvrières, et les syndicats ouvriers, ont donc été amenés à assurer l'enseignement professionnel des membres, et surtout des apprentis de la corporation.

A Paris, les menuisiers en bâtiment, les cuisiniers, les tapissiers, les chauffeurs-mécaniciens, et quelques autres encore ont ouvert des cours. La chambre syndicale des ouvriers en voitures a créé, depuis 1872, une école remarquable ; les cours sont répartis sur une période triennale : pendant la première année, l'élève apprend le dessin linéaire, les éléments de géométrie appliqués à la voiture et construit des pièces détachées. En seconde année il fait l'ensemble d'un arrière et d'un avant-train. Enfin en troisième année, il établit la synthèse de la caisse prête à rouler.

En province, un mouvement analogue a eu lieu dans plusieurs villes industrielles, notamment à Lyon, Nîmes,

______

(1) Nusse. *Bulletin de la Société de Protection des apprentis.* Année 1884, p. 365.

Toulouse; les ouvriers syndiqués de divers corps d'état ont ouvert des cours, dans lesquels est donné l'enseignement théorique et pratique de la profession.

Tous les syndicats ouvriers ont voulu donner à leurs cours, un caractère essentiellement technique et de complément à l'apprentissage, tous indiquent, dans les déclarations qui précèdent la fondation, que leur préoccupation est d'enrayer la routine, et surtout de ne pas rester en arrière des progrès réalisés à l'étranger. Pour quelques-uns le mobile a été le sentiment du devoir, et l'on peut lire, par exemple, à l'article 3 des statuts du syndicat des chauffeurs-conducteurs-mécaniciens, à propos des cours professionnels : « Les ouvriers de la corporation com-« prendront qu'à leur intelligence incontestable il faut « joindre le savoir qui fera d'eux des hommes compé-« tents et surtout dignes du mandat de Messieurs les in-« dustriels qui leur confient, non seulement un « générateur, une machine, mais aussi la vie de leurs « semblables qui travaillent autour d'eux. »

Il est à remarquer que tous les syndicats ouvriers cédant à un entrainement fort imprudent de solidarité internationale, se font gloire par une infidélité flagrante à l'idée du relèvement du travail français qui a servi de base à leurs institutions, d'admettre à leurs cours techniques, les apprentis et ouvriers étrangers, dont cet enseignement est destiné à combattre la concurrence.

Il faut reconnaître aussi que si les créations et institutions ouvrières d'enseignement professionnel ont été fort nombreuses pendant toute la période pendant laquelle les ouvriers ont lutté pour la reconnaissance légale de leurs syndicats, c'est-à-dire de 1875 à 1884, ce mouvement s'est considérablement ralenti depuis lors, et semble même arrêté. L'annuaire des syndicats professionnels industriels commerciaux et agricoles, publié par le Ministre du Commerce et de l'Industrie, Direction du travail, indique que 199 syndicats ouvriers industriels ou commerciaux sur un total de 2.361 et 15 mixtes sur un total de 176 ont créé des cours, conférences ou écoles professionnelles (1) ; mais nous n'y trouvons aucun renseignement sur le nombre d'élèves qui suivent ces cours, sur leur âge ou leurs professions.

L'enseignement donné par les syndicats ouvriers, a un caractère tout spécial, qui tient d'abord à ce que les élèves qui le suivent recherchent moins la science elle-même que les moyens de s'assurer une plus-value de production et de paye, et à ce que, d'autre part, le professorat est en général confié à des ouvriers qui emploient pour instruire leurs camarades la langue dont ils se servent eux-mêmes, substituent le procédé à la démonstration, et transforment les théorèmes en recettes. La géométrie, ou plutôt son dérivé, *le linéaire*, pour employer la dénomination ouvrière, s'enseigne en un langage pittoresque dont on peut se faire une idée par ce passage, devenu légendaire, de la déposition de M. Corbel, ouvrier charpentier, lors de l'enquête de 1884 (2) :

« On fait, déclarait-il, des cours de géométrie auxquels « personne ne comprend rien ; mais cela réussit tout de « même. On ne dit pas : En élevant cette perpendiculaire, « en tirant cette oblique... On dit : Tiens, tu vois ça et

____

(1) *Annuaire des syndicats professionnels, commerciaux ou agricoles.* Paris, Imprimerie Nationale, 1899, p. 51.

(2) *Enquête de la Commission extra-parlementaire des Associations coopératives,* t. I, p. 120.

« puis ça, en mettant un morceaux de bois comme ça, et
« traçant ça comme ça, ça fait deux coupes, ou ça fait
« un arêtier, ou un arbalétrier... Nous avons des gens
« excessivement forts en descriptive, qui n'ont jamais su
« ce que c'était qu'un carré, un triangle, un rectangle.....
« Nous avons des ouvriers qui ne connaissent pas un mot
« d'algèbre, ni de quoi que ce soit, et qui sont plus forts
« en descriptive, une descriptive impossible, fantastique,
« que tous les ingénieurs du monde... »

Quelques Bourses du Travail, notamment celles de Marseille, Saint-Etienne, Nantes, ont créé des cours professionnels pour tous les ouvriers. La Bourse du travail de Toulouse, par exemple, répondant aux vœux exprimés par les délégués de la corporation à l'Exposition de Barcelone, en 1888, a ouvert en 1896, un cours théorique et pratique de typographie, avec outillage de composition et presse à bras, qui comptait dès le début 21 élèves ; elle a l'intention de créer aussitôt que ses ressources le lui permettront un cours de lithographie.

A Nîmes, la Bourse du travail, désireuse de créer des cours professionnels du soir, a demandé à l'école pratique d'industrie, de lui fournir la direction, le personnel professionnel et les programmes de ses cours, et le Ministre du Commerce a autorisé l'école à accepter la proposition. Cette expérience est encore trop récente pour qu'il soit permis de la juger, mais tout fait prévoir qu'elle réussira.

Les diverses créations des syndicats ouvriers en matière d'enseignement professionnel ont surtout le caractère de cours de perfectionnement plutôt que d'écoles d'apprentissage, et on peut leur reprocher de s'adresser moins aux apprentis qu'aux ouvriers. La réunion de ces deux catégories d'élèves n'est guère évitée que chez les ouvriers en voitures, parce que leurs cours se graduent sur trois années, tandis que l'apprentissage du métier n'a qu'une durée de deux ans; les apprentis se groupent dans les deux premiers cours et les ouvriers dans le troisième.

La conclusion que nous pouvons tirer de l'étude de l'organisation de l'enseignement professionnel par les ouvriers, c'est la constatation de ce fait général, que l'ouvrier reconnaît que si des connaissances théoriques sont nécessaires aux débutants, pour compléter l'expérience de la pratique, c'est en fin de compte à l'atelier que la main s'éprouve et se forme.

Nous ne connaissons, en effet, parmi les institutions d'origine ouvrière, qu'une seule école professionnelle véritable : La Chambre syndicale des mécaniciens en précision, a fondé une école d'apprentissage, exclusivement destinée aux apprentis. Ceux-ci, choisis avec soin, doivent être des sujets hors ligne et exceptionnellement bien doués, la fabrication des instruments de précision exigeant quatre années au moins d'apprentissage. Sauf pendant une leçon de technologie, l'élève pendant toute la journée travaille à l'atelier : limant et tournant en première année, façonnant des pièces simples pendant la deuxième, construisant des instruments complets pendant la troisième, et, enfin, au cours de la quatrième, s'occupant du montage et du réglage. Pour que l'éducation soit complète, les machines-outils sont volontairement exclues. Le vernissage, le polissage, le sertissage, l'ajustage, tout dans l'ensemble, comme dans le détail, est fait par l'élève.

On peut adresser deux reproches graves aux syndicats ouvriers : le premier, c'est d'avoir complètement négligé l'enseignement professionnel des jeunes filles; pas une seule œuvre n'a été fondée par des ouvriers ou ouvrières en faveur des apprentis. Nous nous bornons à constater le fait, n'ayant pu réussir à nous l'expliquer.

Le second défaut des institutions professionnelles ouvrières, c'est qu'elles reposent toutes sur cette présomption téméraire que l'instruction primaire est acquise ; par suite elles ne cherchent pas à la compléter, et, dans bien des cas, l'apprenti ne peut suivre avec fruit les cours professionnels à cause de l'insuffisance de son instruction générale.

Enfin, les ouvriers ont le tort grave, de s'isoler systématiquement dans l'orgueil de créations particulières, et de repousser l'ingérence du patron dans leurs œuvres d'enseignement professionnel. A peine peut-on citer quelques exemples d'alliance fédérative dans l'éducation de l'apprenti : Les patronages des fleurs et plumes, du papier et des industries qui le transforment, les jardiniers, les ouvriers du papier peint, déclarent que lorsqu'il s'agit d'enseignement, il ne saurait y avoir d'intérêts dissidents, et qu'aucun différend ne saurait se produire entre patrons et ouvriers.

Il est à remarquer que les ouvriers arrivant à ce patronat d'ensemble qui résulte pour eux des Associations coopératives, ont renoncé à faire des apprentis dans leurs ateliers : Les trop rares exceptions que l'on peut signaler, celle de l'Association coopérative des opticiens et lunetiers, par exemple, sont motivées, non par l'intérêt des ouvriers pour les apprentis, mais par la difficulté du recrutement professionnel. Celles qui agissent dans un but absolument désintéressé, et ont organisé des cours, « où les membres de la société font l'école » telles l'Ébénisterie parisienne, les Cimentiers de Paris et les Charpentiers de la Villette, sont encore plus rares.

D'abord presque toutes les sociétés coopératives de production sont paralysées par leurs statuts, car bien souvent les compagnons souscripteurs peuvent seuls faire partie de l'association, qui reste fermée aux travailleurs auxiliaires et aux apprentis.

§ II. — Institutions patronales d'enseignement professionnel.

Si les ouvriers ont toujours témoigné sinon de l'hostilité tout au moins une grande indifférence pour tout ce qui touche à l'enseignement professionnel de l'apprenti, les patrons, au contraire, ont fait de nombreux et intéressants efforts en faveur de l'instruction technique de leurs ouvriers.

Des essais ont été tentés et poursuivis soit par des patrons isolés, agissant de leur propre initiative, avec leurs seules ressources, soit par des chefs d'industrie, groupés par des intérêts communs, et réunissant leurs forces, pour la poursuite d'un même but, par les mêmes moyens.

Il est de toute évidence que les efforts du patron individuel ou collectif, mais agissant seul, sont moins efficaces que ceux de la corporation, parce qu'ils sont éphémères, capricieux, intermittents, conçus d'après les convenances particulières d'une maison, et souvent, par cela même, non dépourvus d'un certain égoïsme, plutôt que généralisés suivant les exigences de la profession tout entière.

Depuis que la loi de 1882 a rendu l'instruction primaire

obligatoire, toutes les écoles de fabrique ont pris un caractère nettement professionnel ; l'apprenti travaille à l'atelier, mais son éducation technique n'est pas négligée ; il est astreint à suivre, soit dans la journée même, soit le soir, un certain nombre de cours professés ordinairement ou bien par le patron lui-même, ou bien par ceux de ses contremaîtres ou ouvriers, qu'il juge les plus aptes à remplir cette mission éducatrice. Souvent ce contremaître chargé de faire le cours aux apprentis, est en même temps leur chef d'atelier, il les empêche de travailler machinalement, les oblige à réfléchir et à raisonner et veille à leur faire appliquer à leur ouvrage, les principes scientifiques qui leur ont été expliqués au cours.

Dans certaines professions, où le travail a lieu au dehors plus qu'à l'atelier, la surveillance du travail manuel de l'apprenti n'est pas pour cela négligée, et l'on veille à ce que l'enseignement du métier soit bien progressif et complet. L'enfant est alors spécialement confié à un ou plusieurs compagnons qui lui servent en quelque sorte de parrains.

Chez MM. Barbas, Tassard et Balas, entrepreneurs de couverture et plomberie à Paris, par exemple, ne sont admis comme apprentis couvreurs, plombiers, gaziers, etc., que les enfants présentés par deux parrains ouvriers, qui les conservent sous leur patronage pendant toute la durée de l'apprentissage, en sont en quelque sorte moralement responsables, et doivent, tous les trimestres, rendre compte aux patrons de la conduite et des progrès de leurs protégés.

Ce système de l'enfant spécialement confié à un ouvrier choisi est employé d'une façon courante dans les ateliers de tissage de Roanne et y donne de très bons résultats.

L'apprenti est placé par les soins du patron entre les mains d'un ouvrier capable et de bonne volonté ; quand le tisseur juge son élève assez fort pour conduire un métier, il demande pour lui ce métier. On place alors le métier de l'élève à côté de celui du maître, sous la surveillance duquel il reste ainsi, et on lui confie un travail facile. Le maître-ouvrier l'accompagne quand il rend ses premières coupes, reçoit les observations du vérificateur et reste responsable du travail de son apprenti jusqu'à sa formation complète. Le patron indemnise son ouvrier de la perte de temps éprouvée et récupère la somme ainsi versée, en prélevant des retenues partielles sur les premiers gains de l'apprenti.

En général, les patrons qui veillent à l'instruction professionnelle régulière de leurs apprentis, admettent de préférence dans leurs ateliers les enfants des ouvriers de la maison, et le nombre d'élèves qu'ils reçoivent, est proportionnel au nombre des compagnons ; il faut reconnaître en effet, que le but que poursuivent les industriels en créant des écoles professionnelles dans leurs ateliers, est de former des ouvriers, des contremaîtres et des employés instruits et capables en nombre suffisant pour remplir toutes les vacances qui peuvent se produire dans leur personnel.

On parvient à les retenir et à leur faire respecter les conventions d'apprentissage, non seulement en leur faisant signer un contrat qui en fixe d'avance la durée, mais surtout, en leur accordant dès leurs débuts un salaire, sur lequel une somme relativement considérable est retenue chaque jour pour être versée à des institutions de prévoyance.

Presque tous les patrons qui se préoccupent de l'ensei-

gnement méthodique du travail professionnel sont, en effet,
des apôtres fervents de l'amélioration du sort de l'ouvrier
et il est bien rare que dans l'établissement industriel où
fonctionne une école pour les apprentis, l'on ne trouve
pas d'autres institutions pour le bien des ouvriers, telles
que participation sux bénéfices, caisse de secours en cas
d'accidents, caisse de retraites, etc., et c'est en associant
l'enfant à toutes ces œuvres que l'on arrive à l'intéresser à
l'aveniret au succès de la maison dans laquelle il travaille.

Les imprimeries Chaix à Paris, Oberthur à Rennes, les
cristalleries de Baccarat (Meurthe-et-Moselle), les établissements de MM. Moutier, frères, entrepreneurs de serrurerie à Saint-Germain, ceux de MM. Müller et Roger,
fondeurs et robinettiers à Paris et les ateliers de MM. Re-
douly et Cie, entrepreneurs de peinture, peuvent sous ce
rapport être considérés comme des modèles.

Cependant il arrivait trop souvent, que beaucoup d'apprentis quittaient la maison une fois leur apprentissage
terminé. L'école professionnelle patronale n'atteignait
donc pas le but principal qu'elle se propose, celui d'assurer le recrutement d'ouvriers d'élite, non pas à tous les
industriels de la profession, mais au seul patron qui a
fait les sacrifices de temps et d'argent pour instruire ses
apprentis. Quelques-uns de ces jeunes gens avaient au
moment de leur départ versé aux diverses caisses de
prévoyance des sommes relativement considérables sur
lesquelles ils perdaient tout droit en quittant l'atelier ; on
en cite qui possédaient ainsi plus de 500 francs auxquels
ils renonçaient volontairement.

On reconnut bien vite que le départ des apprentis, avait
deux motifs principaux : L'un était le désir de voir d'autres ateliers et d'y compléter leur instruction profession-

nelle, en travaillant avec un outillage et des procédés différents. L'autre était le besoin de rompre par une absence plus ou moins prolongée, la situation de *gamins* qui avait été la leur par rapport aux autres ouvriers pendant toute la durée de l'apprentissage.

Ces motifs ont paru légitimes à beaucoup d'industriels ; ils ne cherchent plus à entraver cet exode de leurs apprentis, et non seulement ils les autorisent, mais même les encouragent à aller pendant un temps déterminé, à dater de la délivrance de leur certificat d'apprentissage, travailler au dehors, à faire leur « tour de France ». Les jeunes ouvriers restent propriétaires des sommes inscrites à leur livret et ne cessent pas d'être membres de sociétés de participation ou de prévoyance ; leurs droits sont simplement suspendus.

L'organisation des écoles patronales d'apprentis varie naturellement suivant les besoins de chaque maison industrielle, suivant mêmes les idées propres de chaque patron, et c'est là, selon nous, ce qui constitue un des avantages les plus marqués de ce mode d'instruction professionnelle. Prenons pour exemple les Compagnies de chemins de fer, qui toutes ont créé des ateliers d'apprentissage : Non seulement toutes les compagnies, mais tous les ateliers d'une même compagnie, lorsqu'elle en a plusieurs, suivent des règles et des méthodes différentes dans la manière de former leurs apprentis. On peut ainsi varier les procédés d'enseignement suivant les professions, les localités, les dispositions naturelles et l'éducation antérieure des jeunes gens.

La Compagnie du Nord a une véritable école ; le temps des élèves est partagé entre les études théoriques et les exercices pratiques : cinq heures, le matin, sont consacrées à l'étude et cinq heures l'après-midi au travail manuel.

Dans les écoles d'apprentissage installées dans les divers ateliers de la Compagnie de l'Est, et dans ceux des chemins de fer de l'Etat, de Tours, les apprentis dès qu'ils savent manier les outils, sont employés à la production d'un travail utile, proportionné à leur adresse, et à leur progrès. On ne cherche pas d'ailleurs à leur faire produire le plus économiquement et le plus rapidement possible les pièces qu'ils fabriquent; avant tout ces pièces doivent être bien faites; là rapidité de la production vient ensuite. Sur les dix heures de la durée du séjour à l'atelier, un certain nombre sont consacrées aux études théoriques et au dessin.

Dans tous les ateliers de la Compagnie d'Orléans et dans ceux de la Compagnie du Nord à Hellèmes et à Tergnier, les heures d'études sont prises en dehors des heures de travail manuel.

Enfin, les apprentis peuvent être réunis dans des ateliers entièrement séparés, ou bien former des divisions spéciales au milieu des ateliers, ou bien, encore, être disséminés parmi les diverses équipes d'ouvriers. On trouve des exemples de ces différents systèmes dans toutes les Compagnies.

Au total, il existe en France une centaine d'écoles professionnelles dues à l'initiative de patrons isolés, et bien que quelques-unes d'entre elles comptent un nombre relativement considérable d'élèves, celles des établissements du Creuzot ou d'Anzin, par exemple, leurs effectifs scolaires, sont bien peu de chose, comparés au chiffre total de la population ouvrière.

Les institutions d'enseignement professionnel, fondées par des associations patronales, sont infiniment plus nombreuses et plus importantes ; mais là encore, l'intérêt général peut, dans des circonstances faciles à prévoir, être sacrifié à des intérêts particuliers, d'autant plus puissants qu'ils sont collectifs.

Certaines chambres syndicales de patrons, des chambres de commerce ou d'industrie, des syndicats, ont ouvert des cours professionnels, la plupart assez prospères, et qui ont pour objet de développer la partie de l'enseignement technique la plus utile au métier exercé, tandis que l'instruction manuelle est retenue à l'atelier. Il y a donc sur ce point analogie entre la manière de voir des patrons et celle des ouvriers, qui, eux aussi, sont partisans de l'apprentissage à l'atelier ; et parmi les œuvres patronales, les véritables écoles professionnelles, telles que l'école d'horlogerie de Paris, dans laquelle un certain nombre d'élèves sont internes et où sept heures et demie par jour sont consacrées au travail manuel, sont fort rares.

Nous n'insisterons pas sur les cours professionnels, institués par la Chambre syndicale de la bijouterie-joaillerie-orfèvrerie, par celle de la bijouterie-imitation ; celle des doreurs-ornemanistes, celle des mécaniciens, des fabricants de bronzes, des fleurs et plumes, des plombiers, et par beaucoup d'autres encore, qui s'adressent spécialement aux apprentis et jeunes ouvriers de la profession, mais ne présentent au point de vue de leur fonctionnement ou de leurs résultats aucun intérêt particulier (1).

---

(1) *L'annuaire des syndicats professionnels pour 1898* indique 57 syndicats patronaux comme ayant créé des cours, conférences ou écoles professionnelles.

Mais une institution patronale mérite une mention spéciale à cause de son organisation originale : Nous voulons parler de l'école professionnelle syndicale d'imprimerie, dite école Gutenberg, créée par une réunion de patrons et destinée à « compléter l'instruction primaire des apprentis « et à les former dans la théorie et la pratique, de manière « à en faire des ouvriers instruits et habiles ».

Les enfants sont admis à l'âge de treize ans révolus, et l'ensemble de l'enseignement embrasse trois années ; mais les apprentis envoyés à l'école par leurs patrons ne suivent les cours que pendant deux jours consécutifs par semaine ; ils passent les quatre autres jours à l'atelier, et sont payés par les patrons comme s'ils y passaient la semaine entière. Cette population scolaire flottante, composée d'élèves inégalement avancés, et apportant à l'école la liberté de l'atelier, jette forcément un peu de décousu dans l'enseignement. Cependant la sélection se fait très vite, et il ne reste après quelques jours d'épreuves que les élèves studieux décidés à profiter du séjour à l'école pour y devenir des sujets émérites.

Ainsi l'apprenti apprend à l'atelier, mieux que dans le milieu un peu factice de l'école, ce qu'il faut savoir d'une profession pour l'exercer avec fruit : le soin qui préside au choix des matières premières, l'économie dans leur emploi, la promptitude de l'exécution, les tours de main si variés que nécessitent les travaux destinés à la petite clientèle. Il apprend aussi, ce qui n'est pas sans importance, à faire les réparations, à travailler « dans le vieux », ce que l'école ne lui enseignera jamais.

Au contraire, on lui enseigne à l'école, non seulement l'imprimerie, mais tous les arts accessoires qui la servent : séchage, satinage, trempage, glaçage, la fabrication des rouleaux à encre, la galvanoplastie, la fonderie des caractères, etc., etc., toutes choses qui peuvent lui être utiles, et dont la connaissance augmentera sa valeur professionnelle, mais qui ne peuvent faire à l'atelier l'objet d'une étude raisonnée, et d'un apprentissage spécial.

Ce système mixte réunit les avantages de l'apprentissage à l'atelier à ceux de l'apprentissage à l'école ; l'enfant est moins enclin à prendre cette morgue et cette fierté que l'on reproche, non sans raison, aux jeunes ouvriers qui sortent de l'école professionnelle « ne se sen- « tant plus autant *élèves*, ils dédaignent moins de se dire « *apprentis* (1) ».

A la fin de l'apprentissage, des diplômes de capacité sont décernés aux méritants. Presque tous les apprentis, devenus ouvriers restent chez leur patron, où ils reçoivent alors un salaire quotidien dont le minimum est de 6 fr. 50 à 7 francs.

Une autre forme intéressante par les résultats qu'elle a donnés, de l'intervention corporative pour assurer l'instruction professionnelle de l'apprenti consiste dans la création « d'ateliers d'apprentissage ».

Ce système a, jusqu'à ce jour, été surtout en honneur en Belgique, où l'on compte à l'heure actuelle, 45 ateliers de ce genre, avec 53 professeurs, et près de 1000 élèves. Plus de 30.000 apprentis y ont été formés depuis leur fondation qui, pour quelques-uns, remonte déjà à 1847. On s'y attache surtout à l'instruction pratique des jeunes apprentis, tout en cherchant cependant à développer les

____

(1) *Rapports* sur l'application, pendant l'année 1898, des lois réglementant le travail. Rapport de M. Laporte, inspecteur divisionnaire. Paris, Imprimerie Nationale, 1899, p. 13.

connaissances générales qu'ils peuvent avoir acquises à l'école primaire. Presque toute la journée est consacrée aux travaux industriels, et une heure seulement à l'enseignement théorique. Cet enseignement est donné par les instituteurs de la commune, rétribués pour cette tâche supplémentaire par les patrons syndiqués.

A quelques rares exceptions près, ces ateliers d'apprentissage sont limités à deux industries, le tissage, et la taille de pierre.

Les ateliers d'apprentissage sont, en général, établis dans des locaux mis à la disposition des commissions administratives, par des industriels généreux ; l'installation, parfois sommaire, est toujours simple et pratique au point de vue de l'organisation mécanique ; le luxe consiste à avoir des métiers des modèles les plus récents et les plus perfectionnés. Chaque atelier enseigne les procédés de tissage les plus en rapport avec la nature des produits fabriqués dans les manufactures de la région, et la théorie des différents tissages est exposée avec clarté et précision aux apprentis qui, peu à peu, se mettent aux métiers et se familiarisent avec les différents modèles d'outils mécaniques. Les patrons confient à ces ateliers toutes les matières premières nécessaires pour l'éducation technique des élèves ; ils ont droit en revanche aux produits fabriqués, et payent une rémunération, un prix de façon, qui est réparti entre les jeunes gens à titre de salaire, et varie entre 0 fr. 40 au début de la première année, et 2 fr. 25 à la fin de la troisième.

Tous les ateliers d'apprentissage pour la taille des pierres sont à Ecaussines d'Enghien, centre industriel important où se fait l'extraction de la pierre dite « petit granit » employée dans la Belgique entière. Ce sont les maîtres-carriers, qui comprenant le profit qu'ils peuvent tirer de ces institutions, véritables pépinières d'ouvriers capables, fournissent les chantiers nécessaires à leur installation, en concédant une portion de terrain limitrophe de leur carrière. La situation de l'atelier supprime les transports onéreux et les pertes de temps ; elle permet en outre d'initier les apprentis à tous les travaux qu'ils auront à exécuter plus tard comme ouvriers. Un simple hangar est élevé en plein air et là, les apprentis reçoivent leur instruction professionnelle sous la direction d'un contremaître.

Les patrons ont formé entre eux un comité de surveillance chargé de visiter régulièrement les différents ateliers. Ce sont eux qui fournissent les matières premières et l'outillage, et ils payent un prix de façon pour le travail exécuté par les apprentis, ce qui permet de leur donner des salaires dont le taux moyen est de 0 fr. 45 en première année, 0 fr. 85 en seconde année, et 1 fr. 15 en troisième année.

Il existe en France quelques institutions de ce genre ; mais elles sont loin d'avoir le même développement que les ateliers d'apprentissage de Belgique : A Bordeaux, la Chambre syndicale mixte de la cordonnerie et des industries qui s'y rattachent, avait chargé un professeur qu'elle payait, d'enseigner la pratique de la profession de cordonnier à des apprentis qui étaient rétribués d'après les produits qu'ils livraient et que la Chambre syndicale achetait à des prix fixés d'avance et déduction faite des matières premières qu'elle fournissait.

A Paris, la Chambre syndicale des marchands-tailleurs a fondé il y a quelques années des ateliers dans lesquels l'élève-apprenti, s'engage par contrat à faire un apprentissage d'une durée de 3 années, et apprend le métier dans tous ses détails sans être jamais spécialisé. L'école prend en confection des pièces remises par les tailleurs-sociétaires, et le prix des façons est distribué aux élèves sous forme de salaires.

CHAPITRE XII

L'apprenti arrivé au terme fixé par son contrat, s'il a été bien guidé et conseillé à l'atelier, s'il a en outre, suivi avec zèle et persévérance des cours ou des conférences techniques pour se perfectionner, possède en général les capacités nécessaires pour exercer sa profession d'une manière utile et lucrative ; mais ses talents ne sont pas « écrits sur sa mine » et pour trouver facilement un emploi il faut qu'il puisse fournir la preuve de son savoir.

Cette preuve pourra résulter du certificat qui lui est délivré par le patron chez lequel il a été placé ; mais nous avons vu l'insuffisance de ce témoignage : Le certificat d'apprentissage prouve, en effet, que l'apprenti a rempli ses engagements, qu'il est resté pendant le temps convenu dans l'atelier du maître, mais ne prouve pas en général, qu'il soit en état de devenir compagnon, qu'il ait acquis la capacité professionnelle voulue. Trop souvent en effet, le patron, après avoir employé comme aide salarié ou petite-main, l'enfant dont il devait faire un ouvrier, n'hésite pas à lui déliver un certificat d'apprentissage, comme si réellement il lui avait enseigné et appris un métier.

Il existe pour remédier à ce grave inconvénient un moyen, compliqué il est vrai, assez onéreux, mais excellent, et qui partout où il a été employé a produit des résultats remarquables. Nous faisons allusion aux « examens d'apprentis », destinés à constater les résultats acquis, et à stimuler maîtres et élèves, patrons et apprentis.

§ 1. — Les examens d'apprentis en Allemagne.

C'est croyons-nous en Allemagne que cette institution a pris naissance, et c'est là, tout au moins qu'elle a reçu pour la première fois une consécration officielle.

A l'origine, on se borna, notamment dans la Hesse et dans la Prusse, à organiser des expositions de travaux d'apprentis. Un certain nombre de récompenses, consistant surtout en livres et en outils, étaient décernées aux plus remarquables des objets exposés. On comptait beaucoup sur ces expositions pour favoriser le développement de l'instruction professionnelle, et encourager les apprentis, et l'on mit tout en œuvre pour assurer leur réussite. En 1880, un arrêté du Ministre du Commerce qui énonce les bienfaits que l'on est en droit d'en attendre et voit en elles un moyen infaillible de développer chez le jeune ouvrier l'amour du travail « solide et soigné », indique nettement le but à atteindre, montre la nécessité d'y intéresser les corporations ainsi que les autorités locales, et émet le vœu, qu'il ne soit exposé que des ouvrages faits par l'apprenti seul, sans aide et sans conseils, et pouvant, grâce à leur caractère d'utilité pratique, être vendus à son profit.

A chaque objet exposé, devaient être joints les projets d'exécution et les dessins dressés et établis par l'apprenti lui-même. Si des doutes s'élevaient dans l'esprit du jury, il pouvait exiger que l'apprenti exposant, recommençât en sa présence tout ou partie de son travail. Des prix et des subventions étaient décernés avec solennité par l'Etat.

Malgré cette réglementation précise et judicieuse les déceptions furent nombreuses : En réalité, le véritable exposant était le maître et non l'apprenti ; quelles que fussent les précautions prises, il était impossible de contrôler d'une manière efficace si le travail avait été fait sans aide. Souvent l'apprenti passait des semaines entières et même des mois pour la préparation et l'exécution du travail qu'il destinait à l'exposition, et certainement le temps par lui consacré à cet ouvrage aurait pu être employé d'une façon plus utile pour son instruction professionnelle. On retombait ainsi dans les inconvénients et les dangers du « *chef-d'œuvre* » des anciennes corporations.

Il était, en outre, difficile de tenir compte pour l'attribution des récompenses du temps écoulé depuis le début de l'apprentissage ; et cependant tel ouvrage très simple et fort imparfait exposé par un enfant ayant un an ou 18 mois de séjour à l'atelier pouvait témoigner d'une bien meilleure méthode, et d'une habileté manuelle bien mieux dirigée, que l'œuvre d'un apprenti ayant déjà 5 ou 6 ans de pratique et qui remportait le prix.

On essaya de remédier à ce dernier inconvénient en n'admettant à exposer que les jeunes gens n'ayant plus au maximum que 6 mois d'apprentissage à terminer.

Les rapports des jurys de toutes ces expositions — la

première avait eu lieu à Darmstadt en 1848, et 62 appren
tis y avaient pris part — sont unanimes à constater que
la plupart des exposants sont des apprentis de la grande
industrie, et comme seuls les plus habiles affrontent l'examen du jury, les ouvrages exposés sont d'un fini surprenant et dénotent une dextérité exceptionnelle ; trop souvent aussi à côté de parties grossières l'objet exposé en
comporte d'autres qui ne peuvent être dues qu'à la main
d'un ouvrier habile, et fournissent ainsi la preuve que
l'apprenti s'est fait aider et a cherché à tromper le jury.
Les ouvrages trop compliqués, mal choisis, n'intéressent
pas le public qui déserte l'exposition. Néanmoins, celle-ci
n'en a pas moins sur tous les apprentis, exposants ou non,
une excellente influence (1).

A chaque exposition nouvelle des améliorations sont
apportées ; les unions locales (Gewerbevereine) en orga-
nisent elles-mêmes et décernent des prix. En 1880, un
essai intéressant a lieu : 1.000 apprentis avaient exposé
à Darmstadt :

79 avaient obtenu le diplôme du 1er degré ;

44   —   —   2e degré ;

224   —   —   3e degré.

Tous les exposants primés concouraient ensuite pour
l'obtention d'un prix offert par le Gouvernement,
et ce concours avait lieu en public pour éviter toute
fraude.

En 1887 à Darmstadt, 1.750 apprentis ont pris part à
l'exposition organisée par 80 comités locaux.

(1) Gewerbliche Zeitfragen. Heft. IV. Werner Krebs : *Organisation
und Ergebnisse der Lehrlingsprüfungen im In-und Auslande.*
Zurich, 1888, p. 7.

L'exemple de la Hesse avait été suivi, notamment par le Grand-Duché de Bade. Là aussi, on se heurta aux mêmes difficultés, et maintes fois on trouve le vœu formulé de voir les apprentis exposer non des morceaux de concours (Schaustücke) mais des ouvrages prouvant qu'ils ont fait un bon apprentissage (Lehrlingsprobestücke). Le Gouvernement grand-ducal encourageait par des subventions ces expositions, et avait accordé le transport gratuit aller et retour de tous les objets envoyés pour être exposés.

Peu à peu, les expositions se transformèrent dans les différents pays qui avaient reconnu l'utilité de ce moyen d'encourager l'apprentissage, et devinrent des examens d'apprentis, organisés à peu près sur le mode adopté par le Würtemberg.

Dans ce dernier pays, en effet, dès 1859 on avait institué des examens d'apprentis, « pour remédier « aux maux que cause la liberté de l'industrie, ame- « née par la disparition des corporations; pour maintenir « intacte la capacité professionnelle (Arbeitsthätigkeit) qui « doit être fortement surveillée si l'on veut rendre l'ap- « prentissage libre de toute règle, et empêcher le patron « de mésuser des forces de la jeunesse : les examens doi- « vent être un moyen de reconnaître par qui une bonne « ou une mauvaise éducation technique est donnée (1). »

Aux termes d'un arrêté du 16 septembre 1885, l'apprenti qui a subi avec succès l'examen, doit recevoir un diplôme faisant foi qu'il a acquis soit à l'atelier, soit à l'école professionnelle les connaissances théoriques et pratiques formant la base de son métier. Le nombre des

____

(1) Vischer. *Die industrielle Entwicklung im Königreich Wür-*
temberg. Stüttgard, 1875, p. 35.

candidats qui briguent ce diplôme augmente chaque année dans toutes les professions manuelles.

En 1882, les examens ont été subis dans 26 localités par 268 apprentis. En 1887, dans 68 localités par 1.144 apprentis (1). Les frais occasionnés par ces examens sont supportés par l'État et par la commune; les programmes sont arrêtés par le Gouvernement. Les examens ont lieu dans chaque commune dans les locaux de l'école d'adultes. Il n'est cependant pas nécessaire pour se présenter à ces examens d'avoir suivi les cours de l'école industrielle.

Le Gouvernement intervient donc d'une manière active pour encourager et développer les examens d'apprentis; mais nulle part encore en Allemagne ils n'ont été rendus obligatoires bien que la question ait été soulevée et discutée à maintes reprises par les congrès, chambres d'industrie, associations professionnelles et corporatives. Mais si la loi n'a pas rendu l'examen obligatoire, elle lui a donné une sanction indirecte, puisque dans la petite industrie, nul ne peut devenir patron sans avoir été d'abord apprenti et sans avoir subi l'examen professionnel terminant l'apprentissage.

On trouve cependant le principe de l'obligation dans le Grand-Duché de Bade. Un arrêté ministériel de 1889 porte que : (art. 4) « Chaque année l'apprenti « *doit* » briguer « un des prix proposés par l'État, en exposant un travail « qui lui sera désigné d'après la durée révolue de son « temps d'apprentissage, et à la fin de son apprentissage, « il *devra* prendre part aux examens d'apprentis. S'il

____

(1) Pyfferoen. *Rapport sur l'enseignement professionnel en Allemagne.* Bruxelles, Lebègue et Ci, 1897, p. 91.

« les subit avec succès un diplôme signé du patron et du
« jury lui sera délivré. »

« Art. 5. Une subvention prise sur les ressources de
« l'État est accordée au patron qui a rempli ses obligations.
« Le montant en est déterminé tant par la nature de la
« profession, les conditions locales et la durée de l'appren-
« tissage, que par les sommes que le maître peut rece-
« voir d'autre part pour l'éducation de l'apprenti. »

De même en Autriche, l'examen (Lehrlingsprüfung)
sans être obligatoire est sanctionné. Beaucoup de corporations (80,5 0/0) ont organisé la preuve de capacité sous
forme d'épreuves soit théoriques, soit pratiques, soit à la
fois théoriques et pratiques, et là où elles l'ont imposée à
leurs adhérents, l'autorité administrative peut prolonger
le temps d'apprentissage de l'apprenti qui ne fournit pas
l'épreuve requise. Cette prolongation ne peut excéder
un an (1).

Chaque corporation, chaque Verein, chaque Etat, étant
libre d'organiser les examens d'apprentis comme bon lui
semble, il en résulte la plus grande diversité.

Si nous nous reportons par exemple, à l'enquête parlementaire qui a précédé en Autriche, le vote de la loi du
23 février 1897 (Kleine Gewerbe novelle) et dont les résultats ont été publiés par le **Handels Ministérium**, nous
voyons que chez les serruriers de Judenborg, l'apprenti
fait le travail qu'il veut, le présente au jury qui le juge et
le classe ; le maître donne sa parole qu'il n'a été aidé en
rien, et s'il était convaincu de mensonge, ses apprentis à

____

(1) Brauls. *L'état du régime corporatif en Autriche.* (Réforme
sociale, livraison du 16 juillet 1897).

l'avenir devraient faire leurs pièces d'épreuve dans l'atelier d'un autre patron (1).

Chez les horlogers, à Gratz, on donne un temps déterminé à l'apprenti pour l'exécution d'une pièce désignée d'avance (2).

Dans l'industrie du bâtiment à Saint-Polten, la corporation désigne un maître sûr et impartial comme juge, et c'est dans ses ateliers que l'apprenti doit faire un travail dont l'exécution demande plusieurs jours.

En général, l'assemblée de la corporation nomme la Prüfungs-Commission, à laquelle on adjoint un certain nombre d'ouvriers. L'enquête de 1895 montre que ces examens n'ont pas donné en Autriche tout ce que l'on en attendait. Nous n'hésitons pas à attribuer cette pénurie de résultats satisfaisants au défaut d'uniformité et d'entente qui préside à leur organisation et nous pouvons à l'appui de notre dire citer l'exemple de la Suisse où justement grâce à une organisation bien comprise, les examens d'apprentissage ont admirablement réussi.

§ II. — Les examens d'apprentis en Suisse.

Depuis longtemps, un certain nombre d'associations professionnelles avaient institué pour les apprentis de leurs membres sociétaires des épreuves de capacité ; et si

---

(1) *Handels Ministerium ; Gewerbe.* Enquête du Reichsrath, compte rendu sténographique, p. 377.

(2) *Handels Ministerium ; Gewerbe.* Enquête du Reichsrath, compte rendu sténographique, p. 373.

certaines de ces associations, comme la « Scweizerischer Uhrmachergenossenchaft » ont jusqu'à présent rejeté toutes les propositions tendant à rendre l'examen obligatoire ; d'autres, au contraire, comme le Schweizerischer Bächer-und Konditorenverband, ont adopté cette mesure qui reçoit une sanction, car l'apprenti qui ne se présente pas à l'examen, ou qui ayant échoué, ne se repésente pas l'année suivante, perd ses droits aux avantages du Verein.

Tous les patrons faisant partie du Metzgermeisterverband (association des maîtres bouchers) s'engagent à ne prendre comme ouvriers que des jeunes gens munis du diplôme d'apprentis ; cette mesure équivaut à rendre l'examen obligatoire. Les maîtres sont d'ailleurs intéressés à voir leurs apprentis le subir avec succès, car au cas où un élève est refusé pour la seconde fois à l'examen, le Verband adresse des remontrances spéciales au patron qui n'a pas veillé assez soigneusement à l'instruction technique de son apprenti.

On cite des apprentis imprimeurs et typographes qui, après avoir échoué deux fois à l'examen, ont été obligés de s'expatrier, tous les patrons affiliés au « **Buchdrüc Kerverein** » ayant refusé de les embaucher comme ouvriers.

On se trouvait donc en présence du défaut des systèmes allemand et autrichien, le manque absolu d'unité, lorsque l'union suisse des arts et métiers (Schweizerischer Gewerbeverein) qui étend ses ramifications sur toute la Suisse, entreprit de généraliser les examens, de les doter partout de la même organisation et d'arriver à donner au diplôme, dans n'importe quelle région de la Suisse et quelle que soit la profession de l'apprenti, la même force probante et les mêmes sanctions. Elle estime qu'il n'est pas besoin de rendre l'examen obligatoire, puisque l'apprenti le subira volontairement lorsque sa carrière comme compagnon rencontrera des difficultés s'il n'est muni du diplôme; et comme une rupture de contrat pourrait priver l'apprenti du droit d'affronter l'examen, cette disposition constitue en même temps une arme puissante contre le vagabondage d'atelier (Drauslaufen).

Dans son assemblée générale du 20 décembre 1886, l'Union suisse a ainsi défini le but de ces examens : « Développer le zèle de l'apprenti et augmenter son désir de s'instruire, faciliter au jeune ouvrier, muni du diplôme, son perfectionnement ultérieur et son admission dans d'autres ateliers; permettre au patron le recrutement facile de bras capables (tüchtiger Arbeitskräfte).

Pour avoir un effet utile, la condition première que doivent remplir les examens est donc d'être organisés partout avec méthode et unité. Ils doivent fournir une appréciation approximative, mais aussi juste que possible, du savoir théorique et pratique des apprentis examinés et par cela même indiquer aux patrons les lacunes qu'il peut y avoir dans leur enseignement professionnel et les points sur lesquels ils devront à l'avenir porter leurs soins et leurs efforts. En même temps ils doivent renseigner le pays sur l'état général de l'apprentissage, les évolutions, la marche et les progrès de l'industrie.

Pour obtenir ces résultats, l'Union suisse admet à subir les examens tous les apprentis, qui terminent leur apprentissage dans l'année, à quelque corps d'état qu'ils appartiennent. Il n'y a pas d'autres limitations ou conditions restrictives.

L'époque à laquelle s'ouvrent les examens est fixée et

annoncée cinq mois d'avance, afin que les intéressés aient le temps voulu pour s'y préparer. L'apprenti doit se faire inscrire en écrivant lui-même au bureau de l'Union, et joindre à sa demande un certificat du maître donnant la date à laquelle a commencé l'apprentissage.

L'examen a lieu au printemps, à la même date pour tout le district, et comprend plusieurs épreuves :

1° D'abord l'apprenti soumet au jury une pièce de son choix exécutée par lui à l'atelier, à laquelle il doit joindre les dessins à l'échelle réduite et les projets d'exécution, faits par lui-même. Cette pièce d'épreuve doit être accompagnée d'un certificat du maître attestant qu'elle est bien l'œuvre de l'apprenti, et qu'elle a été faite sans aucune aide.

2° Une épreuve pratique, consistant en un travail fait sous les yeux du jury, servant à prouver la dextérité de l'apprenti, et à montrer qu'en un temps donné, il peut faire un ouvrage déterminé. Outre les outils dont il se sert pour l'exécution de ce travail, l'apprenti doit présenter une collection des petits outils que chaque ouvrier doit savoir confectionner lui-même : forets, tarauds, burins, etc., suivant sa profession.

3° Interrogation portant sur la partie théorique du métier : usage et emploi des outils, matières premières, technologie, procédés de fabrication, etc.

4° Épreuve portant sur les matières enseignées à la Fortbildungschule : dessin, calcul, rédaction.

La Commission d'examen est composée de deux ou trois industriels pour la partie pratique, et de deux instituteurs pour la partie théorique. Le Verein détermine le nombre de points à atteindre pour obtenir le diplôme.

Chaque année l'Union suisse étend son cercle d'action :

elle avait commencé très modestement en 1877 à Bâle, où
14 apprentis s'étaient présentés à l'examen. Depuis lors,
la progression a toujours été constante, comme le
montrent les chiffres suivants :

	Nombre des cercles d'épreuve.	Nombre des apprentis qui ont subi l'examen.
En 1877..	1	14
1878..	1	13
1879..	2	15
1880..	3	36
1881..	6	76
1882..	10	153
1883..	12	189
1884..	13	178
1885..	14	231
1886..	12	284
1887..	21	300 (Pour la première fois des apprenties sont admises à subir les examens).
1888..	20	332
1889..	24	456
1890..	31	666
1891..	31	700
1892..	30	820
1893..	31	910
1894..	31	930
1895..	31	1038
1896..	31	1021
1897..	31	1081

Enfin en 1898, 1.158 apprentis s'étaient fait inscrire, et
1.032 se sont présentés pour subir l'examen, et sur ce

nombre 883 garçons et 141 filles ont été jugées dignes
d'obtenir le diplôme (1).

Ces résultats sont fort remarquables, surtout si l'on
songe que dans ces chiffres ne sont pas compris les résultats des examens organisés par les associations professionnelles que nous avons mentionnées plus haut, et
par le Photographenverein, et le Spenglermeisterverein,
qui ont adopté pour les examens de leurs apprentis les
règlements de l'Union Suisse, non plus que ceux organisés
par les cantons de Genève, Neuchâtel et Vaud.

Ces trois derniers cantons ont en effet dans leurs
lois récentes sur l'apprentissage, consacré un titre
spécial aux examens d'apprentis (2) sans toutefois avoir
osé les rendre obligatoires, dans la crainte que l'admission
du principe de l'obligation ne suscitât des résistances qui
auraient pu entraver le bon fonctionnement de ces lois ou
compromettre les excellents effets des autres dispositions
qu'elles renferment. Mais graduellement, les pouvoirs publics sont parvenus, par la régularisation des contrats, la
surveillance générale pendant l'apprentissage, la bonne
organisation des examens facultatifs, à acquérir la confiance générale et à réaliser des améliorations incontestables. Il s'est créé un courant d'opinion tel, qu'aujourd'hui,
ce sont les industriels, réputés être les meilleurs maîtres
d'apprentissage qui réclament le plus vivement le développement complet des examens dans le sens de l'obligation.

(1) Gewerbliche Zeitfragen. Werner Krebs. *Op. cit.* p. 36, pour les
années antérieures à 1887 et Schweizerischer Gewerbeverein. *Bericht
betreffend die schweizerischen Lehrlingsprüfungen*, 1897, p. 25.
pour les années 1887 à 1897.

(2) Voir annexes IV, loi Neuchâteloise, titre II, articles 14 à 24 inclus.

Il est donc fort probable que bientôt l'article 8 de la loi Neuchâteloise du 21 novembre 1890, qui admet déjà le principe de l'obligation du contrat, recevra, comme cela a déjà été proposé, une nouvelle disposition ainsi conçue : « L'obligation pour le patron de faire participer l'apprenti « aux examens en vue de l'obtention du diplôme de con- « naissances professionnelles, est une clause essentielle « du contrat. »

Si nous prenons le canton de Neuchâtel, où les examens organisés par la loi datent déjà de 1891, nous voyons que le nombre moyen d'apprentis et d'apprenties placés dans le canton est de 1.800 ; la durée moyenne des apprentissages étant de deux ans et demi si en 1898, l'examen avait été obligatoire, il y aurait eu environ 720 candidats. Il ne s'en est présenté que 290 ; mais tous les ans, leur nombre augmente (1).

Il a été en 1892 de......... 118
— 1893 de......... 136
— 1894 de......... 173
— 1895 de......... 182
— 1896 de......... 248
— 1897 de......... 279
— 1898 de......... 290

La commission des apprentissages est convaincue que cette rapide progression se maintiendra, et que, par conséquent, en 1912, le chiffre de 720 inscriptions sera atteint et la généralité des apprentis subira l'examen.

Il n'est accordé de prix qu'aux apprentis ayant fréquenté

____

(1) Arnold Kohly. *Rapport sur l'application générale de la loi sur la protection des apprentis et sur les examens professionnels pendant l'année 1898.* La Chaux de Fonds, Haefeli et Cie, p. 34.

au moins un des divers cours de perfectionnement organisés à leur intention.

Un règlement général du 27 mai 1892 a déterminé les conditions du fonctionnement des examens. C'est à peu de choses près la même organisation que celle adoptée par l'Union suisse. Quand cela est possible, les épreuves ont lieu dans les écoles professionnelles, sinon chez des industriels qui mettent leurs ateliers à la disposition des divers jurys. Toutes facilités sont données aux apprentis pour leur permettre de prendre part à l'examen ; ils sont dégrevés de leurs frais de chemin de fer, lorsqu'ils ne le subissent pas dans le district qu'ils habitent, et la commission d'examen leur assure, à leurs frais il est vrai, mais à des conditions particulièrement avantageuses, un logement et une pension.

L'examen de chaque apprenti, y compris les frais du jury, les loyers, fournitures, déplacements, primes et récompenses aux apprentis, gratifications à certains patrons ou contremaîtres, coûte, en moyenne, 15 francs dans le canton de Neuchâtel.

Pendant les premières années d'application de la loi, quelques difficultés ont surgi : Presque toutes avaient pris naissance dans la situation délicate résultant de ce que les commissions d'apprentissage sont, pour partie au moins, composées d'industriels et d'ouvriers. Le patron qui présentait à l'examen des apprentis dont l'instruction professionnelle était fort incomplète, ce qui amenait leur échec, pouvait prétendre que le jury avait exigé de ses élèves des connaissances techniques, hors de proportion avec ce que l'on est en droit de demander raisonnablement à des jeunes gens de quinze ou seize ans. En outre, les ouvriers admis à faire partie du jury, pouvaient être tentés de donner une leçon indirecte à un patron, et l'industriel lui-même, par jalousie de métier, pouvait chercher à faire échouer les apprentis présentés par un confrère.

Ces raisons ont déterminé le service de l'inspection des apprentissages, à élaborer, pour chaque profession, un programme précis des connaissances techniques que chaque jury peut exiger des candidats (1). Ces programmes servent de règlement et de guide aux commissions d'apprentissage et aux jurys, et l'on donne ainsi aux apprentis un aperçu de ce qu'ils doivent être en état de faire, et de ce qu'ils doivent savoir pour affronter l'examen. De leur côté, les patrons et les ouvriers donnent leur avis sur la rédaction de ces programmes, indiquent les modifications et changements à y apporter, de sorte que l'on peut les considérer comme émanant des intéressés eux-mêmes.

Partout où des examens ont été constitués, on a publié des programmes fixes et arrêtés d'avance pour éviter toutes protestations et récriminations contre les épreuves exigées par le jury.

L'organisation des examens d'apprentis a donc atteint en Suisse un haut degré de perfectionnement : Ils sont devenus un stimulant, pour les patrons soucieux de préparer des ouvriers habiles dans leur art ou leur métier, et pour les apprentis qui trouvent dans les diplômes et dans les prix qui leur sont délivrés, la récompense méritée de leurs efforts.

____

(1) République et canton de Neuchâtel. *Recueil des programmes en usage pour la surveillance des apprentissages et les examens pour l'obtention du diplôme de connaissances professionnelles.* La Chaux de Fonds. Imp. Haefeli, 1897.

§ III. — Examens d'apprentis en France. — Les Prud'hommes de Nîmes et les concours d'apprentis.

Encouragées par l'exemple de l'étranger, un certain nombres de Chambres syndicales françaises, désireuses d'assurer, par un apprentissage sérieux, la formation de bons ouvriers, ont institué des concours annuels entre les apprentis du métier.

Presque toutes ont estimé que, pour que l'encouragement fût vraiment effectif, et pour que ces concours révélassent l'état réel de l'apprentissage à tous les degrés et dans toutes les branches de la profession il était nécessaire qu'ils fussent très variés. Elles ont donc, en général, divisé les apprentis de chaque profession en autant de groupes que le métier comporte de spécialités, et chaque groupe lui-même en autant de divisions que la durée de l'apprentissage comporte d'années ; en sorte que ne concourent ensemble que les jeunes gens ayant eu la même durée de préparation. C'est ainsi que la Chambre syndicale des graveurs (1) a divisé ses apprentis en dix groupes, savoir :

1° Décoration en bijoux et horlogerie ;

2° Décoration d'orfèvrerie ;

3° Gravure sur pierre lithographique, écriture ;

4° Gravure sur pierre lithographique, dessin ;

(1) La corporation entière compte environ 150 apprentis. En 1886, année de la création des concours, 30 apprentis 'y ont pris part. Depuis, le nombre a régulièrement progressé : il était de 51 en 1894 et de 65 en 1898.

18 — F.

5° Gravure sur métaux, écriture ;

6° Gravure sur métaux, dessin ;

7° Gravure de vignettes en taille douce, avec composition de sujets ;

8° Gravure sur verre à l'acide fluorhydrique ;

9° Gravure sur acier pour estampage ou découpage ;

10° Gravure de vignettes à jour.

De même, la Chambre syndicale du papier et des industries qui le transforment a divisé pour ses concours annuels, ses apprentis et apprenties, en papetiers, cartonniers et régleurs.

L'assistance paternelle des fleurs et plumes a ouvert des concours de travail professionnel, auxquels peuvent prendre part toutes les apprenties fleuristes ou plumassières ayant accompli une, deux, ou trois années d'apprentissage. Ne sont admises à concourir en seconde et en troisième année, que les élèves ayant précédemment concouru en première ou en seconde année, et *restées dans leur maison d'apprentissage*. Cette clause a été adoptée pour empêcher le vagabondage d'atelier.

D'autres Chambres syndicales, entre autres celle de la joaillerie-bijouterie, et celle de l'ébénisterie, ont également organisé des concours.

De même, quelques-uns de ceux des syndicats ouvriers qui ont organisé des cours professionnels, ont senti la nécessité d'apporter à leur enseignement la sanction des récompenses.

Les chauffeurs-conducteurs-mécaniciens, et les typographes accordent ces récompenses aux élèves qui ont montré le plus d'assiduité sans être arrivés aux résultats les plus brillants.

Mais le plus souvent, les récompenses sont décernées

après un concours destiné à faire ressortir la valeur professionnelle de chaque apprenti. Les ouvriers carrossiers, et les jardiniers ont ainsi institué des concours annuels, auxquels la plupart de leurs élèves prennent part.

Au contraire, un certain nombre de syndicats, notamment celui des menuisiers en bâtiment, sont systématiquement hostiles à toute constatation de mérite. Ils envisagent les patrons comme devant être, à priori, ennemis des institutions ouvrières, et estiment que la production par l'apprenti d'un diplôme émanant d'un syndicat ouvrier, doit avoir le plus fréquemment pour effet, de lui fermer la porte de tous les ateliers.

D'autres considèrent la récompense comme destructive de l'égalité, et par conséquent condamnable. Il est inutile de réfuter cette théorie paradoxale. Si les conditions de la préparation au travail et au combat pour la vie doivent être les mêmes, la lutte entre les concurrents révèle des supériorités dont la négation serait la ruine de l'industrie, intéressée à découvrir tous les mérites pour en bénéficier.

Ce ne sont, en tout cas, que des essais isolés, sans cohésion, et sans lien entre eux, et partant, le diplôme d'apprenti décerné par ces Chambres syndicales ou syndicats ouvriers, s'il a plus d'autorité que le simple certificat émanant d'un patron, est loin de présenter toutes les garanties qu'offrent les diplômes des Unions ou des Cantons suisses qui donnent une sorte de consécration officielle à l'apprentissage, par le rôle que les autorités communales et les Conseils de prud'hommes sont appelés à jouer dans leur délivrance.

En outre, dans ces concours organisés par quelques chambres syndicales, le nombre des apprentis qui se présentent à l'examen, ne représente qu'une très minime fraction du nombre total des apprentis de la profession. Par cela même le concours n'exerce qu'une action fort peu efficace pour le relèvement de la valeur professionnelle de la généralité des ouvriers du corps d'état.

Il est toutefois, une ville de France qui a fait pour répandre et généraliser les examens d'apprentis, une tentative remarquable, et qui mériterait à tous égards d'être encouragée et imitée :

Il existait depuis 1852 à Nîmes, une Société de patronage, qui avait pour objet : 1° « D'éclairer les parents soit « sur le choix de l'atelier et de la profession qui convien- « nent le mieux aux besoins de l'enfant, et qui offrent le « plus de garanties sous le double rapport de sa moralité « et de l'utilité ; soit sur les conditions du contrat d'ap- « prentissage à passer avec les chefs d'atelier ;

« 2° De concourir avec les parents aux dépenses qu'en- « traîne l'apprentissage. »

Cette Société de patronage encourageait la famille à donner à l'enfant un véritable métier, et l'aidait en lui fournissant une subvention mensuelle. Un membre de la société était chargé de la surveillance de l'enfant. Il s'informait auprès du maître, de sa conduite, de son assi- duité et de ses progrès ; et auprès de la famille, des rela- tions entre le maître et l'apprenti. Il adressait à l'enfant des compliments ou des réprimandes, et suspendait même la pension mensuelle dans les cas graves et quand cela était nécessaire. Il veillait à ce que les apprentis suivissent régulièrement les cours du soir.

C'était donc une société de bienfaisance comme il en existe beaucoup ; et malgré le zèle et le dévouement de ses membres, son action était des plus restreintes, non seulement à cause de son caractère confessionnel, mais encore parce que la plupart des adhérents manquaient de la compétence technique nécessaire pour exercer une surveillance et une action efficaces.

Pour remédier à cet état de choses, un membre sociétaire, eût en 1884 l'idée de créer des concours d'apprentis; mais la Société, tout en se ralliant à cette proposition, se sentait incapable de les organiser elle-même. Mais si elle ne pouvait agir elle même, elle ne renonça pas à son idée, et estimant que le corps le mieux posé pour prendre l'initiative d'une telle institution, pour exercer une surveillance sérieuse sur les apprentis, pour avoir sur eux à l'atelier une influence, une action utile au point de vue technique, était le Conseil des prud'hommes, elle lui proposa de se charger de ce soin.

Le Conseil accepta d'accomplir cette œuvre de patronage qui cadrait parfaitement avec les fonctions judiciaires dont il est investi légalement et qui font de lui le défenseur officiel de l'apprenti. Il se déclara tout disposé à s'occuper des apprentis et à faire tout ce qui était en son pouvoir pour intéresser à cette œuvre toutes les bonnes volontés, qui en revanche pourraient compter sur son appui matériel et moral.

Il chargea aussitôt son bureau de faire passer cette idée dans la pratique. Un plan et un règlement furent élaborés et communiqués à la municipalité, aux présidents et aux membres du tribunal et de la Chambre de commerce, au représentant à Nîmes de la branche industrielle de la compagnie des chemins de fer P.-L.-M. et à tous les syndicats ouvriers qui les approuvèrent et promirent leur appui et, dès l'année 1885, les concours furent inaugurés.

Pour pouvoir y prendre part, l'apprenti doit se faire incrire dès le début de l'apprentissage au secrétariat du Conseil des prud'hommes, en présentant son acte de naissance et une note de son patron indiquant la date d'entrée à l'atelier. Tous les renseignements concernant l'apprenti sont transcrits sur un registre *ad hoc*, et un certificat mentionnant son inscription lui est remis séance tenante.

Le président du Conseil des prud'hommes désigne pour chaque apprenti un Prud'homme spécialement chargé de le surveiller pendant toute la durée de son apprentissage et de se rendre compte par des visites fréquentes à l'atelier, de ses aptitudes, de sa conduite et de ses progrès (article 5 du règlement).

Le prud'homme surveillant peut déléguer son mandat à un tiers, à la condition que ce soit une personne honorable, ouvrier ou patron, exerçant la même profession que l'apprenti. Ce choix doit être soumis à l'approbation du Conseil, et le Prud'homme reste chargé de faire un rapport sur l'apprenti en assemblée générale,

L'apprenti qui change de patron est tenu d'en avertir le Conseil, sous peine de perdre ses droits à concourir ; le Conseil tient en effet à être mis au courant des changements d'atelier opérés, afin de pouvoir apprécier à qui en incombe la responsabilité et veut savoir si l'apprenti quitte son patron par pur caprice ou bien parce que l'atelier dans lequel il est entré ne se prête pas à l'instruction professionnelle.

Un examen a lieu tous les ans afin de constater les progrès que les apprentis ont accomplis individuellement et pour déterminer le degré d'instruction qu'ils ont acquis proportionnellement au temps écoulé depuis le début de l'apprentissage. Le titre de l'institution (concours d'apprentis) n'est donc pas exact, puisqu'il n'y a pas de rang attribué à ceux qui subissent les épreuves.

Deux examinateurs, l'un patron, l'autre ouvrier, sont nommés par le Conseil des prud'hommes pour chacune des industries ayant des apprentis inscrits à l'examen. Ils sont choisis en dehors du Conseil et reçoivent toutes les instructions nécessaires concernant le mandat qu'ils ont à remplir et un questionnaire formant programme, qui facilite leur tâche et permet d'éviter les récriminations sur les questions posées. Les examinateurs sont libres d'organiser l'examen comme ils l'entendent ; ils en fixent le jour et l'heure et choisissent l'atelier dans lequel il sera passé ; mais aucun des apprentis appelés à concourir ne doit faire partie du personnel de cet atelier (article 12 du règlement).

Ils adressent, après les opérations de l'examen, un rapport au Conseil qui statue sur les récompenses à accorder tant aux apprentis, qu'aux ouvriers qui, chargés de leur éducation professionnelle, auront mis tous leurs soins à former de bons praticiens et y auront réussi. Les décisions du Conseil sont soumises à l'approbation de la municipalité.

Les apprentis qui ont subi l'examen avec succès reçoivent un diplôme. Ceux qui ont échoué ne reçoivent que le certificat d'apprentissage auquel a droit tout apprenti ayant terminé un apprentissage régulier.

Le Conseil des prud'hommes ne s'en est pas tenu là et a réussi à intéresser à son œuvre les Chambres syndicales ouvrières qui se sont, en 1887, fédérées sous le nom de Bourse du travail. Dès le début de leur union, les syndicats ouvriers, comprenant l'importance de l'apprentissage pour l'industrie, la nécessité de surveiller l'instruction professionnelle de l'apprenti à l'atelier, le besoin de soutien moral qu'éprouve l'enfant placé au milieu d'ouvriers plus ou moins bien disposés en sa faveur, ont offert au Conseil de seconder ses efforts.

Celui-ci heureux d'être compris, s'est déclaré prêt à modifier le règlement de façon à le plier aux besoins spéciaux de chaque industrie, puis dans son assemblée générale du 10 juillet 1888, il a voté la résolution suivante :

« Lorsque les Chambres syndicales d'une industrie quel-
« conque manifesteront au Conseil des prud'hommes,
« l'intention de s'occuper elles-mêmes de l'examen de
« leurs apprentis et des récompenses à leur décerner, le
« Conseil établira, s'il y a lieu, avec ces Chambres syndi-
« cales, une convention spéciale. »

Lorsque les syndicats ouvriers ou patronaux de chaque industrie s'entendent pour donner à leurs apprentis les moyens d'acquérir une instruction professionnelle pratique, le rôle du Conseil des prud'hommes devient alors celui d'un organe central, encourageant les syndicats dans leur œuvre, et les suppléant quand leur action s'affaiblit ou s'annihile.

Le Conseil a donc admis à prendre part au concours de 1889, les apprentis que les syndicats alors existants firent inscrire sur le registre spécial, acceptant comme bonnes et valables les dates d'entrée en apprentissage qui furent certifiées par les représentants en litre de ces syndicats.

D'autre part, conformément à la résolution votée le 10 juillet 1888, le Conseil passa une convention avec le syndicat ouvrier de la tonnellerie : Aux termes de cet accord, le syndicat s'engage à présenter ses apprentis aux concours; ceux qui obtiennent le diplôme doivent en

même temps recevoir une récompense qui consiste en outils utiles à l'ouvrier tonnelier. Ces outils sont achetés par
le syndicat, et doivent représenter une valeur au moins
égale à la somme affectée par le Conseil à la classe du diplôme obtenu par l'apprenti. Le syndicat s'engage à obtenir la restitution — à cet effet, il fait signer un engagement
aux parents des apprentis récompensés — soit des outils,
soit d'une somme équivalente, de tout apprenti récom-
pensé au cours de son apprentissage, et qui ne le terminant pas régulièrement, n'obtiendrait pas son certificat.

L'action du Conseil et celle des syndicats sont donc
étroitement associées et si l'on peut émettre un regret,
c'est que l'organisation syndicale soit à Nîmes trop rudimentaire pour pouvoir produire tous les résultats que
l'on devrait pouvoir attendre d'une aussi utile institution.

Il n'existe pas un seul syndicat de patrons, et pas
plus de dix syndicats ouvriers, composés de membres peu
nombreux, s'efforçant, sans y parvenir, d'attirer à eux la
majeure partie de leurs confrères. Aussi, ces noyaux pleins
d'ardeur et de bonne volonté n'ont-ils qu'une action trop
limitée pour pouvoir tenter une œuvre générale de patronage, mais ils sont heureux de pouvoir apporter leur
concours au Conseil des prud'hommes et de lui faciliter
sa tâche dans la mesure de leurs moyens.

Nous résumons dans le tableau ci-après les résultats
obtenus par les prud'hommes de Nîmes depuis 1884, date
de la création des concours d'apprentis.

Années.	Apprentis examinés.	Apprentis diplômés.
1885	17	14
1886	32	28
1887	36	28
1888	38	38
1889	60	56
1890	62	60
1891	61	52
1892	54	46
1893	76	67
1894	57	53
1895	54	50
1896	59	53
1897	57	52
Totaux...	663	597

Si nous prenons les chiffres de la dernière année, nous voyons que les apprentis examinés comprenaient 44 garçons et 13 filles, dont 5 piqueuses de bottines et 8 couturières.

Les 44 garçons comprenaient: 1 bourrelier, 1 chaudronnier, 1 lithographe, 1 marbrier, 1 orfèvre, 1 pâtissier, 1 plombier, 1 tailleur de pierre, 6 menuisiers, 2 plâtriers, 2 sculpteurs, 5 serruriers, 7 tailleurs, 2 tapissiers, 12 tonneliers.

Le Conseil exerce donc sa surveillance sur les apprentis des professions les plus diverses ; sans doute, son champ d'action est encore fort restreint, mais il s'élargit tous les jours. C'est ainsi qu'il récompense tous les ans un certain nombre d'apprentis, non inscrits sur ses registres, et qui échappent par conséquent à sa surveillance immédiate,

mais qui lui sont signalés comme ayant fréquenté assidû-
ment divers cours d'enseignement professionnel et s'y
étant distingués.

En 1898, par exemple, il récompensait ainsi, 62 jeunes
gens, dont :

6 élèves (ajusteurs, forgeron, menuisiers et lithographe)
de la section industrielle de l'école pratique.

25 apprentis, menuisiers, serruriers, lithographes,
peintres, tapissiers ou graveurs, ayant suivi les cours ouverts pour eux à l'école des Beaux-Arts.

1 liseur de dessin et 1 décorateur qui avaient suivi les
cours de l'école de fabrication et de dessin industriel.

Enfin, pour leur assiduité aux cours créés par la Bourse
du Travail :

9 apprentis tailleurs (cours de coupe de vêtements).

5 apprentis cordonniers (cours de coupe de chaussures).

6 apprentis peintres en bâtiment.

7 apprentis tailleur de pierre (cours de dessin linéaire
et de stéréotomie).

1 apprenti menuisier (cours de dessin linéaire et de
stéréotomie).

1 apprenti serrurier (cours de dessin linéaire et de
stéréotomie).

Sans doute aussi, les concours d'apprentis manquent
de sanction ; trop d'apprentis échappent à l'action du Conseil des prud'hommes ; mais il n'y a pas moins là une
tentative d'autant plus intéressante qu'elle a été couronnée
d'un plein succès, et qu'elle prouve que l'on pourrait introduire en France, dans n'importe quel centre industriel,
cette institution des examens d'apprentis qui a donné à
l'étranger, surtout en Suisse, de si heureux résultats.

CONCLUSION

L'expérience tentée par les Prud'hommes de Nîmes nous
servira à établir notre conclusion.

Depuis quelques années, on se préoccupe d'empêcher la
valeur professionnelle de nos ouvriers d'aller en s'amoin-
drissant, et l'on étudie les moyens d'arriver à remplacer
chaque génération de travailleurs disparaissant du champ
de bataille de l'industrie, par une génération nouvelle, non
seulement mieux outillée, mais possédant une instruction
générale plus étendue, et une habileté professionnelle au
moins égale.

Malgré tous les efforts tentés pour obtenir ce résultat,
ce dernier point surtout est rarement atteint, et l'on a été
obligé de reconnaître que l'apprentissage joue dans la
préparation du futur ouvrier un rôle des plus importants,
et qu'il faut attribuer à sa disparition graduelle la dimi-
nution sensible du nombre d'ouvriers connaissant leur
métier dans tous ses détails, le pratiquant avec goût, capables d'y apporter des améliorations et des perfectionne-
ments, et de donner à tous leurs ouvrages un caractère
d'originalité personnelle et artistique qui en rehausse la
valeur.

On se rend donc parfaitement compte, que, pour qu'elle
puisse lutter contre la concurrence étrangère, il faut préparer pour notre industrie nationale, de jeunes ouvriers

pourvus d'une bonne instruction technique, et ayant acquis la dextérité manuelle nécessaire pour exercer leur métier avec succès et profit.

Tel est le but que se sont proposé les écoles professionnelles. Mais leur nombre est encore très restreint, et leurs méthodes sont très discutées. C'est de ce côté cependant que se sont portés jusqu'à présent les principaux efforts. Sans méconnaître leur utilité, et nier les résultats qu'elles ont donnés, et qui permettent d'escompter dès à présent ceux que l'on est en droit d'en attendre dans l'avenir, surtout depuis que l'on s'est franchement décidé à y faire des ouvriers spécialisés, il faut bien reconnaître que pendant longtemps encore, la grande majorité des enfants apprendra son métier à l'atelier.

Aussi, au lieu de multiplier les écoles professionnelles, qui sont toujours une lourde charge au point de vue financier et ne s'adressent qu'à une élite, nous croyons qu'il serait préférable, plus économique à coup sûr, et plus utile pour la population ouvrière, d'ouvrir dans tout centre où l'on pourrait réunir quelques apprentis, des cours professionnels, cours du soir ou du dimanche, assez répandus pour que pas un enfant n'en soit privé. Nous sommes convaincu que pour donner cet enseignement les bonnes volontés ne manqueraient pas, et nous voudrions le voir organisé par les intéressés eux-mêmes. N'est-il pas logique d'admettre que les industriels, désireux de se préparer un personnel capable, les Chambres syndicales, et surtout les ouvriers, encouragés et soutenus, ouvriraient des cours répondant aux besoins de chaque profession.

L'apprenti apprendrait donc, en recevant des leçons techniques, la partie théorique de son métier, tandis qu'il en acquerrait la pratique à l'atelier.

Mais l'atelier, dit-on, n'est plus ce qu'il était jadis, il a subi la loi du progrès et on a ouvert ses portes à la machine. Aussi, en face de cette évolution industrielle qui transforme l'ouvrier en un simple manœuvre ; en présence de cette situation qui, par la puissance de l'intérêt mal entendu du côté du patron, par l'attrait d'un salaire précoce du côté de l'ouvrier, tend à supprimer l'apprentissage sérieux, un nouveau devoir s'impose, favoriser le développement de l'instruction professionnelle au sein de l'atelier.

L'État sans se désintéresser absolument de la question, a porté tous ses efforts sur l'apprentissage par les écoles. Il a fait dans ce sens des dépenses considérables, soit pour organiser lui-même l'enseignement, soit pour encourager les tentatives faites par les départements, les municipalités, ou même l'initiative privée ; tandis qu'au contraire, il négligeait absolument l'apprentissage à l'atelier, paraissant considérer ce mode d'éducation technique, comme impuissant à donner de bons résultats et incompatible avec les tendances et les progrès de l'industrie moderne.

Sans doute, il ne refuse pas son appui et son aide, aux tentatives généreuses faites par des sociétés industrielles, ou par des œuvres de patronage pour encourager l'apprenti, mais il n'intervient pas directement ; il semble qu'il considère l'apprentissage tel qu'il était pratiqué autrefois comme une institution surannée, et irrémédiablement destinée à disparaître.

Cette abstention de l'État est frappante à notre époque où l'on tend à élargir chaque jour son rôle, et à multiplier ses fonctions ; surtout alors qu'à l'étranger, son intervention en cette matière est des plus accentuées, puisque les lois allemande et autrichienne, rendent l'apprentissage obligatoire pour la petite industrie, et que les lois cantonales suisses les plus récentes réglementent d'une façon très stricte et très minutieuse l'apprentissage dans toutes les professions.

Nous croyons qu'entre le système de la liberté absolue tel que le pratiquent l'Angleterre et la Belgique, et celui de la réglementation à outrance, il y a place dans un régime moyen. Nous ne repoussons pas, *a priori*, l'intervention de l'État, et n'assimilons pas l'organisation de l'apprentissage et l'organisation du travail, la première visant seulement à créer des valeurs intellectuelles, morales et matérielles, et ne touchant en rien à la liberté, l'autre étant au contraire, avant tout, une théorie de répartition.

Nous souhaiterions donc une intervention plus active de l'État, sans toutefois désirer rendre l'apprentissage obligatoire ; mais nous voudrions que les parties ne puissent contracter à la légère, qu'elles soient en quelque sorte obligées de prendre conscience de la gravité de leurs engagements, et que ceux-ci reçoivent une sanction suffisante pour être respectés.

Il faudrait, selon nous, pour atteindre ce but, apporter à la loi de 1851 les modifications suivantes :

1º Rendre le contrat écrit obligatoire, et exiger sa rédaction en triple expédition, dont l'une serait remise entre les mains de l'autorité chargé de la surveillance des apprentissages, Inspection du travail, Conseils des prud'hommes, ou même Commission municipale.

2º Réglementer le contrat d'apprentissage, de manière à mettre en harmonie la loi de 1851 avec celle de 1892.

3º Stipuler dans le contrat que l'apprenti ne sera libre de tout engagement que lorsqu'il aura obtenu de son patron un congé d'acquit.

4° Rendre passible de dommages et intérêts vis-à-vis du patron lésé, les industriels qui auraient employé des apprentis non munis du congé d'acquit.

Voilà à quoi nous voudrions voir borner le rôle de l'Etat ; mais ce n'est pas dire qu'il ne faille rien faire de plus. Nous croyons qu'il y a en France beaucoup de bonnes volontés inemployées, et qu'il suffirait pour obtenir des résultats excellents de les réunir, de les coordonner et de leur donner une direction unique et une organisation d'ensemble.

De grands efforts sont faits de tous côtés pour assurer l'enseignement professionnel de l'apprenti ; des patrons, des groupes d'industriels, des collectivités, se sont imposé, dans ce but, des sacrifices considérables, souvent même hors de proportion avec les résultats acquis ; mais ces efforts demeurent trop souvent vains et stériles, parce qu'ils émanent de corps et d'individus agissant sous des impulsions différentes, poursuivant par des procédés et des méthodes diverses, un but commun mal défini.

D'autre part l'indifférence, pour ne pas dire l'hostilité de la classe ouvrière, à l'égard de toutes les questions intéressant l'apprentissage a certes beaucoup contribué à détourner les pouvoirs publics de l'étude de ces questions. Il est tout naturel, en effet, qu'ils portent de préférence leur attention sur les réformes réclamées par les ouvriers eux-mêmes.

Il nous semble qu'il serait non seulement possible, mais même facile, de généraliser dans toute la France, l'expérience tentée à Nimes et qui y a si bien réussi. Les Conseils de prud'hommes sont tout indiqués, et par leur compétence technique, et par leur composition mi-partie patronale, mi-partie ouvrière, pour être chargés de la sur-

veillance des apprentissages, et à leur défaut, ce soin pourrait être confié à des commissions spéciales nommées par
les municipalités.

Nous admettrions volontiers d'ailleurs, que les Commissions d'apprentissage ainsi nommées, n'aient un rôle actif,
comme cela a lieu en Suisse, que là où manquent les initia
tives locales. Elles doivent seulement servir d'organe central destiné à coordonner et à diriger les efforts mais déléguer
leurs pouvoirs et passer en quelque sorte au second plan,
partout où des associations professionnelles, et des syndicats
ouvriers ou patronaux voudront les aider dans leur tâche.

Nous croyons aussi, qu'indépendamment de la surveillance portant sur l'état moral et matériel de l'apprenti à
l'atelier, un contrôle non moins sérieux doit être exercé
sur l'instruction professionnelle que reçoit l'enfant ; et
c'est alors qu'apparaît l'utilité des examens d'apprentis.
Ils empêcheraient les patrons de transformer leurs apprentis en aides salariés et en manœuvres, puisque ceux
d'entre eux dont les élèves échoueraient, seraient bien vite
connus et jugés, et ne trouveraient plus à recruter qu'un
personnel d'ordre inférieur ; en même temps, leur amour
propre serait mis en jeu et ils mettraient un point d'honneur à présenter au concours des apprentis connaissant
aussi bien leur métier que ceux présentés par leurs
confrères. Ils y trouveraient aussi une garantie contre le
vagabondage d'atelier, puisque seul l'enfant ayant rempli
ses engagements, pourrait affronter les épreuves de
l'examen.

Pour l'apprenti, les examens ne seraient pas moins
utiles, et trouveraient leur sanction dans l'obtention du
diplôme qui lui faciliterait son admission dans les ateliers.
Enfin, pour tous les membres d'une même profession,

l'examen mettrait en relief les points faibles de l'enseignement professionnel, montrerait par le nombre de candidats si l'industrie est florissante et prospère, renseigne-
rait sur ses tendances, et indiquerait dans quel sens elle
doit être encouragée.

Quant à l'organisation matérielle des examens d'apprentissage, l'exemple du canton de Neuchâtel prouve que
l'on peut sans trop de difficultés multiplier suffisamment
les centres où ont lieu les épreuves pour que pas un
apprenti ne puisse prétendre qu'il lui était impossible de
briguer le diplôme à cause de l'éloignement.

Il nous semble également que la question des frais ne saurait être un obstacle bien sérieux, surtout si chaque corps
d'état devait, en principe tout au moins, supporter une partie
des dépenses occasionnées par l'examen de ses apprentis.
Le chiffre de 15 francs auquel revient en Suisse chaque
examen, ne serait certainement pas atteint si la dépense
totale était répartie sur un plus grand nombre de candidats. D'ailleurs les récompenses consistant en livrets,
achat d'outils, etc., proviendraient pour la majeure partie
de dons volontaires. Nous sommes persuadé que les dis-
tinctions honorifiques, même la simple publication du
nom des patrons qui feraient recevoir beaucoup d'apprentis, produirait pour leur émulation beaucoup plus d'effet
que les primes ou récompenses en argent.

On entend souvent émettre cette opinion que tous les
remèdes proposés pour relever l'apprentissage demeure-
ront fatalement inefficaces ; que le développement de la
grande industrie et les conditions sociales actuelles empêcheront à jamais sa rénovation. Peut-être est-ce exact
pour certains pays, comme l'Angleterre, ou pour certaines
industries qui ne peuvent lutter qu'en se transformant, en

poussant aussi loin que possible la division du travail ;
mais c'est certainement faux pour notre pays. On sait la
place considérable qu'occupe la petite industrie en France :
A Paris, le nombre des artisans, ouvriers travaillant pour
leur propre compte, quelquefois avec un aide ou deux, est
de beaucoup supérieur à celui des ouvriers de manufacture ; or dans presque tous les métiers de la petite industrie, l'apprentissage est indispensable.

Mais c'est surtout par ses industries d'art et de luxe,
que la France peut lutter victorieusement sur le marché
international avec les industries étrangères. Or c'est
principalement dans ces industries que l'éducation
professionnelle est tout à fait indispensable pour donner à
l'apprenti, en même temps que l'habileté et la dextérité
manuelles, le goût et l'amour du beau, pour développer
ses instincts artistiques, et pour mettre en relief ses qualités personnelles. Il est de notre devoir, comme de notre
intérêt, de conserver l'avance que malgré les efforts de
nos rivaux étrangers, nous avons sur eux sous ce rapport, et nos industries trouveront toujours une clientèle
de consommateurs, qui, à l'objet banal, uniforme, produit
par un manœuvre, préféreront l'œuvre dans laquelle ils
sentiront une préoccupation de recherche personnelle,
d'adaptation raisonnée de la matière employée à l'utilité
de l'objet, de concordance entre sa forme et son emploi,
et montreront ainsi qu'ils savent rechercher, apprécier
et récompenser la valeur professionnelle et la capacité
technique de l'ouvrier.

ANNEXES

Annexe I.

LOI DU 22 FÉVRIER 1851

relative aux contrats d'apprentissage.

TITRE PREMIER

Du contrat d'apprentissage.

SECTION PREMIÈRE. — *De la nature et de la forme du contrat.*

ARTICLE PREMIER. — Le contrat d'apprentissage est celui par lequel un fabricant, un chef d'atelier ou un ouvrier s'oblige à enseigner la pratique de sa profession à une autre personne, qui s'oblige, en retour, à travailler pour lui ; le tout à des conditions et pendant un temps convenus.

ART. 2. — Le contrat d'apprentissage est fait par acte public ou par acte sous seing privé.

Il peut aussi être fait verbalement, mais la preuve testimoniale n'en est reçue que conformément au titre du Code civil : *Des contrats ou des obligations conventionnelles en général.*

Les notaires, les secrétaires des Conseils de prud'hommes et les greffiers de justice de paix peuvent recevoir l'acte d'apprentissage.

Cet acte est soumis pour l'enregistrement au droit fixe d'un franc, lors même qu'il contiendrait des obligations de sommes ou valeurs mobilières, ou des quittances.

Les honoraires dus aux officiers publics sont fixés à deux francs.

Art. 3. — L'acte d'apprentissage contiendra :

1° Les nom, prénoms, âge, profession et domicile du maître ;

2° Les nom, prénoms, âge et domicile de l'apprenti ;

3° Les noms, prénoms, professions et domicile de ses père et mère, de son tuteur, ou de la personne autorisée par les parents et, à leur défaut, par le juge de paix ;

4° La date et la durée du contrat ;

5° Les conditions de logement, de nourriture, de prix, et toutes autres arrêtées entre les parties.

Il devra être signé par le maître et par les représentants de l'apprenti.

Section II. — *Des conditions du contrat.*

Art. 4. — Nul ne peut recevoir des apprentis mineurs, s'il n'est âgé de vingt et un ans au moins.

Art. 5. — Aucun maître, s'il est célibataire ou en état de veuvage, ne peut loger, comme apprenties, des jeunes filles mineures.

Art. 6. — Sont incapables de recevoir des apprentis :

Les individus qui ont subi une condamnation pour crime ;

Ceux qui ont été condamnés pour attentat aux mœurs ;

Ceux qui ont été condamnés à plus de trois mois d'emprisonnement pour les délits prévus par les articles 388, 401, 405, 406, 407, 408, 423 du Code pénal.

Art. 7. - L'incapacité résultant de l'article 6 pourra être levée par le Préfet, sur l'avis du Maire, quand le condamné, après l'expiration de sa peine, aura résidé pendant trois ans dans la même commune.

A Paris, les incapacités seront levées par le Préfet de police.

SECTION III. — *Devoirs des maîtres et des apprentis.*

ART. 8. — Le maître doit se conduire envers l'apprenti en bon père de famille, surveiller sa conduite et ses mœurs, soit dans la maison, soit au dehors, et avertir ses parents ou leurs représentants des fautes graves qu'il pourrait commettre ou des penchants vicieux qu'il pourrait manifester.

Il doit aussi les prévenir, sans retard, en cas de maladie, d'absence, ou de tout autre fait de nature à motiver leur intervention.

Il n'emploiera l'apprenti, sauf conventions contraires, qu'aux travaux et services qui se rattachent à l'exercice de sa profession. Il ne l'emploiera jamais à ceux qui seraient insalubres ou au dessus de ses forces.

ART 9. — La durée du travail effectif des apprentis âgés de moins de quatorze ans ne pourra dépasser dix heures par jour.

Pour les apprentis âgés de quatorze à seize ans, elle ne pourra dépasser douze heures.

Aucun travail de nuit ne peut être imposé aux apprentis âgés de moins de seize ans.

Est considéré comme travail de nuit tout travail fait entre neuf heures du soir et cinq heures du matin.

Les dimanches et jours de fêtes reconnues ou légales, les apprentis, dans aucun cas, ne peuvent être tenus, vis-à-vis de leur maître, à aucun travail de leur profession.

Dans le cas où l'apprenti serait obligé, par suite de conventions ou conformément à l'usage, de ranger l'atelier aux jours ci-dessus marqués, ce travail ne pourra se prolonger au delà de dix heures du matin.

Il ne pourra être dérogé aux dispositions contenues dans les trois premiers paragraphes du présent article que par un arrêté rendu par le Préfet, sur l'avis du Maire.

ART. 10. — Si l'apprenti âgé de moins de seize ans ne sait pas lire, écrire et compter, ou s'il n'a pas encore terminé sa première éducation religieuse, le maître est tenu de lui laisser prendre.

sur la journée de travail, le temps et la liberté nécessaires pour son instruction

Néanmoins, ce temps ne pourra pas excéder deux heures par jour.

Art. 11. — L'apprenti doit à son maître fidélité, obéissance et respect ; il doit l'aider, par son travail, dans la mesure de son aptitude et de ses forces.

Il est tenu de remplacer, à la fin de l'apprentissage, le temps qu'il n'a pu employer par suite de maladie ou d'absence ayant duré plus de quinze jours

Art. 12. — Le maître doit enseigner à l'apprenti, progressivement et complètement, l'art, le métier ou profession spéciale qui fait l'objet du contrat.

Il lui délivrera, à la fin de l'apprentissage, un congé d'acquit, ou certificat constatant l'exécution du contrat.

Art. 13. — Tout fabricant, chef d'atelier ou ouvrier, convaincu d'avoir détourné un apprenti de chez son maître, pour l'employer en qualité d'apprenti ou d'ouvrier, pourra être passible de tout ou partie de l'indemnité à prononcer au profit du maître abandonné.

Section iv. — *De la résolution du contrat.*

Art. 14. — Les deux premiers mois de l'apprentissage sont considérés comme un temps d'essai pendant lequel le contrat peut être annulé par la seule volonté de l'une des parties. Dans ce cas, aucune indemnité ne sera allouée à l'une ou à l'autre partie, à moins de conventions expresses.

Art. 15. — Le contrat d'apprentissage sera résolu de plein droit :

1° Par la mort du maître ou de l'apprenti ;

2° Si l'apprenti ou le maître est appelé au service militaire ;

3° Si le maître ou l'apprenti vient à être frappé d'une des condamnations prévues en l'article 6 de la présente loi ;

4° Pour les filles mineures, dans le cas de décès de l'épouse du maître, ou de toute autre femme de la famille qui dirigeait la maison à l'époque du contrat.

ART. 16 — Le contrat peut être résolu sur la demande des parties ou de l'une d'elles :

1° Dans le cas où l'une des parties manquerait aux stipulations du contrat ;

2° Pour cause d'infraction grave ou habituelle aux prescriptions de la présente loi ;

3° Dans le cas d'inconduite habituelle de la part de l'apprenti ;

4° Si le maître transporte sa résidence dans une autre commune que celle qu'il habitait lors de la convention ;

Néanmoins, la demande en résolution du contrat fondée sur ce motif ne sera recevable que pendant trois mois, à compter du jour où le maître aura changé de résidence ;

5° Si le maître ou l'apprenti encourait une condamnation emportant un emprisonnement de plus d'un mois ;

6° Dans le cas où l'apprenti viendrait à contracter mariage.

ART. 17. — Si le temps convenu pour la durée de l'apprentissage dépasse le maximum de la durée consacré par les usages locaux, ce temps peut être réduit ou le contrat résolu.

TITRE II

De la compétence.

ART. 18 — Toute demande à fin d'exécution ou de résolution de contrat sera jugée par le Conseil des prud'hommes dont le maître est justiciable, et, à défaut, par le juge de paix du canton.

Les réclamations qui pourraient être dirigées contre les tiers, en vertu de l'article 13 de la présente loi, seront portées devant le Conseil des prud'hommes ou devant le juge de paix du lieu de leur domicile.

ART. 19. — Dans les divers cas de résolution prévus en la section IV du titre Ier, les indemnités ou les restitutions qui pourraient être dues à l'une ou à l'autre des parties seront, à défaut de stipulations expresses, réglées par le Conseil des prud'hommes, ou par le juge de paix dans les cantons qui ne ressortissent point à la juridiction d'un Conseil de prud'-hommes.

ART. 20. - Toute contravention aux articles 4, 5, 6, 9 et 10 de la présente loi sera poursuivie devant le Tribunal de police et punie d'une amende de 5 à 15 francs.

Pour les contraventions aux articles 4, 5, 9 et 10, le Tribunal de police pourra, dans le cas de récidive, prononcer, outre l'amende, un emprisonnement d'un à cinq jours.

En cas de récidive, la contravention à l'article 6 sera poursuivie devant les Tribunaux correctionnels, et punie d'un emprisonnement de quinze jours à trois mois, sans préjudice d'une amende, qui pourra s'élever de 50 francs à 300 francs.

ART. 21. — Les dispositions de l'article 463 du Code pénal sont applicables aux faits prévus par la présente loi.

ART. 22. — Sont abrogés les articles 9, 10 et 11 de la loi du 22 germinal an XI.

LOI DU 11 DÉCEMBRE 1880

sur les écoles manuelles d'apprentissage.

Article Premier. — Les écoles d'apprentissage, fondées par les communes ou les départements pour développer chez les jeunes gens qui se destinent aux professions manuelles la dextérité nécessaire et les connaissances techniques, sont mises au nombre des établissements d'enseignement primaire publics.

Les écoles publiques d'enseignement primaire complémentaire, dont le programme comprend des cours ou des classes d'enseignement professionnel, sont assimilées aux écoles manuelles d'apprentissage,

Art 2. — Les écoles manuelles d'apprentissage et autres écoles à la fois primaires et professionnelles, fondées et entretenues par des associations libres, sont mises au nombre des établissements désignés par l'article 56 de la loi du 15 mars 1850, comme pouvant participer aux subventions inscrites au budget de l'instruction publique.

Art. 3. — Les établissements désignés dans les articles 1 et 2 de la présente loi pourront également participer aux subventions inscrites au budget du Ministère de l'Agriculture et du Commerce, sous le titre de subventions à des établissements d'enseignement technique.

Art. 4. — Le programme d'enseignement de chacun de ces établissements est arrêté d'après un plan élaboré par les fondateurs et approuvé par les Ministres de l'Instruction publique et de l'Agriculture et du Commerce.

Art. 5. — Dans les écoles fondées par les départements ou les communes, le directeur est nommé en la même forme que tous les instituteurs publics : sur la présentation du Conseil municipal, si l'école est fondée par une commune, ou du Conseil général. si l'école est fondée par le département.

Le personnel chargé de l'enseignement professionnel est nommé par le Maire, si c'est une école communale, ou par le Préfet, si c'est une école départementale, sur la désignation de la Commission de surveillance et de perfectionnement instituée auprès de l'établissement par le Conseil municipal ou le Conseil général.

Dans les écoles libres, tout le personnel est choisi par les fondateurs.

ART. 6. — Un règlement d'administration publique déterminera les conditions d'application de la présente loi.

Annexe III.

LOI ALLEMANDE DU 26 JUILLET 1897

Portant modification des lois industrielles des 24 juin 1869, 17 juillet 1878, 23 juillet 1879, 18 juillet 1881, 1er juillet 1883, 8 décembre 1884, 23 avril 1886, 6 juillet 1887, 1er juin 1891, concernant les Corporations, Chambres de petite industrie, et Unions de corporations dans l'empire d'Allemagne.

TITRE III. — Apprentissage.

§ 126. N'ont pas le droit d'avoir ou de diriger des apprentis les personnes qui ne jouissent pas de leurs droits civils. Est retiré pour toujours ou pour un certain temps le droit d'avoir ou de diriger des apprentis aux personnes qui ont manqué gravement à leurs devoirs vis-à-vis de leurs apprentis ou contre qui on a relevé des faits contraires à la morale, de même pour les personnes qui, malades de corps ou d'esprit, sont reconnues incapables de diriger un apprenti. Le retrait des apprentis est opéré par les soins de l'autorité subalterne de surveillance.

Le contrat d'apprentissage devra être constaté par écrit dans un délai de quatre semaines à dater du commencement de l'apprentissage. Ce contrat doit contenir l'indication du métier ou de la branche du métier pour lequel l'enseignement doit être donné, la durée de l'apprentissage, la mention des prestations réciproques, les conditions prévues légalement ou autrement d'après lesquelles pourra se produire la rupture du contrat d'apprentissage par un des deux.

Le contrat d'apprentissage, qui est fait sans frais, devra être signé par celui qui exerce l'industrie ou son représentant, l'apprenti et son père ou son tuteur ; un exemplaire sera remis au père ou au tuteur. Le maître devra produire ce contrat à toute réquisition de la police

Ces dispositions ne s'appliquent pas aux écoles d'apprentissage reconnues par l'État.

Le maître de l'apprenti doit l'instruire de toutes les pratiques de son art, lui permettre de suivre les cours des écoles, tant celles de perfectionnement et professionnelles que les autres. Il doit le diriger lui-même ou par un représentant dûment qualifié, lui inspirer des habitudes de travail, le protéger contre les mauvais traitements des compagnons de l'atelier ou de la maison et veiller à ce qu'il ne lui soit pas donné des travaux qui ne seraient pas en relation avec ses forces.

Il ne doit pas le priver du temps nécessaire pour son éducation et pour ses exercices religieux, les dimanches et jours fériés. Les apprentis qui ne prennent au domicile du maître, ni logement, ni nourriture, ne peuvent être employés aux travaux domestiques.

L'apprenti est placé sous la direction paternelle du maître ou de ses représentants qui doivent lui donner de bons sentiments d'obéissance et de fidélité, et ne lui imposer aucun excès de travail et quoi que ce soit qui puisse mettre sa santé en danger.

§ 127 *b*. Le contrat d'apprentissage peut être rompu, après un délai de quatre semaines ou de trois mois au plus, par une renonciation de l'un des contractants. En outre, après l'expiration de ce délai d'épreuve, le maître peut renvoyer l'apprenti dans le cas prévu paragraphe 123 ou si l'apprenti, malgré toutes les observations, ne remplit pas ses engagements et ne suit pas les cours de l'école de perfectionnement ou ceux de l'école professionnelle.

De son côté, l'apprenti peut quitter le maître dans les cas du paragraphe 124, et si le maître ne remplit pas ses engagements au point de vue moral ou professionnel, ou si la santé de l'apprenti est mise en danger. La mort de l'apprenti rompt l'engagement, celle du maître ne le rompt qu'autant que l'interruption de l'apprentissage a duré quatre semaines.

A la fin de l'apprentissage, le maître remet à l'apprenti un certificat attestant la durée de l'apprentissage, le métier qui lui a été enseigné, les connaissances qu'il a acquises ainsi que la conduite qu'il a tenue.

Ces certificats sont remplacés par des diplômes d'enseignements (*Lehrbrief*) là où il existe des corporations ou institutions analogues représentant les industriels.

Lorsque l'apprenti quitte son apprentissage dans un des cas non prévus par la présente loi, le maître peut le faire réintégrer par la police, si le contrat d'apprentissage est arrêté par écrit ; l'apprenti peut être maintenu en état d'arrestation aussi longtemps qu'un jugement n'a pas déclaré l'apprentissage rompu ou a écarté l'apprenti de l'enseignement. Si l'apprenti refuse de revenir, il y sera contraint par la police et il sera passible d'une amende allant jusqu'à 50 marks et d'une peine de cinq jours d'emprisonnement au maximum.

Lorsque le père, le tuteur ou même l'apprenti majeur déclare par écrit que l'apprenti est entré dans un autre métier, le contrat d'apprentissage est rompu au bout de quatre semaines. Les motifs de la rupture du contrat doivent être mentionnés sur le livre de travail. L'apprenti ne peut, sans l'autorisation du premier maître, être occupé dans le même métier avant neuf mois depuis la rupture du contrat.

Si l'apprentissage est arrêté avant son terme, le patron ou l'apprenti peuvent demander une indemnité, lorsque le contrat a été fait par écrit. Dans le cas du paragraphe 127 *b*, la demande d'indemnité ne sera valable que si le genre et l'importance de l'indemnité ont été prévus par le contrat d'apprentissage. Dans le cas de fuite de l'apprenti. si aucun chiffre n'a été porté au contrat, l'indemnité sera calculée sur la moitié au plus du salaire journalier payé aux ouvriers habituellement dans la localité et dans le métier du maître et cette somme sera multipliée par le nombre de jours à partir du départ de l'apprenti, sans que le total puisse dépasser six mois. Le père est déclaré civilement responsable, ainsi que le patron qui aurait amené l'apprenti à quitter son maître ou lui aurait donné du travail, sachant que son contrat d'apprentissage n'était pas annulé.

§ 128. L'autorité subalterne de surveillance peut contraindre un maître qui a un nombre d'apprentis trop grand pour pouvoir remplir convenablement ses engagements, à renvoyer une partie de ses apprentis ; elle peut aussi limiter le nombre des apprentis.

Indépendamment de cela, le Conseil fédéral peut aussi limiter le nombre des apprentis dans certaines branches d'industrie, et, à défaut du Conseil fédéral, l'autorité centrale de l'État peut intervenir.

B. *Prescriptions spéciales pour la petite industrie*. § 129. Dans les métiers de petite industrie, ne peuvent avoir des apprentis que les individus majeurs de vingt-quatre ans et ayant accompli dans le métier dans lequel ils auront à diriger des apprentis, soit le temps d'apprentissage prescrit par les chambres de petite industrie et, en cas de non fixation de durée par la chambre, au moins trois ans d'apprentissage et ayant subi l'épreuve de compagnon, ou ayant, pendant cinq ans, exercé le métier de petite industrie pour leur propre compte, ou ayant rempli le rôle de contremaître ou un emploi analogue. L'autorité supérieure de surveillance peut accorder des exceptions à cette règle, la corporation entendue, s'il y a une corporation dans la région.

Les prescriptions du paragraphe 129 ne sont pas applicables au compagnon qui réunit des apprentis pour des travaux techniques.

L'apprentissage peut aussi se faire dans un métier de grande industrie ; il est alors remplacé par l'assistance aux cours d'une école professionnelle. Les autorités centrales d'État ont le droit de délivrer pour certaines branches d'industrie des certificats qui auront la même valeur que ceux délivrés par les écoles d'apprentissage et qui sont exigés par certains États pour exercer dans certaines exploitations nationales.

L'entrepreneur qui réunit plusieurs métiers peut avoir des apprentis dans chaque.

Lorsque le maître appartient à une corporation, il doit, dans les quatorze jours après la signature, envoyer une copie du contrat d'apprentissage à la corporation, qui peut exiger que le contrat soit passé devant elle. Des peines sont prévues contre les contrevenants.

§ 130. Les chambres de petite industrie. les corporations
peuvent limiter le nombre des apprentis, à défaut des prescriptions du Conseil fédéral ou de l'autorité centrale de l'État.

§ 130 *a*. L'apprentissage doit régulièrement durer trois ans,
il ne doit pas dépasser quatre ans. Avec l'autorisation de l'autorité supérieure de surveillance, la chambre de petite industrie,
les corporations intéressées entendues, peut en fixer la durée
pour certaines branches d'industrie. Elle peut aussi. dans des
cas spéciaux. libérer des apprentis de leur temps d'apprentissage.

§ 131. On doit donner aux apprentis l'occasion de passer l'é-
preuve de compagnon après avoir fini le temps d'apprentissage.

L'examen est passé devant une commission d'examen constituée dans chaque corporation obligatoire et, dans les autres
corporations, avec l'autorisation de la chambre de petite industrie. Cette commission se compose d'un président et de deux
assesseurs : le président est choisi par la chambre de petite
industrie. l'un des assesseurs est choisi par la corporation.
l'autre par la commission des compagnons diplômés. Ces examinateurs sont nommés pour trois ans. L'examen doit fournir
la preuve que l'apprenti exécute avec une sûreté suffisante les
différents travaux de son métier et connaît la valeur, l'emploi et
le travail de la matière première. L'autorité administrative supérieure règle la marche de l'examen. les frais, etc.. l'autorité
centrale de l'État décide en dernier ressort. L'examen peut porter aussi sur la tenue des livres ; on choisit à cet effet des ex-
perts qui décident avec voix entière.

III *a*. *Titre de maître*. § 133. Le titre de maître joint à l'indication d'un métier ne doit être pris que par les industriels de
petite industrie qui ont droit d'avoir ou de diriger des apprentis
et ont subi l'examen de maître. Ne peuvent passer cette
épreuve que ceux qui ont été trois ans compagnons. L'épreuve
a lieu devant une commission composée d'un président et de
quatre assesseurs.

La commission d'examen est nommée pour trois ans. les
chambres de petite industrie entendues. par l'autorité administrative supérieure.

L'examen porte sur l'exécution et le calcul du prix de revient

des travaux ordinaires du métier, sur les connaissances nécessaires pour exécuter sans aide le travail et sur la tenue des
livres. La marche de l'examen et les appointements des examinateurs sont fixés par la chambre de petite industrie, qui en
supporte les frais. Les diplômes sont délivrés gratuitement.

Art. 3. — Le paragraphe 134, 1 est ainsi modifié : Les ouvriers
de fabrique, qui peuvent être considérés comme des apprentis,
sont soumis aux paragraphes 126-128.

§ 144. Les individus qui ont des apprentis malgré les prescriptions des paragraphes 126 et 129 peuvent être contraints
par la police à renvoyer leurs apprentis.

Annexe IV.

LOI DU CANTON DE NEUCHATEL

(Du 21 novembre 1890.)

Loi sur la protection des apprentis.

TITRE I. — *De la surveillance des apprentis.*

ARTICLE PREMIER. -- Les apprentis sont placés dans chaque localité sous la surveillance de l'autorité communale.

Cette surveillance, selon les besoins et l'importance des localités, pourra être confiée par le Conseil communal à une Commission spéciale des apprentissages composée d'un nombre égal de patrons et d'ouvriers particulièrement aptes à remplir cette mission.

ART. 2. — Dans les localités où sont établis des Conseils de Prud'hommes, ceux-ci auront à exercer, sous le contrôle de l'autorité communale, la surveillance des apprentis pour lesquels aucune surveillance spéciale n'aura été organisée par les syndicats de la profession, conformément à l'art. 3 ci-après.

Si la Commission spéciale des apprentissages dont le fonctionnement est prévu par l'art. 53 de la loi sur les Conseils de Prud'hommes ne peut suffire au service de surveillance des apprentis, les Conseils de Prud'hommes pourront répartir ce service entre plusieurs Commissions mixtes correspondant aux divers groupes professionnels placés sous leur juridiction.

Art. 3. — Dans les localités où les patrons et les ouvriers d'une même profession ont constitué des syndicats professionnels, ceux-ci pourront être investis sur leur demande et par décision spéciale du Conseil d'État de la mission de surveiller, sous le contrôle de l'autorité communale, les apprentis qui se rattachent à la profession, à charge toutefois de justifier qu'ils représentent la majorité au moins des intéressés, tant dans la catégorie des patrons que dans celle des ouvriers, et de rendre compte chaque année au Conseil communal des résultats de leur surveillance.

Cette surveillance devra toujours s'exercer par les soins d'une Commission dont les membres seront élus pour une moitié par le syndicat des patrons et pour l'autre moitié par celui des ouvriers.

Art. 4. — S'il n'existe pour représenter les intérêts de la profession qu'un seul syndicat, soit de patrons, soit d'ouvriers, celui-ci pourra néanmoins demander, en justifiant qu'il réunit dans son groupe les adhésions de la majorité des intéressés, que la surveillance des apprentis de la profession soit conférée à une Commission composée d'un nombre égal de patrons et d'ouvriers choisis dans la profession, et à l'élection de laquelle il concourra pour une moitié. Le Conseil communal élira l'autre moitié des membres de la Commission en les choisissant dans la catégorie qui n'est pas représentée par un syndicat.

Art. 5. — Les délégués de l'autorité communale ainsi que ceux des Commissions chargées de la surveillance des apprentis auront le droit, en tout temps, de visiter les apprentis dans les ateliers où ils travaillent et de contrôler la marche de l'apprentissage.

Art. 6. — Ils devront s'assurer entre autres que l'apprentissage n'est pas négligé et que le patron enseigne ou fait enseigner

à l'apprenti d'une manière graduelle et complète la profession,
l'art, le métier ou la branche de métier qui fait l'objet du contrat
d'apprentissage.

ART. 7. — S'ils viennent à constater dans l'exercice de leur
surveillance ou à la suite de plaintes, des faits d'abus, de négligence ou de mauvais traitement, ils interviendront aussitôt
pour la protection de l'apprenti et préviendront en même temps
ses parents, son tuteur ou la Commune qui l'a placé.

ART. 8. — Il est interdit à un patron d'engager un apprenti
sans un contrat écrit déterminant la durée de l'apprentissage,
les conditions de prix et, cas échéant, de logement et de nourriture, les obligations réciproques des parties, et signé par le
père ou la mère de l'apprenti ou son représentant légal.

Ce contrat devra être exhibé, sur leur demande, aux délégués
chargés de la surveillance des apprentis.

ART. 9. — Il lui est de même interdit d'employer l'apprenti à
d'autres travaux et services qu'à ceux qui concernent l'exercice
de sa profession, sous réserve toutefois de circonstances exceptionnelles ou de certains travaux et services sanctionnés par
l'usage et admis par les autorités préposées à la surveillance des
apprentis.

ART. 10 — Il devra être accordé à l'apprenti, sur sa journée
de travail, le temps nécessaire pour son enseignement religieux
ainsi que pour l'enseignement scolaire exigé par la loi.

ART. 11. — La durée de la journée normale des apprentis ne
pourra dépasser 10 heures pour les apprentis de 13 à 15 ans
et 11 heures pour ceux âgés de plus de 15 ans, y compris les
heures consacrées à l'enseignement scolaire et à l'enseignement
religieux

Dans la règle, aucun travail de nuit ne peut être imposé aux
apprentis; ils ne peuvent de même être astreints à aucun travail
de leur profession, les dimanches et jours fériés.

Est considéré comme travail de nuit tout travail fait entre
8 heures du soir et 5 heures du matin.

ART 12 — Il pourra, toutefois, être dérogé aux règles qui
précèdent pour les professions et industries qui exigent un travail de nuit, pour celles qui doivent s'exercer le dimanche, mais

le Conseil d'État ainsi que les autorités communales et les Commissions de surveillance auront en tout temps le droit d'exiger que ces dérogations soient expressément autorisées.

Art. 13. – Il sera institué par le Conseil d'État, auprès du département de l'Industrie et de l'Agriculture, une Commission dans laquelle seront représentés, autant que possible, les divers syndicats professionnels officiellement reconnus, et qui sera chargée d'étudier les améliorations que pourra comporter le service de protection et de surveillance des apprentis et les moyens de relever de plus en plus la valeur des apprentissages et le savoir professionnel des ouvriers

Elle arrêtera en outre, sur le préavis des Commissions d'apprentissage et des syndicats professionnels le programme des examens d'apprentis prévus au Titre ci-après.

TITRE II. – *Des examens d'apprentis.*

Art. 14. — Il sera organisé par les soins combinés du département de l'Industrie et de l'Agriculture, des Conseils communaux ou des Commissions d'apprentissage, des examens destinés à constater si les apprentis ont acquis, pendant la durée de leur apprentissage, les connaissances techniques et les aptitudes professionnelles nécessaires pour exercer avec intelligence et profit la profession à laquelle ils se vouent.

Art. 15. — Ne seront admis à subir ces examens que les apprentis neuchâtelois ou suisses d'autres cantons, âgés de moins de 25 ans, et qui auront fait la moitié au moins de leur stage d'apprentis chez un patron domicilié dans le canton.

Art. 16. — Ces examens consisteront dans un examen théorique portant sur les éléments de technologie jugés nécessaires à l'apprenti, mais surtout dans l'exécution de travaux pratiques permettant d'apprécier son degré d'habileté et la connaissance pratique qu'il possède des règles et des procédés de la profession.

Art. 17. -- Il sera décerné aux apprentis qui auront justifié d'un savoir suffisant pour leur pratique professionnelle, un diplôme fourni par le département de l'Industrie et de l'Agriculture et dans lequel seront consignés les résultats de l'examen.

ART. 18. - Il sera en outre attribué aux apprentis qui auront
obtenu.à l'examen. les résultats les plus satisfaisants, des primes
ou récompenses consistant, soit dans un livret d'épargne, soit
dans des livres, instruments et outils se rapportant au métier
qu'ils veulent exercer.

Des bourses pourront aussi être accordées aux apprentis qui
révéleraient. à l'examen, des aptitudes exceptionnelles et qui
désireraient se perfectionner dans la pratique de leur art ou de
leur métier.

Le Conseil d'État fixera la quotité ou la valeur de ces bourses
ainsi que les conditions auxquelles elles seront accordées.

ART. 19. — Il sera affecté chaque année sur les ressources du
budget de l'État une somme de 3.000 francs au moins pour être
distribuée en primes aux apprentis diplômés.

ART. 20. — Les ouvrages confectionnés et présentés à l'examen
par les apprentis diplômés seront dans la règle exposés publiquement avec la mention du nom de l'apprenti qui a confectionné l'ouvrage, des résultats de son examen et du nom de son
patron.

ART. 21. — Les candidats au diplôme d'apprenti devront se
faire inscrire trois mois au moins avant le terme de leur apprentissage, soit auprès de la Commission chargée de la surveillance
des apprentissages dans la localité ou dans la profession, soit à
défaut auprès du Conseil communal.

ART. 22. — L'apprenti dont l'examen aura été reconnu insuffisant pourra être admis à se présenter après un délai de trois
mois au moins pour subir une nouvelle épreuve.

ART. 23. — Les candidats au diplôme d'apprenti seront examinés par un jury de trois membres dont deux au moins. un
patron et un ouvrier, devront être choisis dans la profession à
laquelle appartient l'apprenti Si les opérations d'examen l'exigent, ce jury pourra être composé de cinq membres dont quatre
au moins, deux patrons et deux ouvriers, seront choisis dans la
profession.

Ces jurys seront désignés par les Commissions d'apprentissage là où elles sont instituées et, à défaut, par le Conseil communal.

Art. 24. — Toutes les dispositions de la présente loi sont également applicables aux apprentis du sexe féminin.

TITRE III. — *Pénalités.*

Art. 25. — Seront punis d'une amende de 10 francs à 50 francs ceux qui contreviendront à l'article 8 de la présente loi.

Seront punis d'une amende de 50 francs à 500 francs ceux qui contreviendront aux articles 9, 10 et 11.

Art. 26. — La présente loi sera mise à exécution après avoir été soumise au délai du referendum.

Vu :

Le Président de la thèse,

MASSIGLI.

Vu :

Le Doyen,

GLASSON.

Vu et permis d'imprimer :

Le Vice-Recteur de l'Académie de Paris,

GRÉARD.

TABLE DES MATIÈRES